E. Noni Höfner

Glauben Sie ja nicht, wer Sie sind!

Grundlagen und Fallbeispiele des Provokativen Stils

Vierte Auflage, 2016

Umschlaggestaltung: Uwe Göbel
Umschlagmotiv: Lisa Helm
Satz: Verlagsservice Hegele, Heiligkreuzsteinach
Printed in Germany
Druck und Bindung: CPI books GmbH, Leck

MIX
Papier aus verantwortungsvollen Quellen
FSC® C083411
FSC www.fsc.org

CPI Mehr Bäume. Weniger CO_2.
www.cpibooks.de/klimaneutral

Vierte Auflage, 2016
ISBN 978-3-8497-0128-4

Bibliografische Information der Deutschen Nationalbibliothek:
Die Deutsche Nationalbibliothek verzeichnet diese Publikation
in der Deutschen Nationalbibliografie; detaillierte bibliografische
Daten sind im Internet über http://dnb.d-nb.de abrufbar.

eBook-Ausgabe: 978-3-8497-8015-9

Hinweis: Der Begriff *Der Provokative Stil (ProSt)*®
ist urheberrechtlich bzw. markenrechtlich beim
Deutschen Marken- und Patentamt unter Register-Nr. 30016813
geschützt.

Informationen zu unserem gesamten Programm, unseren Autoren
und zum Verlag finden Sie unter: **www.carl-auer.de**.

Wenn Sie Interesse an unseren monatlichen Nachrichten
aus der Vangerowstraße haben, können Sie unter
http://www.carl-auer.de/newsletter den Newsletter abonnieren.

Carl-Auer Verlag GmbH
Vangerowstraße 14
69115 Heidelberg
Tel. +49 6221 6438-0
Fax +49 6221 6438-22
info@carl-auer.de

Inhalt

Prolog

Was soll dieses Buch?

Wir lieben es, wenn die Protagonisten von Filmen, Theaterstücken oder Romanen ins Chaos stürzen und schreckliche Situationen zu bestehen haben, die wir selbst im richtigen Leben auf gar keinen Fall erleben wollen und mit aller Macht zu verhindern versuchen. Wir bemühen uns daher – meistens erfolgreich –, unser Leben so sicher und stabil wie möglich zu gestalten und keine riskanten Dinge auszuprobieren. Wir haben es meist lieber etwas zu langweilig als zu aufregend. Die Stabilität unserer Persönlichkeit liegt uns besonders am Herzen.

Wir werden von unserer Umwelt von klein auf trainiert, uns konsistent zu verhalten. Bereits als Kind hören wir häufig »Das hätte ich nicht von Dir erwartet!« oder »Dass du deinem Lehrer so frech widersprochen hast, passt doch gar nicht zu Dir!« und ähnliche Ermahnungen, die uns daran erinnern sollen, wie wir eigentlich zu sein hätten. Auch als Erwachsene versuchen die meisten Menschen, für andere vorhersagbar und schlüssig zu erscheinen – nicht an einem Tag laut und witzig zu sein und sich am nächsten Tag als schweigend und introvertiert zu präsentieren. Ein Mensch, der unberechenbar ist, erschreckt und verunsichert die anderen und gilt schnell als durchgeknallt. Weil wir unserer Kreativität bei der eigenen Neuerfindung ständig Fesseln anlegen, müssen wir bei dem Versuch, Neues auszuprobieren, über viele Schatten springen. Das macht Änderungen sehr zäh und kompliziert.

Da wir die Stabilität so lieben, wenn es um andere Menschen und vor allem aber um unsere eigene Person geht, geraten bestimmte Charakterzüge bei der Selbstwahrnehmung in den Vordergrund und definieren das Selbstbild. Dadurch glauben wir, nur in der einen Art und Weise reagieren zu können. Aber kein Mensch hat *den einen*, für alle Zeiten festgelegten Charakter, sondern jede Persönlichkeit besteht aus vielen Facetten, von denen mal die eine und mal die andere dominant wird oder zumindest potenziell in den Vordergrund rückt, wenn das selbst verpasste Korsett nicht zu eng ist. Auch wenn es unwahrscheinlich ist, dass aus einem Einsiedlerkrebs die Stimmungskanone auf einer Party wird, ist sogar das prinzipiell möglich. Mancher Mensch ändert sich und damit sein Leben durch einen Schicksalsschlag wie einen Herzinfarkt, mancher durch ein freudiges Ereignis wie z. B. eine neue Liebe, die ganz überraschende Seiten in ihm zum Klingen bringt. Fatal ist nur die starre Festlegung auf eine Richtung, die einem keine Wahl mehr lässt. Dann glaubt man wirklich unverrückbar, wer man ist, verweigert jede Veränderung und fährt lieber mit 180 Sachen ungebremst in den Abgrund, als irgendetwas Neues zuzulassen.

Es ist das gute Recht jedes Menschen, sich nicht mehr ändern zu wollen. Wenn Sie also rundum zufrieden sind und nichts in Ihrem Leben verändern möchten, wenn Sie auch als Psycho-Fachmann glauben, genug brauchbare Methoden zur Verfügung zu haben, um jeden Problemfall befriedigend zu lösen, dann schenken Sie dieses Buch jemandem, der sich Ihrer Meinung nach unbedingt ändern sollte – zum Beispiel Ihrer Schwiegermutter. Wenn Sie jedoch Lust haben, sich neugierig einer ungewöhnlichen Beratungsform zuzuwenden und auch sich selbst infrage zu stellen, steht Ihnen eine vergnügliche Lektüre bevor, die Ihnen manche Last von der Schulter nehmen und eine ganz neue Lebensqualität erschließen kann. Allerdings dürfen Sie dann nicht mehr uneingeschränkt glauben, wer Sie sind.

Der Provokative Stil

Seit den 1960er Jahren sprießen neue Therapien aus dem Boden wie Schneeglöckchen an den ersten warmen Frühlingstagen. Die meisten kommen aus den USA und werden von der wissenschaftlichen Psychoszene in Europa zunächst fast immer als amerikanischer Blödsinn abgetan. Angeblich gibt es derzeit allein in der westlichen Welt ungefähr 4000 Psychotherapieformen, die natürlich allesamt von sich behaupten, die einzig richtige und effiziente zu sein. Viele verschwinden so schnell, wie sie auftauchen, wieder in der Versenkung, ohne nachhaltige Spuren zu hinterlassen. Einige wenige haben sich so stabil etabliert, dass man ihre Botschaften wie von Gott gesandt und in Stein gemeißelt empfindet. Dadurch erscheint ein Infragestellen dieser angeblich unbezweifelbaren Wahrheiten geradezu als Gotteslästerung. In jüngerer Zeit sind nun Therapien aufgetaucht, die nachweisbar unglaublich schnell und dauerhaft wirken, aber die

Fachwelt in Aufruhr versetzen, weil sich ihre Wirkung nur schwer mit den gängigen Modellen erklären lässt. Dazu gehört auch die Provokative Therapie und der daraus entwickelte Provokative Stil®, der Grundlage dieses Buches ist.[1]

Es ist – auch in der Fachwelt – keineswegs geklärt, warum manche Menschen sich das Leben selbst zur Hölle machen, wieso sie seelisch krank werden bzw. psychosomatische Symptome entwickeln und andere dagegen nicht. Manche Leute glauben, sie seien an der Entstehung solcher Stolpersteine in ihrem Leben völlig unbeteiligt, diese würden Gott oder das Schicksal für uns bereithalten, um uns zu quälen oder – die positivere Variante – um uns zu prüfen. Oder sie sind überzeugt, dass diese Widrigkeiten Überbleibsel aus einem früheren Leben sind und uns jetzt als Strafe für vergangene Missetaten heimsuchen. Oder sie fallen einfach sinnlos vom Himmel und treffen uns ganz zufällig, weil wir gerade an der falschen Stelle herumstehen. Selten sind wir in der Lage, unseren Eigenanteil an der Entstehung von Symptomen richtig einzuschätzen. Da haben wir einen großen blinden Fleck.

Es geht beim Provokativen Stil um das Durchbrechen der eigenen Fixierungen auf bestimmte Gedanken, Gefühle und Verhaltensweisen, die wir als zu unserer Persönlichkeit gehörend empfinden, die uns aber störend im Wege stehen und bei denen wir auch schon erfolglos probiert haben, etwas Neues zu etablieren. Grundsätzlich gehen wir beim provokativen Ansatz davon aus, dass wir uns die Stolpersteine größtenteils selbst vor die Füße rollen. Wenn man sie aktiv herbeigerollt hat, muss man sie auch aktiv wegrollen können. Um wahrzunehmen, wo es einen Hebel zur Beseitigung von Stolpersteinen gibt, wo es also Ansatzpunkte für Veränderungen geben könnte, müssen wir uns neben uns stellen und uns selbst relativieren. Dabei ist unser Intellekt äußerst hinderlich. Er liefert uns tausend Gründe dafür, alles lieber so zu lassen, wie es ist. Es gilt, diesen Zensor, der uns ständig im Wege steht, beiseitezuräumen. Die Entscheidung zu einem Symptom ist nach meinem Verständnis ein aktiver Vorgang, der emotional geladen ist. Sie ergibt emotionalen Sinn, ist aber selten bewusst. Diese Entscheidung bringt nicht nur Nachteile in Form

1 Frank Farrellys Buch *Provocative Therapy* ist der Klassiker zum Thema. Das erste (und bisher einzige) deutsche Buch zum Provokativen Stil habe ich 1995 unter dem Titel *Das wäre doch gelacht! Humor und Provokation in der Therapie* herausgebracht (8. Auflage, 2013).

der Symptomatik, sondern auch Vorteile, denn sie schützt das eigene Selbst- und Weltbild und verhindert damit Angst.[2]

Eine Provokation zielt direkt und ohne Umwege in das limbische System, dem Sitz der Gefühle.[3] Jeder weiß, was eine Provokation ist. Im Allgemeinen wird darunter etwas Negatives verstanden: Ich trete jemandem ans Schienbein, ich bohre beim Frühstück in der Nase und schmiere den Popel auf die Tischdecke oder ich entblöße mich unschicklich. Eine solche Alltagsprovokation ist darauf aus, andere zu ärgern, die einem möglicherweise gar nichts getan haben, und reißt den Provozierten üblicherweise zu unbedachten Handlungen hin. Dies ist durchaus bezweckt und für den Provozierer äußerst befriedigend. Dann gibt es noch die getarnte Provokation, die man dann einsetzt, wenn einen jemand geärgert hat: Klaus antwortet Helga nicht mehr, weil sie ihn zuvor einen Versager genannt hat, und provoziert sie somit dazu, einen Teller nach ihm zu werfen. Provokative Therapie und Provokativer Stil, wie ich sie verstehe, gehören nicht zu diesen Arten von Provokation.

Beim Provokativen Stil provoziert man den anderen mit warmem, offenem Herzen und ohne Groll – nicht mit dem Ziel, ihn zu ärgern, sondern seine Stolpersteine, die ihm das Leben unnötig schwer machen, zu entkräften. Provozieren wird hier nicht als »aufreizen« verstanden, sondern sinngemäß eher als »hervorlocken«, »ans Licht bringen«, »verdeutlichen«.[4]

Wenn man den Provokativen Stil als pure Technik begreift, sind Missverständnisse vorprogrammiert. Er ist keine bloße Technik, sondern eine komplexe Vorgehensweise, die vom Anwender eine bestimmte Grundhaltung erfordert und mit der man oft auf verschlungenen Wegen sehr schnell zum Ziel kommt. An der Oberfläche springt einem als Erstes die »unverschämte«[5] Kommunikation ins Auge, weil sie speziell im therapeutischen Umfeld so ungewöhnlich ist. Die zugrunde liegenden Werthaltungen, die vor allem nonverbal vermittelt werden, sind jedoch weitaus wichtiger als die ausgefeiltesten, mechanisch einstudierten Sätze. Der provokative Ansatz verlangt vor allem eine bestimmte Geisteshaltung und Lebensphilosophie.

2 Ausführlich werden diese Überlegungen dargestellt in Kapitel 6 und 7.
3 Das ist natürlich grob vereinfachend, denn die Fachwelt ist sich keineswegs einig, wo die Gefühle sitzen, wenn sie überhaupt irgendwo dauerhaft lokalisierbar sind.
4 Von lat. *provocare:* »etwas heraufbeschören, hervorrufen«
5 Un-verschämt: ohne falsche und hinderliche Scham

Da beim Einsatz des Provokativen Stils das dahinterstehende Menschenbild, die Auffassung von Therapie und Beratung sowie die Grundhaltung und Werte des Anwenders wichtiger sind als die nackte Technik, nehmen meine Ausführungen zu diesem Thema relativ viel Raum ein. Sie sind eine wichtige Grundlage der konkreten provokativen Vorgehensweisen, die sich nicht nur in der Beratung durch Fachleute, sondern auch bei guten Freunden und sogar im Selbstversuch einsetzen lassen.[6]

Wenn man den Geist hinter der Methode spürt, ihn verstanden hat und ihm zustimmt, kann man den Provokativen Stil sehr gut zur eigenen Persönlichkeit passend einsetzen, ohne bestimmte Techniken buchstabengetreu auszuführen oder praktizierende Provokateure wie Farrelly oder mich 1:1 zu kopieren. Das Kopieren von Verhaltensweisen ist zwar eine der ältesten Formen des Lernens überhaupt – bereits Schimpansen praktizieren es –, und es hilft auch oft beim Ausprobieren einer neuen Methode. Richtig wohl wird sich der Anwender[7] aber erst fühlen, wenn er das neue Verfahren auf sich und seinen Charakter zugeschnitten hat. Erst dann wird er es auch auf Dauer einsetzen und nicht nach einigen Versuchen abbrechen.

Meine Ausführungen sind keine wissenschaftlich untermauerte Abhandlung über die Provokative Therapie. Ich werde keine Beweisführung mit abgesicherten Doppelblindstudien und einer meterlangen Literaturliste antreten, um den Leser zu überzeugen, dass ich den Stein der Weisen gefunden habe. Ich werde im Folgenden vielmehr meine Sicht der Dinge darstellen, wie sie mir nach über 25 Jahren Anwendung und Lehre des Provokativen Stils und seiner Erweiterungen plausibel erscheint. Ich bin auch nicht primär daran interessiert herauszufinden, ob Herr R. deshalb so süchtig Zigaretten konsumiert, weil er als Säugling nicht ausreichend gestillt wurde. Der Schwerpunkt liegt nicht auf der Analyse der Vergangenheit, sondern beschäftigt sich mit Möglichkeiten der Gegenwart und der Zukunft, wie man mit Situationen umgehen kann, in denen man feststeckt und sich einen Anstoß erhofft.

---

6 Siehe Kapitel 11.

7 Ich erkläre hiermit ausdrücklich, dass im folgenden Text mein Verzicht auf die im Deutschen so umständliche Doppelnennung mit und ohne die Endung -in, wenn von männlichen und weiblichen Beratern, Therapeuten, Klienten usw. die Rede ist, nichts mit einer Herabwürdigung des weiblichen Geschlechts zu tun hat, dem ich selbst schon sehr lange und gerne angehöre, sondern ausschließlich auf meine Bequemlichkeit zurückzuführen ist.

Auch wenn es hier um meine persönlichen Überzeugungen geht, die – wie alle Überzeugungen – sehr emotional geladen sind (in meinem Fall von hingebungsvoller Begeisterung getragen), ist dieses Buch kein missionarisches Werk. Niemand ist verpflichtet, meinen Behauptungen Glauben zu schenken. Kluge Einwände sind mir willkommen, denn ich habe von intelligenten Fragen und Protesten in der Vergangenheit sehr profitiert, sie haben meine Einschätzung und Anwendung des Provokativen Stils differenzierter und fundierter gemacht. Ich behaupte auch nicht, dass ich am Ende meiner Erkenntnisse angekommen bin. Fertige Erkenntnisse kann man ablegen, sie werden langweilig, und wenn ich so weit wäre, würde ich mir vermutlich ein neues Betätigungsfeld suchen.

Ich habe die Provokative Therapie 1985 kennengelernt. Wahrscheinlich hätte ich gar nicht so enthusiastisch darauf reagiert, wenn ich dieser Art der Kommunikation nicht bereits mein ganzes Leben lang im Privaten ausgesetzt gewesen wäre. Meine Eltern hatten beide viel, wenn auch sehr unterschiedlichen Humor, und sie lehrten mich den liebevoll persiflierenden Umgang mit menschlichen Schwächen, vor allem den eigenen. Auch der Mann, mit dem ich seit über 40 Jahren zusammen bin, versteht es meisterhaft, sich und mich äußerst treffsicher und liebevoll auf die Schippe zu nehmen. Unser privater Umgangston lässt gelegentlich Menschen, die uns nur oberflächlich kennen, befürchten, wir stünden kurz vor der Scheidung, denn mein Mann kann sich öffentlich sehr überzeugend als armer, von mir unterdrückter Befehlsempfänger und geknechteter Haussklave seiner dominanten Gattin darstellen. Dabei hat unsere Art der Kommunikation großen Anteil daran, dass wir immer noch – und zwar sehr lebhaft – verheiratet sind. Auch unsere Kinder sind mit provokativer Muttermilch aufgewachsen. Manchmal wünsche ich mir, man bekäme in unserer Familie eine geradlinigere Antwort auf eine simple Frage. Wenn ich zum Beispiel meinem Mann die typisch weibliche Frage stelle, ob mein Hintern in der neuen engen Jeanshose zu dick aussieht, kann ich sicher sein, dass er mir grinsend antwortet, nicht nur in der neuen engen Jeanshose, und deshalb solle ich mit einem Hintern diesen Ausmaßes das Haus besser nicht verlassen. Ich spare mir solche Fragen daher lieber.

Die Fallbeispiele

Ein wichtiger Bestandteil dieses Buches sind die Fallbeispiele, die ich fast ungekürzt und nicht nur als kurze Zitate abgedruckt habe. Ich bin immer wieder darum gebeten worden, eine Sammlung solcher Fallberichte herauszugeben, da sie die Grundlagenerörterungen sehr gut veranschaulichen.

Die Beispiele stammen überwiegend aus meinen Fortbildungsseminaren für Fachleute. Es sind wörtliche Transkripte meiner sogenannten »Live-Arbeiten«, bei denen ich mit den Teilnehmern anhand ihrer eigenen aktuellen Probleme provokative Interventionen genau so demonstriere, wie ich sie in meiner Privatpraxis durchführen würde. Schließlich sind auch Psycho-Berater normale Menschen mit normalen Problemen. Das überrascht nur Beratungslaien, die die Fachleute entweder für völlig durchgeknallt oder aber für problemfreie Übermenschen halten. Ich habe diese Beispiele ausgewählt, weil sie kurz und prägnant sind. Die Sitzungen dauerten etwa eine Viertelstunde. An einigen Stellen habe ich zur Klarstellung Kommentare eingefügt. Die Protokolle wurden nicht geschönt, aber so anonymisiert, dass die Klienten nicht mehr erkennbar sind.

Da es in unseren Fortbildungen üblich ist, dass wir uns zumindest während der Seminartage alle duzen, habe ich es auch in den Transkripten bei dieser vertrauten Anredeform belassen, damit die Gespräche in der Niederschrift so authentisch wie möglich klingen.

Ich habe bewusst Alltagsprobleme ausgewählt, die jeder nachvollziehen kann, und nicht schwerere psychische Störungen, wobei der Übergang zu diesen fließend ist.[8] Es ist eine Sammlung von typischen alltäglichen Stolpersteinen, mit denen sich jeder von uns entweder bereits herumgeschlagen hat, aktuell herumschlägt oder irgendwann herumschlagen könnte. Vermutlich werden Sie beim Lesen mancher Protokolle den Eindruck haben, dass Sie es sind, die protokolliert wurden, weil Ihnen die Probleme so vertraut vorkommen.

Die Fallbeispiele sind wie ein Puzzle, bei dem die einzelnen Puzzlesteine unterschiedliche Aspekte der provokativen Vorgehensweise beleuchten. Sie können sie deshalb ohne Verständnisverlust auch kreuz und quer lesen, wenn Sie bereits Vorkenntnisse haben

8 Das heißt nicht, dass die provokativen Interventionen nur bei leichteren Alltagsproblemen Anwendung finden können. Frank Farrelly hat die Provokative Therapie mit Patienten der geschlossenen Abteilung einer psychiatrischen Klinik entwickelt.

und es Ihnen vor allem darauf ankommt, praktische Beispiele zu bekommen. Sie werden feststellen, dass in den protokollierten Gesprächen viel gelacht wird, wobei das tatsächliche Geschehen in wörtlichen Transkripten mit dem Vermerk »Klient lacht« nur unzulänglich wiedergegeben werden kann, denn der eine Klient schmunzelt die ganze Zeit still vor sich hin, während der andere Tränen lacht und fast vom Stuhl fällt.

Da sich die nonverbalen Aspekte nur ansatzweise wiedergeben lassen, führt das isolierte Lesen der Protokolle sehr leicht zu falschen Schlüssen, vor allem für den Neuling auf provokativem Terrain. Deshalb ist es nützlich, meine Grundsatzüberlegungen zum Provokativen Stil zuerst zu lesen.

Für manchen Leser mag meine zuweilen drastische Ausdrucksweise gewöhnungsbedürftig sein. Wenn man aber in das System des Klienten einsteigen möchte, baut eine gesäuberte, akademische Sprache eine Barriere zu seiner Gefühlswelt auf und zwingt den Klienten förmlich in den rationalen Modus. Menschen denken nicht: »Dieser Mensch ist mir aber wenig angenehm!«, sondern sie denken: »Dieser Mensch ist ein Arschloch!« Also spreche ich aus, was die Klienten vermutlich denken, und erreiche ihre Gefühle damit viel unmittelbarer, als wenn ich mich ausdrücken würde wie auf einer Teegesellschaft der englischen Königin.

Die Gespräche zeigen, wie ich von Satz zu Satz genau auf das eingehe, was der Klient sagt und tut. Eine vorher festgelegte Strategie hat bei der provokativen Vorgehensweise keine Chance. Therapeut und Klient reagieren sehr spontan, damit ist das Überraschungsmoment größer, und der Berater ist voll empfänglich für alle Signale des Klienten. Diese fast anarchischen, spontanen Beraterreaktionen sind auf den ersten Blick der größte Kontrast zu anderen beratenden Methoden. Ich gebe zu, dass ich selbst manchmal überrascht bin, was da aus meinem Mund kommt.

Die Begegnung mit Frank Farrellys Provokativer Therapie

Der 14. Juni 1985 war ein warmer, freundlicher Frühsommertag in München, und ich war auf dem Weg zu einem Workshop über eine angeblich neue und ungewöhnliche Therapieform, die ein Amerikaner namens Frank Farrelly in den letzten 20 Jahren entwickelt hatte und seit kurzer Zeit auch in Deutschland vorstellte. Ich war auf Empfehlung eines Kollegen[9] gekommen, obwohl andere mich gewarnt hatten, die Provokative Therapie sei wieder so ein neumodischer amerikanischer Quatsch, wie er seit den Siebzigerjahren Deutschland überschwemmte. Eigentlich hatte ich zu dem Zeitpunkt so viele psychotherapeutische Aus- und Weiterbildungen hinter mir, dass mein Bedarf an »Psycho« schon mehr als gesättigt war. Da kam es auf einen Quatsch mehr oder weniger auch nicht an, dachte ich mir. Ich war fast 40 und sehnte mich nach etwas Handfesterem und Fröhlicherem als der Psychotherapie, wie ich sie in und nach dem Studium die vergangenen 20 Jahre kennengelernt und praktiziert hatte. Meine Kinder waren aus dem Gröbsten heraus, ich konnte meine Zeit wieder mehr für mich beanspruchen, ohne allzu sehr von aufgeschlagenen Knien, Masern und Windpocken behindert zu werden. Es stellte sich die Frage, was ich mit meinem künftigen Berufsleben anfangen wollte. Ich hatte keine Ahnung, was ich wollte, ich wusste nur eindeutig, was ich nicht wollte: Ich hatte auf keinen Fall im Visier, mir für den Rest meines Lebens in einer Privatpraxis das langwierige und aufreibende Heulen und Zähneklappern meiner Klienten anzuhören.

Ich war also fest entschlossen, einer Psychotherapie den Rücken zu kehren, die in meinen Augen nur die Stühle auf dem Deck der Titanic neu arrangierte, statt ihren Untergang zu verhindern. Der Farrelly-Workshop war gewissermaßen mein letzter Versuch, und falls sich diese neue, aber außergewöhnliche und angeblich auch sehr lustige Therapieform als oberflächlicher Schwachsinn erweisen sollte, dann würde ich mich anderen Aufgaben zuwenden.

Als ich in der Nähe der Kollegenpraxis, in der Farrellys Workshop stattfinden sollte, aus dem Auto stieg, sah ich einen relativ kleinen, ziemlich rundlichen, grauhaarigen Herrn, der versuchte, Klappstühle aus einem Kombi zu zerren. Ich bot an, ihm zu helfen, und er lächelte mich freundlich an. »Oh, thank you«, sagte er, »I love it when attractive young ladies carry stuff for me!« Dieser freundliche, harmlose ältere Herr konnte doch nicht Frank Farrelly sein?! Ich hatte nach allem, was ich von ihm gehört hatte, die Vorstellung, dass er mindestens zwei Meter groß sein und eine Arnold-Schwarzenegger-Figur

9 Mein Dank gilt Bernhard Trenkle von der M.E.G. (Milton Erickson Gesellschaft), bei der ich eine Ausbildung zur Hypnotherapeutin absolviert hatte.

haben müsste. Der Mann war von Kennern als »Säbelzahntiger« beschrieben worden. Später erfuhr ich, dass er selbstironisch zu dieser Etikettierung bemerkte: Jetzt, jenseits der 50, sei er nur noch ein alter Tiger, dem die Säbelzähne ausgefallen seien.

Im Laufe der drei Workshop-Tage machte ich Bekanntschaft mit diesen angeblich nicht mehr vorhandenen Säbelzähnen. Ich saß wie hypnotisiert in der ersten Reihe und stellte verwirrt fest, dass Farrelly bei seinen Therapiedemonstrationen so ziemlich alle therapeutischen Verhaltensregeln fröhlich verletzte, die mir in den letzten 20 Jahren als in Stein gemeißelte Ge- und Verbote vermittelt worden waren. Er sagte den Klienten Dinge ins Gesicht, die ich bisher höchstens hinter vorgehaltener Hand und im Vertrauen einem Kollegen erzählt hätte. Er legte ihnen seine großen Hände auf den Arm oder strich ihnen über den Kopf. So etwas war doch absolut verboten!

Da setzte sich zum Beispiel ein Ehepaar zu ihm nach vorne, das ein ernsthaftes Partnerschaftsproblem hatte und mit dem Gedanken an eine Scheidung spielte. Farrelly beschrieb ihr Zusammenleben als das von Herr und Hund – oder besser winselndem Hündchen –, wobei die Ehefrau der Herr und der Ehemann das Hündchen war, das hechelnd nach einem Hundekuchen bettelte. Dabei imitierte er einen auf den Hinterbeinen stehenden Köter, dem der Sabber aus den Lefzen tropfte, und jeder wusste, was er mit Hundekuchen meinte. Er schlug dem Ehemann vor, noch unterwürfiger zu werden, und der Ehefrau, sie solle noch wirkungsvoller nach dem Hündchen treten und noch straffer an der Hundeleine zerren, um ihr Hündchen endlich vollständig zu unterwerfen. Und das Erstaunlichste war, dass die beiden Farrelly nicht an die Gurgel sprangen, sondern aus vollem Halse lachten und bei der Nachbesprechung in ungewohnter Eintracht versicherten, sie hätten sich noch nie so verstanden gefühlt!

Alle Klienten, die sich zu Farrelly auf den »heißen Stuhl« begaben, stimmten in diesem Punkt überein. Statt einzuschnappen, fühlten sie sich verstanden und wohler in ihrer Haut, sie wirkten sichtbar entspannter und gleichzeitig energiegeladener. Ich traute meinen Augen und Ohren nicht. »Sie beleidigen die Klienten, sagen ihnen Unverschämtheiten, und die Klienten lachen und fühlen sich verstanden! Da muss doch mehr dahinterstecken – There must be something more!«, sagte ich fassungslos. »Yes, there is something more!«, grinste Farrelly und schrieb mir diesen Satz als Widmung in sein Buch.

Bei meiner ersten Begegnung mit Farrelly hatte mein »Bauch« sofort begriffen, dass ich auf die lang gesuchte Goldader gestoßen war, aber mein Kopf war verwirrt. Ich suchte nach rationalen Erklärungen für das, was Farrelly da so offensichtlich in Gang setzte, damit ich es kopieren könnte. Farrelly erklärte seine Vorgehensweise in Bildern, Beispielen und Assoziationen, aber meine akademische Ausbildung schrie förmlich nach einem kognitiven Modell, das mir erlaubte, provokativ zu arbeiten, auch wenn mir mal nichts einfiele. Denn es sah so aus, als ob dieser wild gewordene Amerikaner mühelos und sehr unsystematisch kreative Einfälle aus dem Ärmel schüttelte, die ich mir nicht entfernt in diesem Ausmaß zutraute. Diesen Wunsch nach klarer, kognitiver Struktur erlebe ich bis heute bei den Teilnehmern meiner Fortbildungsseminare, und ich bemühe mich, sie ihnen einerseits zu vermitteln, sie ihnen auf der anderen Seite aber auch auszutreiben. Denn ich werde nicht müde zu betonen, dass jeder Berater im Therapieprozess die Modelle zwar begreifen, sie dann aber wieder vergessen und auf seinen »Bauch« vertrauen sollte. Strategiemodelle führen ein Eigenleben im mentalen Speicher. Sie fesseln die Aufmerksamkeit des Beraters besonders stark und lenken vom Klienten ab.

Das alles war mir bei diesem ersten Workshop nicht bewusst, aber ich hing an der Angel und wusste: Wenn das Therapie war, wollte ich es auch lernen, obwohl ich nichts verstand und mich überrollt fühlte, wie von einem Lastwagen überfahren. Farrelly muss es bei der ersten Anwendung seiner neuen Therapie ähnlich gegangen sein. Wenn er gefragt wird, wie er die Provokative Therapie entdeckt hat, antwortet er, dass er sie nicht allmählich entwickelte, sondern dass sie schlagartig da war. Er arbeitete Anfang der 1960er Jahre mit chronisch Schizophrenen, Manisch-Depressiven, Mördern, Kinderschändern und ähnlich schwer gestörten Patienten in einer geschlossenen psychiatrischen Abteilung[10] im Rahmen eines Projekts, das von Carl Rogers, dem schon damals weltbekannten Erfinder der Gesprächstherapie[11], geleitet wurde. Die Provokative Therapie wurde geboren, als Farrelly bereits 90 Stunden lang streng gesprächstherapeutisch mit einem schizophrenen Patienten aus der geschlossenen Abteilung gearbeitet hatte. Er bemühte sich, den Patienten seelisch aufzubauen,

10 Farrelly arbeitete 17 Jahre am Mendota State Hospital in Madison/Wisconsin, USA.
11 Clientcentered Therapy

ihm endlos geduldig zuzuhören und ihm Mut zuzusprechen. Denn er wollte ihn überzeugen, dass er keineswegs so wertlos sei, wie er selber glaubte. Jede Stunde versicherte er dem Patienten aufs Neue, wie fähig er sei. Der Patient reagierte entweder gar nicht oder widersprach dieser positiven Fremdeinschätzung unbeirrt und monoton.[12]

In der 91. Stunde platzte Farrelly der Kragen, und er begann aus einer Eingebung heraus, der negativen Selbsteinschätzung des Patienten begeistert beizupflichten. Jawohl, der Patient sei wertlos, unnütz und hässlich, ein kompletter Versager, zu nichts mehr fähig, eine Zukunftsperspektive sei nicht erkennbar usw. Spontan begann dieser zusammengesunkene, lethargische Patient, sich körperlich aufzurichten und sich selbst zu verteidigen: Sooo schrecklich sei das gar nicht mit ihm, er könne sehr wohl dies und jenes, und er zählte seine Fähigkeiten mit einer Energie auf, die er vorher nie gezeigt hatte. Farrelly berichtet, dass ihm selbst vor Überraschung die Kinnlade heruntergefallen sei. Bereits in der Geburtsstunde der Provokativen Therapie traf ihn die Erkenntnis fast wie ein Schock: Klienten sind keineswegs so schonungsbedürftig, schwach und zerbrechlich, wie man im Allgemeinen annimmt, und sie verfügen über weitaus mehr Ressourcen, als man ihnen üblicherweise zutraut.

In der Folgezeit experimentierte Farrelly mit seiner neuen Methode, die damals noch keinen Namen hatte und später als Provokative Therapie weltweit bekannt werden sollte. Seine Klienten, die Patienten im psychiatrischen Krankenhaus, hatten sehr negative Prognosen. Sie wurden häufig lebenslang in geschlossene Abteilungen weggesperrt, da sie für lebensunfähig, gefährlich oder gar beides gehalten wurden – gefährlich für sich und andere. Die Fachleute gingen davon aus, dass diese Menschen keinesfalls in der Lage seien, vernünftige, selbstständige Entscheidungen zu fällen und ein eigenständiges Leben außerhalb der Mauern der Psychiatrie zu führen. Sie sahen die Patienten als bedauernswerte Opfer, die an ihrer Misere nicht selbst schuld und die ihren Symptomen hilflos ausgeliefert sind und extrem geschont werden müssen. Die Therapeuten müssten daher die Verantwortung für diese Patienten übernehmen und für sie alle notwendigen Entscheidungen treffen. Diese Geisteshaltung ist in der helfenden Zunft auch heute noch weit verbreitet. Farrelly erkannte jedoch, dass selbst diese als hoffnungslos eingestuften Patienten

12 Dieser Fall ist sehr anschaulich beschrieben in Farellys Buch *Provocative Therapy*.

viel mehr Durchblick haben, als ihnen von den Therapeuten zugestanden wird, und dass sie durchaus unterscheiden können, wann sie ihre Symptome einsetzen und wann nicht.[13] Außerdem wurde ihm klar, dass sie über völlig unterschätzte brachliegende produktive Energien verfügen, die offenbar schnell und nachhaltig mobilisiert werden konnten, wenn man sie in der richtigen Weise weckte.

Die Frage, die nicht nur Frank Farrelly, sondern alle Menschen beschäftigt, die sich oder andere ändern wollen, lautet: Wie weckt man diese schlummernden produktiven Energien?

13 Zwei Artikel von Frank Farrelly zu seiner Arbeit in der Psychiatrie finden Sie auf der Website www.provokativ.com auf Deutsch: »Die Waffen des Wahnsinns« und »Der Kodex der Chronizität«.

1 Glauben Sie ja nicht, wer Sie sind!

Die Wachstumsbremsen oder: Wer bin ich?

Frank Farrelly zitiert in seinen Workshops gerne die Erkenntnis von Carl Rogers, dass die grundlegenden Fragen für jeden Menschen die nach seiner Identität sind. Jeder Mensch, der nicht vollständig abgestumpft ist, stellt sich folgende vier Fragen:

1. Wer bin ich?
2. Was bin ich?
3. Was sind meine Werte?
4. Was werde ich mit meinem Leben anfangen?

Diese Fragen nach der eigenen Identität sind nicht nur schwer zu beantworten, sondern die Antworten verändern sich auch noch im Lauf eines Lebens immer wieder. Manche Fragen wachsen, manche treten in den Hintergrund, manche Antworten werden brüchig. Und während wir mit der Beantwortung ringen, schlagen wir uns mit unseren Ängsten und unserem Sicherheitsstreben herum und versuchen, irgendwo Boden unter die Füße zu bekommen, während sich unsere Lebensgrundlage gelegentlich wie Treibsand anfühlt. Deshalb geben wir uns gerne damit zufrieden, wenn wir glauben, dass sich die eine oder andere Frage abhaken lässt, und haben wenig Neigung, sie uns stets neu zu stellen. Unterstützt werden wir bei dieser Vermeidungshaltung von unseren Wachstumsbremsen.

Die Wachstumsbremsen, die unsere Persönlichkeitsentwicklung verlangsamen oder ganz zum Stillstand bringen, sind hartnäckige Begleiter, und wahrscheinlich wird keiner von uns sie bis zu seinem seligen Ende vollständig los. Es erfordert einige Anstrengung, sie in Zaum zu halten, denn wenn man sie ungehindert walten lässt, bremsen sie immer kräftiger und wir drehen uns zunehmend im Kreis unserer emotionalen, möglichst risikolosen Überzeugungen. Mit erstarkenden Wachstumsbremsen wächst auch die Angst vor Neuem, sodass ein fabelhafter Kreislauf der Vermeidung in Gang gesetzt wird. Die Lebensbereiche, in denen ein Mensch seine Weiterentwicklung durch seine Wachstumsbremsen selbst blockiert, werden von ihm gemieden und bekommen einen immer bedrohlicheren Charakter, je länger die Vermeidung anhält.

Wachstumsbremsen sind emotionale Strategien, Angst zu vermeiden, denn sie warnen uns heftig vor jedem möglichen Risiko. Jede neue und unbekannte Situation ist garniert mit diesen lästigen Emotionen, die uns zuflüstern: »Lass es lieber! Es ist zu riskant, zu anstrengend oder passt doch gar nicht zu dir!« Zur Rechtfertigung liefert man sich und anderen dann pseudorationale Begründungen: »Ich würde das ja gerne machen, aber …« Um die Wachstumsbremsen zu schwächen, sind wir daher aufgerufen, uns bei neuen Herausforderungen zu fragen, ob wir der warnenden inneren Stimme Gehör schenken wollen oder ob wir ihr zurufen: »Halt die Klappe!«

Die drei Angstvermeidungsstrategien, die mir am wichtigsten erscheinen, sind die Feigheit, die Faulheit und die Fixierung. Feigheit und Faulheit hat bereits der Philosoph Immanuel Kant als Hindernisse zur geistigen Unabhängigkeit und persönlichen Weiterentwicklung erwähnt. Ursprünglich[14] habe ich die dritte Wachstumsbremse »Eitelkeit« genannt, aber inzwischen ist mir klar geworden, dass es viele Fixierungen gibt, bei denen dieser Begriff in die Irre führt, da sie mit Eitelkeit, wie wir sie im Allgemeinen verstehen, nichts zu tun haben.

Die Wachstumsbremse Fixierung

Jeder Mensch braucht ein gewisses Maß an persönlicher Stabilität, die sich darin ausdrückt, dass er Dinge denkt, fühlt und tut, die sich nicht permanent ändern und die er als zu ihm passend empfindet. So etwas nennt man Authentizität. Dennoch ist es erforderlich, offen zu bleiben für die Entwicklung und Erprobung neuer Aspekte und Möglichkeiten, die in der eigenen Persönlichkeit schlummern und die man unter Umständen bisher nicht gesehen hat oder nicht sehen wollte. So etwas nennt man Persönlichkeitsentwicklung oder Reifung. Am Beginn eines jeden Problems steht ein fester Glaube, eine starre Überzeugung, eine fixe Idee bezüglich der eigenen Identität, die für Variationen keinen Spielraum mehr lässt.

14 In dem Buch *Das wäre doch gelacht!* (Höfner u. Schachtner 2010)

Bei der Fixierung auf bestimmte Merkmale der eigenen Person ist die Verankerung dieses Glaubens so stabil, dass ich nicht mehr merke, wie eng das Korsett ist, das ich mir damit verpasse, und wie viele absurde Anteile es hat. Klienten neigen dazu, sich nur noch als ihr Problem auf zwei Beinen zu sehen: Ich bin eine Depression, ich bin eine Panikattacke usw. Klienten, die auf bestimmte Aspekte ihrer Persönlichkeit fixiert sind, glauben felsenfest, dass diese Aspekte untrennbar und zentral zu ihrer Identität gehören. Deshalb wollen sie diese unter keinen Umständen infrage gestellt wissen. Darauf sind sie nicht unbedingt besonders stolz, wie das bei der Eitelkeit der Fall wäre, aber jedes Aufweichen dieser grundlegenden Wesensidentität löst nicht nur Unsicherheit, sondern massive Angst aus, weil sie dann nicht mehr wissen, wer sie sind.

Nicht nur krankhafte Fixierungen, die jedem Außenstehenden und manchmal sogar dem Klienten selbst auffallen, legen uns eine Zwangsjacke an, sondern alle Vorstellungen von uns selbst, die wir nicht infrage gestellt wissen wollen und die wir für total normal halten, begrenzen unsere Möglichkeiten. Praktisch alle Menschen – auch solche, die sich nicht im Traum als Klienten bezeichnen würden – sind fixiert auf bestimmte Glaubenssätze bezüglich ihrer eigenen Persönlichkeit. Wenn Sie häufig sagen: »Ich bin jemand, der ...«, dann sollten sie da mal genauer hinschauen, denn wahrscheinlich legen Sie sich damit auf bestimmte Merkmale so fest, dass Sie sich vieler Variationsmöglichkeiten berauben und Ihre Weiterentwicklung hemmen. Wenn Sie jetzt denken »So ein Unsinn, bei mir ist das nicht so dahergesagt, sondern wirklich definitiv so und so!«, dann sollten erst recht die Alarmglocken schrillen.

Die Super-Oma

Ich habe erst kürzlich persönlich Bekanntschaft mit der Wachstumsbremse Fixierung gemacht. Ich bekam nach einem Skiurlaub mit der ganzen Familie – Kindern, Schwiegerkindern, Enkeln – eine hartnäckige Augenentzündung. Meine Augen waren fast komplett zugeschwollen, sie tränten und brannten, die umgebende Haut war gerötet, ich sah aus, als hätte ich mit Wladimir Klitschko geboxt. Mehrere Ärzte dokterten an mir herum und sagten so wunderbar suggestive Sachen wie: »Da kann man nicht viel machen. Das ist wahrscheinlich allergisch. Ich habe Patienten, bei denen das ein halbes oder sogar ein ganzes Jahr gedauert hat! Bei manchen ging es gar nicht mehr weg!«

Na super! Es wurde trotz verschiedener Salben täglich schlimmer, und ich ging nur noch mit Sonnenbrille aus dem Haus. In meiner Verzweiflung suchte ich nach zwei Wochen einen guten Freund auf, der mit Hypnose arbeitet. Bevor er mich in Trance versetzte, redeten wir über meinen Urlaub, und ich erzählte launige Anekdoten über die lieben Kleinen. Dann sagte er einen Satz, der sich anfühlte wie ein Schlag in die Magengrube. Er sagte nur grinsend: »Was willst Du eigentlich nicht sehen?«

Ich schaute ihn entgeistert an und mir dämmerte sehr schnell, was er meinte: Ich hatte im Urlaub jeden Nachmittag meinen jüngsten Enkel, einen temperamentvollen Knaben von einem halben Jahr, gehütet, damit auch seine Eltern Ski laufen konnten. Ich laufe auch sehr gerne Ski und hetzte Tag für Tag nach zwei Stunden zurück ins Chalet und übernahm das Baby. Dieser kleine Anarchist trieb mich zum Wahnsinn. Er schlief tagsüber kaum noch, konnte noch nicht frei sitzen und langweilte sich schnell. Ich trug ihn zum Fenster, ich sang ihm vor, wiegte ihn, ich zeigte ihm Legosteine, Staubwedel, bunte Bauklötze, ich gab ihm sein Fläschchen oder einen Schnuller, und alles fesselte ihn für gefühlte 30 Sekunden. Dann bekam er einen Anfall, bäumte sich auf meinem Arm mit durchgedrücktem Rücken und schrie wie am Spieß mit hochrotem Kopf, bis mir wieder etwas Neues einfiel. Ich hatte Mordgelüste! Das Problem dabei war, dass ich mir meine Genervtheit und Erschöpfung nicht eingestehen konnte, weil sie im krassen Widerspruch zu meinem Selbstbild stand, das mir befahl: Es ist toll, dass sie dich so brauchen! Du liebst deine Enkel bedingungslos und bist bereit und willig, dich jederzeit als fröhliche, aufopferungsvolle und liebevolle Großmutter bis zur Selbstaufgabe für sie einzusetzen – genau wie es deine Mutter bei deinen Kindern getan hat. Seufz!

Wenn ich nicht so ein deutliches, »augenfälliges« Symptom entwickelt hätte, wären mir wahrscheinlich schöne rationale Argumente eingefallen, warum ein weiterer Skiurlaub mit der ganzen Bande wenig Sinn macht (keine Zeit, Kinder noch zu klein, alles ist zu aufwendig, zu teuer usw.). Solche rationalen Begründungen dienen stets zur Stabilisierung des eigenen Blickwinkels. Sie machen Gefühle erträglich und verhindern Angst. Und meine Aggressivität dem Kleinen gegenüber machte mir Angst. Deshalb hatte ich meinen heftigen Zorn auf meinen doch so süßen Enkel in ein Hinterstübchen meines Hirns verbannt.

Manchmal, wenn die Erkenntnis bereits dicht unter der Oberfläche wartet, reicht als Provokation schon ein wohl platzierter Satz. Bei meinem Augenproblem lauerte meine Erkenntnis schon sprungbereit in meinem Hinterkopf, deshalb musste mein Freund nicht massiver werden. Er erkannte aus meinen köstlichen Anekdoten das Problem, und sein Satz war Provokation im Schnelldurchlauf. Er hätte auch – um mir mein mich überforderndes und überzogenes Großmutter-Idealbild bewusst zu machen und meinen Widerstand dagegen zu wecken – ausführlicher werden und mir mitteilen können, dass man Enkel *immer* lieben *müsse*, negative Gefühle dürfe es nicht geben, sie seien nicht gestattet. Und ich sei mit meinem Engagement die Großmutter des Jahres, eine bessere gebe es nirgends, man müsse mich nach meinem Ableben unbedingt ausstopfen und als mahnendes Vorbild für andere Großmütter auf dem Marktplatz aufstellen.

In seiner Kurzvariante, die dem Spuk postwendend ein Ende bereitete, war all das enthalten. Nachdem ich mir eingestanden hatte, dass mich dieser Enkel in den Irrsinn treiben konnte und ich das Recht hatte, ihn deswegen unausstehlich zu finden, war meine Augenentzündung nach wenigen Tagen spurlos verschwunden und mein Gesicht schwoll schneller ab als Eiscreme im Hochsommer.

Mutter Theresa lebt!

Eine Fixierung auf einen bestimmten Aspekt der eigenen Identität kann noch viel weiter führen als zu entzündeten Augen. Sie kann das ganze Leben bestimmen. Im günstigen Fall ist das sehr vorteilhaft und befähigt den Menschen, der an sich glaubt, zu Höchstleistungen.[15] Häufig hat die Fixierung aber negative Nebenwirkungen und wird auf diese Weise zum Stolperstein. Damit meine ich nicht nur negative Glaubenssätze wie »Ich war und bin ein Versager« oder »Das schaffe ich sowieso nicht!«. Auch sozial anerkannte Werte wie eine im Übermaß verinnerlichte Hilfsbereitschaft können ein ganzes Leben auf sehr unvorteilhafte Weise definieren.

Es gibt hemmungslose Egomanen, denen das eigene Wohlergehen heilig ist, und zwar ausschließlich das eigene. Sie gehen über Leichen und pfeifen dabei fröhlich ein Lied. Zu diesen unangeneh-

15 Ein Beispiel ist Barack Obamas Slogan »Yes, we can!«, den er in seinem Wahlkampf für die amerikanische Präsidentschaft geprägt hatte und der einen Siegeszug um die Welt antrat.

men Zeitgenossen gibt es als Gegenstück Menschen, denen die Hilfs- und Opferbereitschaft aus allen Poren quillt. Ich bin sicher, Sie kennen solche Menschen auch oder sind vielleicht sogar selbst in Gefahr, zu denen zu gehören, die nicht Nein sagen können. So eine selbst ernannte »Mutter Theresa« ist Cordula. Sie ist davon überzeugt, dass sie anderen helfen muss, um sich treu zu bleiben. Diese Überzeugung ist wie ein elftes Gebot, das ihr Moses persönlich direkt vom Berg Sinai herabgebracht hat. Jede verweigerte Hilfeleistung, jedes verweigerte Entgegenkommen wäre also ebenso verächtlich, wie einem Unfallopfer die Erste Hilfe zu verweigern. Sie ist immer für jedermann da, alles andere wäre nackter Egoismus, und der ist ihr verhasst. Natürlich geht ihr selbstloser Einsatz häufig völlig einseitig auf ihre Kosten, und sie bekommt keinen Dank dafür, aber das hält sie nicht davon ab, jederzeit und überall in die Bresche zu springen – auch in Situationen, in denen ein ebenso freundliches wie beherztes »Nein! Jetzt reicht's!« angebracht wäre. Die Menschen in ihrem Umfeld knuffen sich vermutlich gegenseitig verschmitzt in die Seite, wenn es etwas Unangenehmes zu erledigen gibt: »Hihi, das ist wieder was für Cordula!«

Cordula ist jetzt über 70 Jahre alt und hat sich zeitlebens von Menschen ausnützen lassen, vor allem von solchen, die sie ihrer Meinung nach lebensnotwendig brauchten. Da wäre an erster Stelle ihre Mutter zu nennen. Cordula weigerte sich bis zum Alter von Mitte 30, aus ihrem Kinderzimmer auszuziehen, wo immer noch der Teddy auf der Bettüberdecke saß. Wenn sie auszöge, wäre ihre verwitwete Mutti ja ganz alleine auf der Welt – und Mutti verstand es prächtig, ihrem Missfallen über Abnabelungstendenzen Ausdruck zu verleihen, ohne direkt etwas zu sagen. »Zieh nur aus«, sagte sie mit leidendem Gesicht, »ich komme schon zurecht!« Erst auf massiven Druck ihrer Brüder, die ihr ein eigenes Appartement besorgten und drohten, sie würden den Kontakt zu ihr abbrechen, wenn sie es nicht bezog, verließ Cordula unter Tränen die mütterliche Wohnung, begleitet von Muttis düsteren Prophezeiungen über die feindliche Welt. Den Konflikt, in den sie sich damit stürzte (denn sie wollte es natürlich auch den Geschwistern recht machen), löste sie dadurch, dass sie nach ihrem Auszug jahrzehntelang, bis zum Tod der Mutter mit über 90, zweimal täglich zu ihr fuhr, um für sie zu kochen und einzukaufen. Natürlich musste sie deshalb jede angebotene Beförderung an ihrer Arbeitsstelle ablehnen, weil ihr eine erhöhte Arbeitsbelastung nicht mehr genug Zeit für Mutti gelassen hätte. Nebenbei bemerkt: Mutti war bei Cordulas Auszug weder krank noch behindert, sondern noch keine 60 und äußerst kraftvoll, was auch in dauerhaftem heftigem Genörgele an Cordulas Lebenswandel und den von ihr zubereiteten Mahlzeiten zum Ausdruck kam.

Auch bei den Männern, in die sich Cordula verliebte, folgte sie diesem Muster. Cordula war eine hübsche Frau und hatte genügend Verehrer. Doch diejenigen, die innerlich unabhängig waren und sie nicht unbedingt gebraucht, sie aber gerne geheiratet hätten, wies sie in jungen Jahren ab. Danach folgten einige verheiratete Exemplare, die sich aber nicht scheiden lassen konnten, weil wiederum deren Frau von ihnen komplett abhängig war – ein Argument, das Cordula deprimierte, das sie aber selbstverständlich völlig einsah. Seit vielen Jahren hat sie nun einen zwar ungebundenen Freund, der wahrscheinlich deshalb ungebunden war, weil jede Frau, die ihre fünf Sinne beisammenhat, diese männliche Baustelle abgelehnt hätte. Dieses Desaster auf zwei Beinen braucht extrem viel Unterstützung, ist also unwiderstehlich für Cordula. Meistens ist er betrunken, und deshalb hat er auch einen Job nach dem anderen verloren, sodass Cordula ihn jetzt finanziell komplett aushalten muss. Cordula beklagt sich ständig über ihn, aber eine Trennung: Niemals! Auch wenn die Rauschkugel ihr das letzte Hemd auszieht, sie im Suff verprügelt und vergewaltigt, ist ihr schlagkräftigstes Argument, bei ihm zu bleiben, immer wieder: »Er hat sonst ja niemanden. Ich muss mich doch um ihn kümmern!«

Es gibt natürlich Menschen, die Erfüllung und Glück in der selbstlosen Hingabe an andere finden, und dagegen ist nichts einzuwenden. Aber Cordula war und ist nicht glücklich, sondern litt ihr Leben lang unter depressiven Perioden und fühlte sich immer vom Schicksal vernachlässigt. Der Leidensdruck, den sie entwickelt, geht jedoch niemals so weit, dass sie ihre Vorstellung von sich selbst infrage stellen würde, sondern erschöpft sich in ausführlichem Geseufze über die Grausamkeit der Welt, die Schlechtigkeit anderer Menschen und die Ungerechtigkeit des Lebens als solchem, und gegen all diese Widrigkeiten ist man ja bekanntermaßen völlig machtlos. Die Umstände und andere Menschen sind schuld und sie ist das unschuldige Opfer. Kennen Sie auch eine Cordula?

Die Wachstumsbremse Faulheit

Die Wachstumsbremse Faulheit kann jeder täglich am eigenen inneren Schweinehund spüren. Eigentlich sollte ich Sport machen, ein Buch lesen, endlich die Steuererklärung vorbereiten usw., aber stattdessen lümmle ich mich auf der Couch und schaue mir eine schwachsinnige Soap im Fernsehen an. Ich bin einfach zu faul, etwas Anstrengendes anzugehen, vor allem wenn es so unerfreulich ist wie die Steuererklärung. Klienten geht es ähnlich. Oft wissen sie sehr gut, was sie tun müssten und was gut für sie wäre, aber die Umsetzung erfordert Energie, und die verwenden sie lieber darauf, ihre Symptomatik zu pflegen. Dies ist eine gewohnte Anstrengung mit vertrautem Ergebnis in Form des altbekannten Symptoms. Wenn die Energie hingegen in eine andere als die vertraute Richtung eingesetzt werden soll – also zur Bekämpfung oder Ausschaltung des Symptoms – kann einem niemand garantieren, dass das gewünschte Ergebnis wirklich eintritt. Es bleibt die beunruhigende Ungewissheit, ob sich der ganze Aufwand wirklich lohnt. Das letztlich hinter der Wachstumsbremse Faulheit stehende Gefühl ist daher – wie bei der Wachstumsbremse Fixierung – Beunruhigung oder, schärfer ausgedrückt, Angst.

Manchmal ist die Wachstumsbremse Faulheit nicht sofort erkennbar. Dirk war ein großer, schwerer, um nicht zu sagen ziemlich dicker Mann Anfang 40. In seiner ersten Beratungsstunde sprachen wir über seinen Perfektionismus und den Druck, den er spürte, weil er sich in unendlich vielen beruflichen und privaten Zwängen gefangen fühlte. Er arbeitete zu viel und war seit zehn Jahren mit einer älteren Frau liiert, die drei inzwischen erwachsene Kinder von einem früheren Partner hatte. Er hatte die drei mit aufgezogen, aber inzwischen gab es mit der Frau kaum noch Berührungspunkte und alle vier, die Frau und ihre Kinder, fühlten sich für ihn jetzt an wie die dicken Bleikugeln, die Gefangene an den Beinen haben, damit sie nicht weglaufen können.

Mehrere Monate später kam er zum zweiten Mal zu mir. Er hatte inzwischen sein Leben ziemlich radikal verändert: Er hatte sich von seiner Lebenspartnerin getrennt und in seinem Beruf mehrere Gänge zurückgeschaltet. Einerseits fühlte er sich jetzt befreit, aber andererseits – da er seine alten Bindungen über Bord geworfen hatte – ziemlich orientierungslos, und er wusste nicht, was er eigentlich jetzt mit sich anstellen sollte. Zu viele Entscheidungen standen an, und neben der Beunruhigung, die das auslöste, störte es seine natürliche Trägheit. Sollte er in der Kleinstadt bleiben, die er nicht mochte, in der er aber so viele Jahre lang gelebt hatte? Wenn nicht, wohin sollte er gehen? Und der Umzug, du großer Gott, welche Anstrengung! Sollte er sich nach einer neuen Partnerin umsehen? Das war ja richtig mühsam! Und wie sollte sie beschaffen sein, damit er sich bei ihr auch auf Dauer wohlfühlen könnte? Er wollte auch nicht wieder so stark unter Druck geraten und auch nicht so viel arbeiten wie früher, aber wie sein Arbeitsleben sich auf Dauer gestalten könnte, lag völlig im Nebel.

Mein Ziel war es, ihm Klarheit über seine Motive zu verschaffen. Zunächst setzte ich bei seinem Perfektionismus an und sagte: »Wenn Sie sich jetzt neu orientieren, muss es natürlich hundertprozentig passen. Sie brauchen für sich erstens genau den richtigen Ort, zweitens genau die richtige Frau, drittens genau die richtige Wohnung und viertens muss das für immer sein!« Sein Widerspruch kam wie aus der Pistole geschossen: »Nein, ich kann schon zunächst mal eine provisorische Wohnung beziehen, wenn ich nur wüsste, wo!« Er wusste vor allem, wo er nicht hin wollte und dass ihm die Fülle der vor ihm liegenden Aufgaben viel zu anstrengend war. Es gab so viele Möglichkeiten, was man tun könnte, würde, müsste ..., aber alle anstehenden Entscheidungen waren schrecklich. Sich auf etwas festzulegen war auch schrecklich, weil es ja wieder so ein Reinfall werden konnte wie seine bisherigen Fehlentscheidungen.

Dirks Mangel an Entschlusskraft und seine ausgeprägte Trägheit waren dann lohnende Ziele, auf die ich Pfeile abschoss. Ich schlug vor, er könne einen Verein namens »Faule-Sau-Leben« gründen und sich mit Gleichgesinnten auf die faule Haut legen und sich an der Möglichkeitswelt ergötzen, ohne jemals in Gefahr zu geraten, dass er irgendetwas wirklich anpacken müsste. Dann könne man auch nichts falsch machen. Es wäre auch keine schlechte Idee, sagte ich, wenn er sich einen Butler engagieren würde, dessen Aufgabe es sei, ihm laufend Vorschläge zu machen, die er dann ablehnen könnte. Ich spielte ihm einen kleinen Dialog in verschiedenen Stimmlagen vor: »Wollen Sie jetzt umziehen, Sir?« – »Ja, vielleicht, James« – »Wie wäre es mit Braunschweig, Sir?« – »Nein, kommt nicht infrage, James!« – »Dann vielleicht Osnabrück, Sir?« – »Um Himmels willen, nein, James, wie kommen Sie denn auf so eine abartige Idee!« – »Wollen Sie vielleicht ins Ausland, Sir?« – »Hm, auch eine Idee!« – »Wie wäre es mit London, Sir?« – »Nein, keine Großstadt, James.« – »Dann vielleicht ein abgelegenes Landgut in Neuseeland, Sir?« – »Oh Gott, nein, zu einsam!« Und so weiter und so weiter. Dirk lachte schallend. Als ich ihn viele Monate später wieder traf, hatte er unzählige Entscheidungen getroffen und so abgenommen, dass man ihn nicht mehr dick nennen konnte. Zwei Jahre später erfuhr ich, dass er ein neues Projekt im Ausland leitete.

Die Wachstumsbremse Feigheit

Bei der Wachstumsbremse Feigheit ist der Bezug zur Angst unmittelbar einleuchtend. Feigheit erhebt ihr kräftiges Haupt in allen Situationen, die uns Angst machen. Bei der Wachstumsbremse Feigheit geht es aber nicht um eine sinnvolle und berechtigte Angst, die uns davon abhält, in einem Holzfass die Niagarafälle hinunterzurauschen, sondern um die Angst vor neuen Herausforderungen, die objektiv gesehen nicht gefährlich sind, vor denen wir aber dennoch zurückschrecken. Wir stellen uns damit in ähnlicher Weise ein Bein wie der Autor eines Selbsthilfebuches, der seinem Werk den Titel gibt: »Die Krise als Chance – und wie man sie vermeidet«.

Wenn diese Feigheit nicht bekämpft wird, führt sie alsbald zu einer Vermeidungsstrategie, einem Weg-von-etwas-Verhalten, das immer mehr Lebensbereiche umfasst. Nur wenn ich den Feigheits-Stier beherzt und mutig an den Hörnern packe, kann ich in den Genuss kommen, meine Kräfte zu spüren und in produktive Richtungen zu lenken.

Das Erkennen von Wachstumsbremsen

Man kann die einzelnen Wachstumsbremsen nicht sehr scharf voneinander trennen. Meistens wirkt die Fixierung mit den anderen beiden zusammen, oder ein bestimmtes Denken, Fühlen und Verhalten lässt sich mehreren zuordnen. Ich habe beispielsweise während meines gesamten Studiums tunlichst vermieden, in einem Seminar ein Referat zu halten. Allein der Gedanke an einen Vortrag vor kritischen Zuhörern trieb mir die Schweißperlen auf die Stirn. Da mischten sich meine Wachstumsbremsen Fixierung und Feigheit in verhängnisvoller Weise. Ich war davon überzeugt, dass ich nur dann akzeptabel bin und mir selbst ins Auge blicken kann, wenn ich einen perfekten Vortrag halte, der die Zuhörer vom Sitz reißt (Fixierung auf perfekte Leistung). Und weil das fast nicht zu schaffen war, hatte ich enorme Angst davor und wusste mit Bestimmtheit, dass ich es vermeiden musste, weil es mich umbringen würde (Feigheit). In der Schule war ich ganz gut gewesen und die meisten Lehrer mochten mich. Ich hielt Referate, war Schulsprecherin und sprach vor Versammlungen der gesamten Schule. Ich machte mir zwar auch dabei vorher ins Hemd, aber die Gewissheit, dass meine Zuhörerschaft mir wohlgesonnen war, hielt meine Feigheit in Schach. Nun, in der Anonymität der Uni, musste ich erst einmal beweisen, was ich drauf hatte. Die Professoren wollte ich ebenso beeindrucken wie meine Schullehrer. Mein Anspruch bezüglich der Qualität eines Vortrags war viel größer als in der Schule, denn den Professoren konnte man nicht so leicht etwas vormachen wie den Schulpaukern. Mit solchen Gedanken entwickelte ich wüste Angst-Fantasien: Beim Vortrag würde ich kläglich versagen, der Professor würde mich öffentlich auseinandernehmen, die Zuhörer würden mich belächeln und sich hinter vorgehaltener Hand zuraunen, dass man von einer Blondine im Minirock sowieso nichts Kluges erwarten konnte. Dass ich unter meinen Kommilitonen mit dieser Angst nicht alleine war, half mir kein bisschen.

Laut einer Umfrage haben die Menschen in unserem Kulturraum am meisten Angst davor, eine Rede vor Publikum zu halten. Danach folgt mit großem Abstand die Angst vor dem Tod. Vermutlich würde deshalb mancher Redner bei einer Beerdigung vorübergehend lieber mit dem Toten tauschen, als sich der Tortur einer Abschiedsrede zu unterziehen. Die beiden Male, bei denen ich an der Uni trotz aller Tricks um ein Referat nicht herumkam, wünschte auch ich mir ein schnelles, unauffälliges Ableben. Ich stand schlotternd am Pult und bemühte mich, meine in eine unerträgliche Höhenlage abdriftende Kieksstimme unter Kontrolle zu bekommen und meine zitternden Hände so weit ruhig zu halten, dass das Papier nicht allzu auffällig raschelte. Ich las vom Blatt, ohne auch nur einmal den Blick zu heben, und schwor mir: Das mache ich nie wieder! Ich hielt mich jahrelang an diesen Vorsatz, wobei mich diese selbst auferlegte Beschränkung stets wurmte und ich Menschen, die lässig und entspannt eine Bühne betreten konnten, grenzenlos bewunderte. Meine Wachstumsbremsen Fixierung und Feigheit – jedenfalls bezüglich Reden in der Öffentlichkeit – wurde über zehn Jahre später von einer befreundeten Astrologin endgültig geknackt, die mir ebenso ungefragt wie freundlich und bestimmt mitteilte: Ob ich wolle oder nicht, ich würde in den nächsten Jahren mehr und mehr vor Publikum stehen und damit mein Geld verdienen. Ich protestierte energisch! Ich verstehe bis heute nichts von Astrologie, aber ihre Vorhersagen hatten einen Widerhaken und gingen mir nicht mehr aus dem Kopf, oder besser: aus dem Bauch! Sie war eine gute Beobachterin und hatte den richtigen Knopf gedrückt. Mein Beruf als Therapeutin und meine Erfahrungen als Ehefrau und Mutter von zwei sehr aufgeweckten Kindern hatten meiner Fixierung auf Perfektion zu diesem Zeitpunkt bereits so stark zugesetzt, dass ihre Behauptungen wie ein Samenkorn aufgingen, das auf einen vorbereiteten Boden fällt. Offenbar war ich endlich reif für die neue Herausforderung, und die Frau sah etwas, was mir selbst noch verborgen war.

2 Denken, Fühlen und Verhalten

Veränderung durch Einsicht

In der Psychologie unterscheidet man das Denken, das Fühlen und das Verhalten. Wenn ein Klient sich ändern soll, wird in der Beratung gerne beim Denken oder Verhalten angesetzt – in der Hoffnung, dass das Fühlen nebenbei so mitläuft. Natürlich weiß heute jeder Berater, dass das Gefühl eine große Rolle spielt, aber für den therapeutischen Veränderungsprozess bemüht man lieber weniger undurchschaubare Gefilde.

Der Volksmund sagt »Einsicht ist der erste Weg zur Besserung«. Es kann tatsächlich sehr entlastend sein, einen stichhaltigen Grund dafür zu finden, warum wir uns so verhalten, wie wir es tun, aber es kann auch sehr lähmend sein, weil wir uns dann als Opfer eines unausweichlichen Schicksals sehen. Verändern werden wir jedenfalls nichts, solange wir in der Einsicht stecken bleiben. Auch in der psychologischen Beratung ist der Glaube weit verbreitet, dass es vor allem erforderlich sei, Klienten zur Einsicht zu bringen, das heißt, ihr Denken zu verändern, um sie von lästigen Symptomen zu befreien. In Kurzform: Ohne Einsicht keine Veränderungen. Wenn wir nur lang und ausführlich genug über das Problem reden, wird schon irgendwann der Groschen fallen. Sobald der Klient erkannt hat, warum er sich so und so verhält, wird er sein Verhalten ändern.

Sehr oft müssen die frustrierten Berater dann feststellen, dass verändertes Denken nicht zwangsweise zu verändertem Verhalten führt. Klienten, die folgsam versicherten, sie hätten jetzt endlich verstanden, warum sie sich immer selbst ein Bein stellten, bewegen sich in ihrem Verhalten um keinen Zentimeter und stolpern munter weiter. Jeder Berater kennt das: Der Klient zeigt Verständnis, sagt, er habe endlich begriffen, ist auch bereit, als Hausaufgabe neues Verhalten auszuprobieren, und kommt zum nächsten Termin mit der Meldung: »Ihre Idee war ja wirklich gut, aber *bei mir* funktioniert das leider nicht!« Seine Emotionen haben die intellektuelle Veränderungsbereitschaft wirkungsvoll sabotiert.

Wenn das Großhirn des Klienten die intellektuelle Einsicht gewonnen hat, dass es besser sei, sich zu ändern, und gleichzeitig sein Bauch ihm meldet, dass eine Änderung gefährlich oder großer Schwachsinn sei, wird immer der Bauch siegen. Noch kein Mensch hat sich durch Entscheidungen verändert, die ausschließlich mit dem Intellekt, aufgrund rationaler Erwägungen oder nach ausgiebigem Nachdenken getroffen wurden. Ein begeisterter Autofahrer wird nicht aus Umweltschutzgründen, auch wenn ihm diese noch so sehr einleuchten, auf öffentliche Verkehrsmittel umsteigen, wenn ihm die Enge in der morgendlichen Straßenbahn äußerst zuwider ist. »Morgen probiere ich es«, sagt er vielleicht bereitwillig, und fügt angewidert hinzu, »auch wenn die Leute dort muffig und unausgeschlafen sind und riechen wie die Iltisse!« Sie müssen kein Psychotherapeut sein, um vorauszusehen, dass es bei einem bis maximal zwei Versuchen bleiben wird. Danach findet der Autofahrer tausend Gründe, warum die Fahrt zur Arbeit mit öffentlichen Verkehrsmitteln einfach unmöglich ist!

Der schüchterne Stefan

Stefan war ein sehr sympathischer, großer und gut aussehender Mann Anfang 40, aber er wirkte sehr niedergeschlagen. Sein Problem war seine Schüchternheit. Er fühlte sich unfähig, Menschen anzusprechen, und hatte stets das Gefühl, unzulängliches Zeug zu reden, wenn er den Mund aufmachte. Das machte sich bei der Kontaktaufnahme zu Frauen besonders störend bemerkbar. Nach einigem Hin und Her gab er an, er habe herausgefunden, dass seine Geburt sehr schwierig gewesen war, er war ein Notkaiserschnitt, und außerdem sei er nicht gestillt worden. Seine ausgiebige Recherche und mehrere Therapieversuche in den letzten Jahren hätten ergeben, dass diese desaströsen Anfangserfahrungen direkt mit seiner Schüchternheit und sozialen Unfähigkeit zusammenhingen, ja die Ursache dafür seien. Dieses Wissen erkläre vieles, aber es helfe ihm nicht wirklich.

Ich gab ihm vollständig recht. Alle Kaiserschnitte dieser Welt, mein eigener niedlicher Enkelsohn eingeschlossen, hätten eigentlich keine wirkliche Chance im Leben, schon gar nicht bei Frauen! Da inzwischen ein hoher Prozentsatz an Geburten, vor allem in den USA, per Kaiserschnitt abliefe und die Tendenz zum Kaiserschnitt laufend stiege, sähe es mit der Zukunft der Menschheit düster aus.

Aber es sei doch sehr hilfreich, wenn er künftig jedes Mal beim Ansprechen von Frauen diesen gleich ungefragt mitteilen könnte, er sei ein Notkaiserschnitt gewesen und außerdem fehle ihm die Stillerfahrung. Damit wäre der Anfang eines Gespräches bereits gemacht! Stefan entspannte sich sichtlich und konnte darüber herzlich lachen. Er gab auch zu, dass er von all diesen Erklärungen die Schnauze voll habe und jetzt endlich etwas ändern wolle. Das gehe leider nicht, bei einem Notkaiserschnitt, der nicht gestillt worden sei, versicherte ich ihm grinsend.

Das Verhaltenstraining

Stefan ist ein Beispiel dafür, dass rationale Einsicht ohne beteiligte Emotionen keine Verhaltensänderungen bringt, denn er hatte in vielen Therapien zwar rationale Gründe für sein Verhalten gefunden, aber seine Emotionen wurden dabei offensichtlich nicht aktiviert. Auch reines Verhaltenstraining erbringt ohne emotionale Beteiligung nicht den gewünschten Erfolg. Es gibt genug Glossen, die das illustrieren. Zu meiner Studienzeit in den Sechzigerjahren wurde die Verhaltenstherapie in der damals rein tiefenpsychologisch ausgerichteten Münchner Uni mit großem Genuss und ausgeprägter Häme verunglimpft. Damals kursierte die heftig belachte Geschichte vom verhaltenstherapeutisch behandelten Ehemann, der, um seine Ehe wieder zu beleben, vom Therapeuten folgende Anweisung bekam: Er solle eine Art Wecker bei sich führen, der in regelmäßigen Abständen einen leisen Piepton von sich gibt und ihn daran erinnert, dass es wieder Zeit ist, zu seiner langjährigen Gattin »Ich liebe dich!« zu sagen. Mein Mann persifliert das bis heute. Wenn er etwas Nettes zu mir sagt, fügt er grinsend hinzu: »Mein Wecker hat mal wieder gepiept!«

Der Streit um die richtige Vorgehensweise, der vor allem durch die damals in der Psychologie ausgeprägte Schulenbildung mit ihren radikalen Abgrenzungstendenzen entstand, ist im Grunde völlig überflüssig. Denn es ist ziemlich gleichgültig, ob man den Klienten tiefen-, einsichts- oder verhaltenspsychologisch traktiert. Alles wird folgenlos bleiben, wenn das Gefühl nicht ausreichend miteinbezogen wird. Einsicht und gutes Zureden allein führen ebenso wenig zu einer dauerhaften und befriedigenden Verhaltensänderung wie roboterartige Wiederholungen von Sätzen, die so nicht gefühlt werden. Manche Marktschreier, die große Stadien füllen, emotionalisieren ihre Zuhörer mit raffinierten Methoden, aber roboterhaft wiederholte Sätze, die nur kurzfristig mit Gefühlen aufgeladen werden, bringen keinen langfristigen Erfolg, wenn die Gefühle einem Realitätstest nicht standhalten. Ich kann mir tausendmal vorsagen »Ich werde Millionär« und bleibe trotzdem arm wie eine Kirchenmaus, wenn ich mich nicht aktiv und mit Energie in Bewegung setze.

Das Einzige, was zu dauerhaften Veränderungen im Denken und Verhalten führt, ist eine emotional geladene Entscheidung zur Veränderung. Also ist die einzig interessante Frage, ob und wie man die Klienten emotional erreicht und dadurch ihre Veränderungsbereitschaft nachhaltig aktiviert.

3 Die Grabenkriege der beratenden Zunft

Psychotherapie, Coaching und Mediation

Wenn im Folgenden von Psychotherapie und Psychotherapeut die Rede ist, meine ich nicht nur Therapeuten im engeren Sinn, sondern alle Berater, auch Sozialarbeiter, Krankenschwestern, Coachs, Trainer, Mediatoren usw. Diese Verallgemeinerung steht häufig im Widerspruch zum Selbstverständnis der einzelnen Gruppen. Es gibt nämlich nicht nur teilweise unüberwindbar scheinende Gräben zwischen verschiedenen Psychotherapieschulen mit allerlei Zerwürfnissen über die richtige Behandlungsform, sondern auch die einzelnen Zweige der sonstigen beratenden Zunft zelebrieren betonierte Glaubenssätze, die für scharfe Abgrenzung sorgen. Es ist eine weitverbreitete Überzeugung vieler Beratergruppen, die sich mit zwischenmenschlichen Konflikten beschäftigen, dass Psychotherapie, Coaching und Mediation weitgehend getrennte Bereiche wären. Psychotherapeuten halten sich im Allgemeinen für die gründlicher arbeitende Gruppe, die wirklich in die Tiefe geht. Mediatoren, Trainer und Coachs stimmen dem zu und weisen mit Nachdruck darauf hin, dass sie um Himmels willen keine Psychotherapeuten seien. Zwischen ihrer Vorgehensweise und der Psychotherapie verliefen extrem tiefe Gräben, es seien völlig eigenständige Prozesse, bei denen mit ganz unterschiedlichen Methoden gearbeitet werden müsse.

Natürlich ist es ein Unterschied, ob ich einen Psychiatrie-Klienten vor mir habe, der wild halluziniert, oder einen Manager, der das Entscheidungsproblem hat, ob er seinen Job behalten oder kündigen soll. Dennoch bin ich der Überzeugung, dass es sich prinzipiell um denselben Vorgang handelt. In beiden Fällen geht es um Emotionen – auch wenn der Manager davon natürlich nichts hören will. Beide stecken emotional fest. Auch die Grundsatzfragen, die sich stellen, sind in beiden Fällen die gleichen: Kann ich mich als Berater so in die Welt des Klienten hineinversetzen, dass ich sie verstehe, und bin ich so neutral und wertfrei, dass meine eigene Voreingenommenheit oder Betroffenheit mir keinen Streich spielt und mir die Hände fesselt bzw. den Geist einengt. Nur unter diesen Voraussetzungen kann ich provokativ werden und die selbstschädigenden

Anteile herausgreifen und persiflieren, ohne mich über den Klienten zu erheben und mich als etwas Besseres zu fühlen, sodass er sich ausgelacht vorkommt. Der Unterschied zwischen Psychotherapie, Coaching und Mediation liegt daher weniger in der Behandlungsform, als in der (klinischen) Erfahrung, der Selbsteinschätzung und Erwartung der Berater auf der einen Seite und den Überzeugungen der Klienten auf der anderen. Bei beiden haben wir es mit oft sehr stabilen Glaubenssätzen zu tun.

Die Überzeugungen der Klienten

Die Überzeugungen der Klienten sind unmittelbar nachvollziehbar: Sie haben ein Problem, von dem sie glauben, dass sie die Lösung nicht mehr alleine zustande bringen. Sie stecken fest, leiden unter lästigen Symptomen und suchen Hilfe, um sich aus ihrer Zwangslage zu befreien. Alle Klienten fühlen sich – wenn auch aus unterschiedlichen Gründen – mindestens partiell ohnmächtig und fast alle erwarten ein fest umrissenes Ergebnis mit klarer Handlungsanweisung. Deshalb suchen sie einen anderen Menschen auf, der das nötige Know-how hat und die Situation von außen begutachten kann. Dadurch bekommt dieser einen unverstellteren Blick auf das Problem, sofern er sich nicht gerade zufällig mit demselben Problem herumschlägt und ebenso feststeckt wie der Klient.

Früher ging man in so einem Fall zum Pfarrer, heute eher zum Coach oder Mediator und erst, wenn es sich gar nicht mehr vermeiden lässt, zum Psychotherapeuten oder Psychiater, die in der Volksmeinung noch weniger geschätzt werden. Die beiden letzteren gelten allgemein als »Irrenärzte«. Psychotherapie ist auch heute noch mit dem Stigma des Verrückt-Seins versehen. Verrückte erzeugen Angst, sowohl bei dem Verrückten selbst als auch bei den damit befassten Außenstehenden.[16] Das ist einer der Gründe, warum man im Management verschleiernd von Coaching spricht, auch wenn es sich häufig um Psychotherapie handelt.

16 Das schlägt sich sogar in der Ablehnung von Berufsunfähigkeits-Versicherungen nieder, wenn ein Klient eine Psychotherapie hinter sich hat, die weniger als fünf Jahre zurückliegt – selbst wenn es sich nur um eine Gesprächstherapie bei einer Scheidung handelte.

Der Gang zum Psychotherapeuten wird dabei meistens so lange hinausgezögert, bis es nicht mehr anders geht oder ein beteiligter Verwandter oder Freund den Klienten mit Gewalt zum Therapeuten schleift, weil er es leid ist, als Klagemauer zu dienen. Den meisten Psychotherapie-Klienten wäre es bedeutend angenehmer, sie litten an einer schweren körperlichen Krankheit als an einem Defekt ihrer Psyche. Sie suchen deshalb normalerweise erst einmal ein halbes Dutzend Mediziner auf, um sich Tabletten verschreiben zu lassen, dann gehen sie notfalls vielleicht auch zu einem Coach – das klingt irgendwie sportlicher und sachlicher als Psychotherapeut – bevor sie widerstrebend eine Psychotherapie in Angriff nehmen. Psychotherapie ist beunruhigend, denn sie ist nebulös und wenig durchschaubar, stellt einen selbst infrage, dauert lange und macht womöglich Arbeit, während Tabletten einzuwerfen weit weniger aufwendig ist.

Ein Klient, der sich zu einer Psychotherapie durchgerungen hat, ist stärker als ein Coaching-Klient davon überzeugt, dass er in wesentlichen Bereichen seines Lebens die Kontrolle über sein Denken und Verhalten verloren hat. Coaching-Klienten halten sich selber für wesentlich »normaler« und handlungsfähiger als Psychotherapie-Klienten. Sie gehen den lästigen Schritt zum Coach häufig nur widerstrebend, weil sie das ganze Psychogetue ohnehin nicht wirklich ernst nehmen. Falls sie selbst einsehen, dass sie feststecken, versuchen sie in der Beratung zunächst tunlichst, ihre seelischen Stolpersteine herauszuhalten und »sachlich« zu bleiben. Coaching-Klienten kommen oft nicht freiwillig, sondern weil ihnen von dritter Seite – den Kollegen, dem Chef – nahegelegt wird, ein Coaching aufzusuchen, weil ihre sozialen Kompetenzen zu wünschen übrig ließen. In solchen Fällen haben sie auch keinen besonders starken inneren Leidensdruck[17], sondern sie spüren nur einen lästigen Druck von außen, den sie für völlig unangebracht halten.

Mediations-Klienten sind hingegen der (ebenfalls stark emotional gefärbten) Meinung, dass sie selbst keineswegs irgendwie feststecken, sondern völlig klar denken und sich vernünftig verhalten könnten, wenn man ihnen nur die alleinige Kontrolle über das Geschehen ließe. Aber zu ihrem größten Bedauern beansprucht der uneinsichtige Gegner ebenfalls halsstarrig diese Kontrolle und glaubt seinerseits, er sei völlig im Recht. Auch hier fehlt der Leidensdruck

17 Zum Leidensdruck siehe S. 86.

von innen. Der Ansatzpunkt für konstruktive Provokationen befindet sich daher bei den Coaching- und Mediations-Klienten woanders als bei den Psychotherapie-Klienten, denn der provokative Berater hat als Erstes die Aufgabe, diesen Klienten einen inneren Leidensdruck zu verschaffen. Das bedeutet in diesem Fall, ihnen klar zu machen, dass sie mit ihren Gefühlen in einer Sackgasse stecken. Ohne dieses (emotional geladene) Bewusstsein wird der Versuch, Veränderungen herbeizuführen, so zäh werden wie das Waten in einem Kaugummibecken.

Die Selbstdefinition der Berater

Dass Klienten Überzeugungen und Tabus haben, die für sie hinderlich werden können, ist unmittelbar einsichtig, aber auf der anderen Seite der Couch würde man sie wohl eher nicht vermuten. Von Beraterseite ist die Sache auch etwas verzwickter, denn hinter deren Selbstdefinition lauert letztendlich Angst, und die sollte möglichst verborgen bleiben. Nicht-Psychotherapeuten sind der Überzeugung, dass man um die psychische Befindlichkeit, vor allem die psychischen Problemzonen der Beteiligten, einen möglichst weiträumigen Bogen machen sollte, denn diese Themen sind erstens lästig und zweitens gefährlich. Berater schützen sich damit vor der Horrorvorstellung, dass sie beim Eindringen in die Psyche des Klienten etwas lostreten könnten, was ihrer Kontrolle entgleitet. Ein Klient, der plötzlich durchdreht, also zu viele und zu heftige Emotionen zeigt, weckt Hilflosigkeit und Angst. Den schickt man lieber weg – zum Psycho-Fachmann, der sich damit herumschlagen und die Verantwortung übernehmen soll.

Mediatoren, Trainer, Coachs usw. haben sich deshalb ausdrücklich fest umrissene und sehr enge Ziele gesetzt, um nicht mit psychischen Abgründen behelligt zu werden. Das Ziel einer Mediation ist es, dauerhaft tragfähige Kompromisse zwischen verhärteten Standpunkten zu finden. Das Ziel des Coachings oder Trainings ist es, dem Klienten Entscheidungshilfen zu geben in (meist vordergründig beruflichen) festgefahrenen Situationen. Eine Psychotherapie befasst sich, wie der Name schon sagt, mit etwas so Verschwommenem wie der Psyche und hat das Ziel, dem Klienten zu einem unbelasteteren (wenn Sie so wollen: »glücklicheren«) Leben zu verhelfen. Mit diesen unterschiedlichen Zielen rechtfertigen Nicht-Psychotherapeuten ihren Rückzug, wenn es psychisch brenzlig wird.

In meinen Weiterbildungsseminaren höre ich daher immer wieder sowohl von den Teilnehmern, die sich auf Coaching und Mediation spezialisiert haben, als auch von Helfern wie Sozialarbeitern, die keinen akademischen Abschluss vorweisen können, den überwiegend erleichterten und nur manchmal ein kleines bisschen frustrierten Seufzer: »Dafür bin ich ja nicht zuständig, ich bin ja kein Psychotherapeut!« Das scheint mir gerechtfertigt, wenn es sich um Aberrationen der Psyche handelt, die im Alltag nicht an jeder Straßenecke zu finden sind, sondern in die geschlossenen Abteilungen der psychiatrischen Krankenhäuser verbannt sind. Es ist aber zu kurz gedacht, wenn es um psychologische Konflikte geht, die potenziell jeden betreffen können. Und die sind so häufig anzutreffen wie Spinnen im Keller.

Die Psyche mit all ihren Emotionen und Konfliktmöglichkeiten spielt in jeder Konfliktsituation, auch in Lebensbereichen wie z. B. dem Management, eine zentrale, im Allgemeinen aber stark unterschätzte Rolle.[18] Je enger sich die jeweilige Beratergruppe ihren Rahmen steckt, umso handlungsunfähiger wird der Berater und umso ineffizienter wird die Beratung. Das gilt sowohl für Psychotherapeuten, die harte Fakten außen vor lassen und sich nur auf die Psyche des vor ihnen sitzenden Individuums konzentrieren, als auch für Mediatoren, Trainer und Coachs, die ihren Fokus ausschließlich auf harte Fakten und sachliche Entscheidungshindernisse beschränken und die Abgründe der Psyche ausklammern. Die Beschränkung mindert die Möglichkeiten, ein tragfähiges Ergebnis zu erzielen.

Vereinfacht gesagt misst ein auf die Psyche reduzierter Psychotherapeut dem realen Umfeld des Klienten zu wenig Bedeutung bei und vermutet vielleicht hinter der Erschöpfung eines Klienten einen psychischen Abgrund – ausgelöst durch eine lieblose Kindheit – und übersieht die realen Fakten einer Ausbeutung durch seine Frau, die ihn im Rahmen einer Scheidung gerade in den Bankrott treibt. Ein auf harte Fakten beschränkter Mediator kann den Nachbarschaftsstreit

18 Einige psychologische Sackgassen, die im Management häufig anzutreffen sind, haben mein Mann und ich in unserem Buch *Schwein sein? Ein Ratgeber für Spitzenmanager und solche, die es werden wollen* (Höfner u. Höfner 2007) ebenso deutlich wie provokativ beschrieben. Die Tatsache, dass erstaunlich viele Leser unsere provokativen Ratschläge ganz wörtlich und ernst nahmen, hat uns sehr zu denken gegeben.

um einen Zaun nicht schlichten, weil er den eigentlichen Grund für die Zänkereien gar nicht erfährt. Wenn er die Parteien entsprechend provoziert hätte, wäre wahrscheinlich ans Licht gekommen, dass hinter dem Konflikt eigentlich Eifersucht steht, da die Frau des einen Ehepaares mit dem Mann des anderen Ehepaares eine Affäre hatte. Und ein auf konkrete Entscheidungshilfen beschränkter Trainer oder Coach, der um die Gefühle des Managers einen Bogen macht, hört nicht dessen seelischen Hilfeschrei, der ihm zeigen würde, dass der Klient eigentlich seine Lebensführung grundsätzlich infrage stellt und gar keine konkreten Karrieretipps will.

Klienten sind zerbrechlich und bedürfen der Schonung

Die Überzeugungen der Berater beschränken sich nicht nur auf ihre eben dargelegte Auffassung, dass sie das Wirkungsfeld ihrer Beratung korrekt eingrenzen, sondern beziehen sich auch auf ihre Sicht des Klienten. Manche dieser Überzeugungen über das Wesen der Klienten sind bei der Anwendung des Provokativen Stils äußerst hinderlich.

Ein paar Überzeugungen teilen die Klienten mit ihren Beratern, vornehmlich denen in der Psychotherapieszene, sodass diese Überzeugungen noch mehr zementiert werden. Da ist zum einen der weitverbreitete Glaube, dass der arme Klient ein Opfer seiner Veranlagung, seiner Biografie, der Umstände oder aller drei ist. Lauter Faktoren, auf die er keinen Einfluss hat, sind schuld an seiner Misere, und deshalb kann er nur wenig zur Lösung seines Problems beitragen. Die Klienten müssen an die Hand genommen und beschützt werden und sind ohne die Erleuchtung des Beraters ziemlich verloren. Schließlich haben sie schon erfolglos alles in ihren Möglichkeiten Stehende getan. Nun sollen andere etwas zur Beseitigung der Stolpersteine unternehmen. Außerdem glauben beide mit Inbrunst, dass der Klient nach so viel Ungemach zerbrechlich und schwach ist und deshalb in Watte gepackt werden muss, damit er nicht endgültig zusammenbricht. Er ist schonungsbedürftig wie ein Rekonvaleszent nach einem Herzinfarkt und darf nur ganz vorsichtig und behutsam mit unangenehmen Wahrheiten konfrontiert werden. Berater müssen daher so behutsam vorgehen, als balancierten sie einen wackligen Stapel wertvollen Chinaporzellans auf einer Zaunlatte.

Das klingt etwas überspitzt, aber die Reaktionen meiner Seminarteilnehmer deuten weitgehend in diese Richtung. Es ist die am häufigsten geäußerte Sorge von Beratern jeglicher Couleur, man könnte den Klienten verletzen und überfordern, wenn man provokativ wird. Der feste Glaube an die Notwendigkeit, den Klienten zu schonen, impliziert, dass es einen Schutzbedürftigen und einen Beschützer gibt. Diese aus gut gemeinter Fürsorge geborene Überzeugung verleiht dem Berater als Beschützer automatisch eine höhere Position als dem Klienten und vermittelt ihm die Botschaft, dass auf der einen Seite der starke, wissende Berater steht, auf der anderen Seite der schwache, unfähige, gelegentlich auch etwas doofe und unmündige Klient. In meinen Vorträgen und Seminaren erzähle ich zur Verdeutlichung dieses Umstandes gerne einen Kalauer, den Berater meistens nur mit Verzögerung verstehen: »Was ist der Unterschied zwischen einem Psychotherapeuten und dem lieben Gott?« – »Der liebe Gott glaubt nicht, dass er ein Therapeut sei.«

Die Versuchung, sich selbst als gottgleicher Alleswisser zu verstehen, ist sehr gut nachvollziehbar, denn als Berater hat man oft viele Jahre mit Klienten zu tun, die einem mitteilen: »Bei mir ist das und das nicht in Ordnung. Bitte machen Sie das weg!« Das verleitet auch dazu, das Augenmerk ausschließlich auf die defekten Bereiche des Klienten zu richten und seine Stärken zu übersehen. Klienten bieten sich an als depressiv, schüchtern, beziehungsunfähig usw. und werden dann im Geiste des Beraters leicht zum Inbegriff ihrer Störung auf zwei Beinen, also zu »der Depression«, »der Schüchternheit«, »dem Beziehungsdesaster«. Man kennt das von Medizinern in Krankenhäusern, die von der »Leber auf Zimmer 362« sprechen.

Der gemeinsame Nenner aller Beratungsformen

Die Vorstellung, dass Mediation, Coaching, Training und Psychotherapie völlig verschiedene Geschehnisse seien, stimmt nur bei einem eingeschränkten Verständnis von Psychotherapie. Psychotherapie wird dann gewissermaßen als klinischer Eingriff eines Experten in das Leben eines Klienten begriffen, bei dem der kundige Fachmann das Problem analysiert und diagnostiziert und dann dem unwissenden, unfähigen Patienten vorschreibt, was dieser tun habe. Der Begriff »Patient«[19], der auch in der Psychotherapie heute noch häufig verwendet wird, weist in diese Richtung.

Ich verstehe Psychotherapie anders, und damit verschwindet die strikte Grenze zwischen den unterschiedlichen Beratungsbereichen. Ich gehe zum einen davon aus, dass die meisten Klienten – vor allem solche, die noch selbstständig in eine Fachpraxis kommen können – über weit mehr gesunde als kranke Anteile in ihrem Denken, Fühlen und Verhalten, also über mehr Stärken als Schwächen verfügen. Zum anderen bin ich überzeugt, dass sie keineswegs so zerbrechlich sind, wie viele Berater glauben, sondern mündig und stark, und dass sie prinzipiell über ausreichende Möglichkeiten verfügen, um ihre Probleme zu lösen. Da sie derzeit emotional und mental feststecken, ist ihnen aber der Zugangsweg zu ihren Kraftquellen erschwert oder abgeschnitten.

Klienten können lernen, Fehlschläge auszuhalten, anstatt an ihnen zu zerbrechen. Das setzt allerdings einen Berater voraus, der das auch kann. Ein Berater, der in seiner eigenen Existenz auf Nummer sicher gehen will und sich zur Angstreduzierung ein Stützkorsett aus unverrückbaren Wahrheiten zurechtgelegt hat, neigt zum Missionieren und versucht, dem Klienten diese absoluten Wahrheiten nahezubringen. Das macht ihn allerdings völlig ungeeignet für die provokative Vorgehensweise, die zwingend erfordert, dass der Berater auch seine eigenen Glaubenssätze relativieren und fröhlich persiflieren kann.

19 Lat. *patiens:* »erduldend, erleidend«. Der Patient ist damit jemand, der passiv etwas erleidet.

4 Ein kurzer Abriss des Provokativen Stils

Die wertschätzende Grundhaltung des Anwenders (LKW)

Als ich Frank Farrelly das erste Mal erlebt hatte, fühlte ich mich überfahren. Meine damaligen therapeutischen Glaubenssätze, meine für unumstößlich gehaltenen therapeutischen Wahrheiten wurden kurzerhand weggefegt oder so demoliert, als sei ich mit einem Lastwagen kollidiert. Deshalb verwende ich als Kürzel für den Provokativen Stil gerne die Abkürzung für Lastkraftwagen »LKW», was einerseits die bullige Kraft dieser Methode illustriert, und sich andererseits auch gut als Abkürzung eignet für das »**L**iebevolle **K**arikieren des **W**eltbilds eines Klienten«.

Der provokative Berater steigt ein in das Weltbild des Klienten. Es besteht aus der Gesamtheit seiner (emotional geladenen) Überzeugungen und bestimmt, durch welche subjektive Brille er die Welt sieht. Diese Überzeugungen klopft der Berater gedanklich ab nach den darin enthaltenen Wachstumsbremsen. Deshalb könnte das »W« in LKW auch für das Liebevolle Karikieren der Wachstumsbremsen stehen. Diese nehmen wir aufs Korn und karikieren sie so lange, bis die absurden und komischen Anteile sichtbar werden und der Klient über sie lachen kann. Dabei sollte er immer ein bisschen mehr lachen als der Therapeut, denn wir lachen mit dem Klienten und nicht über ihn. Das gelingt nur, wenn der Berater innerlich neutral und wertfrei bleibt und keine heimlichen Zensuren verteilt. Die wahre provokative Beratung ist frei von Sarkasmus und Zynismus.

Diese Wertfreiheit ist die Voraussetzung für einen der wichtigsten Aspekte provokativer Arbeit: die liebevolle und wertschätzende Grundhaltung dem Klienten gegenüber. Die provokative Vorgehensweise ist eine der Methoden, die den Klienten am meisten wertschätzt – auch wenn es durch die unverblümte Art des Beraters auf den ersten Blick nicht so aussieht.

Darin liegt aber kein Widerspruch, denn das »L», das »Liebevolle« im LKW, heißt nicht, dass wir den Klienten so sehr ins Herz schließen, dass wir den Rest unseres Lebens in inniger Freundschaft verbunden sein wollen. Liebevoll heißt auch nicht, dass wir den Klienten wie eine Mutterglucke vor allem Übel schützen wollen. Liebevoll bedeutet hier, dass wir felsenfest von den im Klienten schlummernden Fähigkeiten überzeugt sind und unser Augenmerk ausschließlich auf die Kraftquellen richten, die in ihm verborgen sind – und nicht auf seine Defizite. Durch diese Haltung trauen wir ihm prinzipiell jede Veränderung zu.

Die Ressourcenorientierung im Provokativen Stil

Diese sogenannte Ressourcenorientierung rückt in der heutigen Psychotherapie in vielen Therapieverfahren immer mehr in den Vordergrund und verdrängt langsam das gebannte Starren auf die Defizite des Klienten. Die Ressourcenorientierung bzw. die Konzentration auf die Stärken des Klienten markiert daher nicht den entscheidenden Unterschied zwischen der provokativen Vorgehensweise und einigen anderen Therapie- und Beratungsverfahren. Der Unterschied liegt darin, auf welche Weise die Ressourcen des Klienten mobilisiert werden.

Normalerweise haben Berater das Bedürfnis, die Ressourcen der Klienten durch positive Äußerungen hinsichtlich ihrer Fähigkeiten zu unterstützen. Der provokative Berater konzentriert sich zwar ständig auf die Stärken des Klienten, er empfindet und zeigt nonverbal echtes und unbegrenztes Wohlwollen und Zutrauen in die Kräfte des Klienten, aber er äußert diese positiven Aspekte nicht verbal, sondern vertraut auf die Macht der Körpersprache. Das »Verbot«, dem Klienten laufend nette Sachen zu sagen, fällt gerade geübten Beratern im Allgemeinen sehr schwer. Da nonverbale Signale oft weitaus mächtiger sind als das gesprochene Wort, spürt der Klient das Wohlwollen, wenn es wirklich echt ist. Dies ist allerdings die Voraussetzung, denn es erfordert eine oskarreife schauspielerische Leistung (die dem normalsterblichen Berater wahrscheinlich nicht zur Verfügung steht), Wohlwollen überzeugend darzustellen und gleichzeitig zu denken: »Was ist denn das für eine Knalltüte!«

Durch die nonverbale Unterstützung und das gleichzeitige ungenierte Aussprechen der Stolpersteine, die der Klient gerne unter den Teppich kehrt, übt der Berater auch keineswegs Druck von außen aus, sondern provoziert beim Klienten heilende Emotionen und damit einen produktiven Innendruck zur Veränderung.

Wie provoziert man die »richtigen« Emotionen?

Pubertierende Teenager wissen, wie man Erwachsene auf die Palme treibt. Sie reizen ihre Eltern und andere Erwachsene – wie Lehrer oder auch unbeteiligte Passanten – durch bockiges Verhalten und pampiges Reden, sie färben sich violette Strähnen oder einen grünen Kamm auf den Kopf, der auf ihrem ansonsten kahl rasierten Schädel einen halben Meter senkrecht in die Höhe steht, ziehen sich stachelige Hundehalsbänder an und perforieren ihr Gesicht mit Sicherheitsnadeln. Starke emotionale Reaktionen ihrer Umwelt sind ihnen gewiss.

Pubertierende bringen gezielt die Glaubenssätze der Erwachsenen aus dem Gleichgewicht, mit denen sich diese ihr Leben eingerichtet haben. Pubertierende spüren mit schlafwandlerischer Sicherheit diejenigen emotional geladenen Überzeugungen auf, die den Autoritätspersonen besonders wichtig sind und die sie auf gar keinen Fall infrage gestellt wissen wollen. Pubertierende fordern die Erwachsenen zu einem Machtkampf heraus, stellen deren bisher fest gefügte (hierarchische) Ordnung auf den Prüfstand und pinkeln sie zielgerichtet an. Je heftiger die Erwachsenen reagieren, desto hilf- und wirkungsloser sind sie. Ein mit hochrotem Kopf hervorgepresstes: »Solange du deine Füße unter meinen Tisch stellst ...« hat noch keinen Jugendlichen beeindruckt. Es aktiviert heftige Emotionen und Ängste bei den Erwachsenen, wenn ihre Überlegenheit, ihre bisher nicht angezweifelten Prinzipien und ihre Lebensordnung infrage gestellt werden – und das ist nicht erst seit gestern so. Bestimmt hat bereits der Neandertaler seinen Sohn an den Ohren gezogen, wenn dieser altbewährte Formen der Jagd anzweifelte oder seine Haartracht plötzlich mit Zweigen garnierte und zu Büscheln zusammenband.

Um die Gefühle des Klienten zu provozieren, tun wir das Gleiche wie die Pubertierenden, aber voller Wohlwollen und nicht voller Aggressionen: Wir legen den Finger auf die Stelle, wo Überzeugungen einer Veränderung im Weg stehen. Da sitzt die Emotion, die Hilflosigkeit, die Angst. Wir sprechen die hinderlichen (emotional geladenen) Überzeugungen aus, von denen wir glauben, dass der Klient sie denkt, schon gedacht hat oder denken könnte, und machen dazu überzogene, verallgemeinernde und ins Absurde gesteigerte Aussagen und Unterstellungen. Damit nehmen wir direkt die Wachstumsbremsen des Klienten aufs Korn und mobilisieren seinen emotionalen Widerstand gegen die Einschränkungen, die er sich selbst auferlegt hat. Der Klient wird dazu provoziert, Mut zu zeigen und neue Herausforderungen anzunehmen, dabei seine Stolpersteine selbst aktiv beiseitezuschieben und sich damit eine Erweiterung seiner Möglichkeiten zu bescheren. Garantien für das hundertprozentige Gelingen gibt es nicht – weder für den Berater noch für den Klienten – und diese Ungewissheit auszuhalten ist eine Herausforderung für beide.

Der Widerstand gegen Veränderungen

Die emotionale Energie, die im psychischen Haushalt des Klienten wie auf einer Festplatte gespeichert ist, erzeugt zunächst Widerstand gegen Veränderungen. Die Symptome sind dem Klienten zwar lästig bis unerträglich, aber gleichzeitig hängt er sehr an seinen bisherigen eingeschliffenen und vertrauten Gefühlen, Denkvorgängen und Verhaltensweisen. Dieser Widerstand ist keine rationale Überlegung, sondern ein Gefühl, und folgt damit denselben Gesetzmäßigkeiten wie alles emotionale Geschehen. Die darin gespeicherte Energie leiten wir mit den Provokationen um, und zwar zu einem emotionalen Widerstand gegen das Symptom. Wir karikieren die Stolpersteine des Klienten und führen sie ad absurdum, bis er diese Absurdität erleben und über sie lachen kann. Dieses Lachen entspannt ihn. Die Entspannung schwächt die emotionale Ladung des Symptoms oder hebt sie vollständig auf, sodass das bisherige selbstschädigende Denken, Fühlen und Verhalten nicht mehr ungebrochen beibehalten werden kann. Neue Verhaltensweisen, Gefühle und Denkgewohnheiten bekommen eine Chance. Die provokativen Interventionen des Beraters stärken den Widerstand des Klienten gegen seine Symptomatik und beflügeln seinen Willen, etwas zu ändern. Das macht den Weg frei für neue, ebenfalls emotionale, weniger schädliche Entscheidungen. Das Denken hinkt wie immer hinterher und liefert rationale Begründungen für die Veränderung nach. Die Veränderungen werden nach einiger Zeit zur Gewohnheit und verstärken die emotionale Ladung des Willens, das neue konstruktivere Verhalten beizubehalten.

Die frei gewordene emotionale Energie erlebt man als starken Impuls. Sie erhält laufend Verstärkung durch neue, positive Gefühle (»Das tut gut!«, »Ich fühle mich stark!«, »Ich kann etwas!«). Da das veränderte Verhalten weitere positive Gefühle auslöst, beginnt ein sich selbst verstärkender Prozess – analog zu einem Teufelskreis also gewissermaßen ein »Engelskreis». Auch deshalb ist eine emotional geladene Entscheidung für eine Veränderung keine Eintagsfliege, sondern dauerhaft stabil.

Wenn der Widerstand des Klienten sich nicht mehr gegen die Veränderung, sondern gegen sein Symptom richtet, zeigt sich meistens zunächst neben der Entspannung ein mehr oder weniger diffuser Drang, etwas anders zu machen. Solange dieser Drang noch schwach ist und Gehhilfen benötigt, verstärke ich nicht die Gehhilfen in Form von aufmunternden Reden, sondern trete dagegen, um die eigenen Rückenmuskeln des Klienten zu stärken und sie überflüssig zu machen. Veränderungen, von denen der Klient stolz berichtet, zweifle ich prinzipiell an und beteuere augenzwinkernd: »Bestimmt haben Sie etwas anderes gegessen oder es lag am Wetter! Und machen Sie sich keine Sorgen, bis nächsten Dienstag sind Sie wieder ganz der Alte.«

Das Ziel der provokativen Interventionen: Lösung und Ziel findet der Klient

Das Ziel der provokativen Vorgehensweise ist nicht die vom Fachmann gefundene endgültige Problemlösung, sondern das Auffinden und Beseitigen von Stolpersteinen, wodurch der Klient seine eigene, auf ihn zugeschnittene Lösung finden kann. Diese Stolpersteine zeigen sich sehr deutlich in den Widersprüchen zwischen nonverbalen und verbalen Botschaften, die ein Klient aussendet. Wenn der Klient seine Stolpersteine beiseiteschiebt, wird der Weg für eine passende Lösung frei, die er unabhängig vom Berater selber finden wird.

Geübte Berater sind allerdings meistens sehr erpicht drauf, stellvertretend für den Klienten ein konkretes Nahziel zu definieren, damit dieser es bitte nach der Beratungsstunde zielstrebig in die Tat umsetzen und die dazugehörigen Verhaltensweisen üben sollte. Dagegen spricht nichts, wenn sie zufällig genau die richtige emotionale Schublade beim Klienten geöffnet haben. Es ist aber fast unmöglich, ein wasserdichtes Konzept für den Klienten zu entwickeln, das von diesem nicht auf Schwachstellen abgeklopft und zerpflückt wird. Klienten sind Experten darin, die Lücken im System zu wittern und dem Berater klarzumachen, dass seine Idee bei anderen vielleicht brauchbar sein könnte, bei ihm aber leider nicht greifen würde. Da Veränderungen Angst erzeugen, ist diese Selbstsabotage Teil der Wachstumsbremsen, mit deren Ausweichmanövern der Klient alles daran setzt, möglichst kein Risiko einzugehen und nichts Neues auszuprobieren, sondern alles beim Alten zu lassen.

Da Berater die Determinanten des Klientenverhaltens zu kennen glauben, sind sie überzeugt, dass sie auch gute Lösungen finden. Dabei besteht die Gefahr, dass sie annehmen, sie wüssten besser als der Klient, was gut für ihn ist. Das gehört so fundamental zu ihrem Berufsverständnis, dass sie es ebenso wenig infrage stellen wie die Klienten. Schließlich kommen die Klienten zum Experten und zahlen Geld dafür, damit dieser ihnen sage, was sie tun sollen. Wenn sehr beschlagene Berater versuchen, dem Klienten eine Lösung schmackhaft zu machen, gegen die er sich zu Recht sträubt, weil sie für ihn und seinen Gefühlshaushalt nicht taugt, nennt man das im Fachjargon Widerstand[20]. Wenn der Klient sich daraufhin für ein anderes Verhalten als das vorgeschlagene entscheidet, ist mancher Berater regelrecht beleidigt.

Darüber hinaus lenkt die angestrengte Suche nach einem geeigneten Ziel den Berater vom Klienten ab. Die Wahrnehmung des Beraters für die vom Klienten aktuell angebotenen Signale ist umso eingeschränkter, je mehr Therapien, Theorien und Regeln er gelernt und bereits erfolgreich angewendet hat. Wenn ein Klient auftaucht, geht sein nie rastender Geist in seinem mentalen Speicher auf die Suche nach der richtigen Vorgehensweise und der besten Lösung für diesen Klienten. Er sucht aus seinem Repertoire bewährter Hinweise die für den Klienten passenden aus. Durch diese mehr oder weniger angestrengte Suche verliert der Berater den Klienten notgedrungen aus den Augen. Er geht in die eigene Requisitenkammer anstatt zum Klienten auf die Bühne. Dadurch kriegt er vieles nicht mit und verpasst seinen Einsatz.

Es schadet sicher nicht, sich am Abend im Lehnstuhl über allerlei mögliche Ziele des Klienten den Kopf zu zerbrechen, aber es ist am besten, all diese hervorragenden Überlegungen in einem Ordner auf

20 Mir wurde berichtet, dass bei einem Klienten, der nach 200 (!) Stunden seine Psychoanalyse abbrechen wollte, für den Analytiker feststand, der Klient leiste Widerstand. Die alternative Hypothese, dass der Klient den Eindruck hatte, sich beim Therapeuten nicht mehr in den richtigen Händen zu befinden, wurde nicht in Erwägung gezogen.

der mentalen Festplatte abzulegen und sie dann zu ignorieren, sobald der Klient einem gegenübersitzt. C. G. Jung hat einmal sinngemäß gesagt: »Überlege dir ruhig ausführlich, was du zum Klienten sagen könntest. Aber wenn Du ihn dann triffst, vergiss das Textbuch.«

Im Prozess der Beratung »vergisst« der provokative Berater nicht nur das Textbuch, sondern auch das Ziel. Er bietet dem Klienten einen Bauchladen von Ideen, die sich aus den oben beschriebenen, vom Klienten angebotenen Signalen entwickeln, und achtet darauf, bei welchem Artikel der Klient emotional anbeißt. Der Klient »weiß« in den Tiefen seiner Seele am besten, was für ihn gut ist[21], und er wird sich das Richtige aussuchen. Das Vertrauen des provokativen Beraters in die Fähigkeiten des Klienten ist in diesem Punkt nahezu unbegrenzt. Der Klient ist treffsicherer als der Berater. Manchmal ist der Berater sogar über die besonderen Treffer beim Klienten höchst überrascht, weil er in seiner überschätzten Erleuchtung womöglich ganz andere Aspekte für viel wichtiger gehalten hätte. Im Seminar habe ich erlebt, dass der »Klient« bei der Rückmeldung im Rollenspiel[22] zum »Therapeuten« sagte: »Mit diesem Bild vom Wolf im Schafspelz hast Du mir sehr gelungen mein zu hohes Anspruchsniveau gezeigt!«, worauf der Therapeut höchst überrascht sagte: »Echt? Das war gar nicht meine Absicht!«

---

21 Siehe den Abschnitt »›Weiß‹ der Klient, was gut für ihn ist?«, S. 73.

22 Bei den provokativen Übungen schlüpfen alle Teilnehmer in alle Rollen, auch die des Klienten, um die provokative Vorgehensweise aus jeder Perspektive zu erleben. Da auch Fachleute Probleme haben, funktioniert das ohne Schwierigkeiten.

5 Vorannahmen in der Beratung

Das Gehirn und die Psyche

Das menschliche Gehirn ist ein komplexes und erstaunliches Organ. Auch die Schulmedizin versteht seine Funktionsweise nur sehr unvollkommen – sie ist eine sehr pragmatische Disziplin, die bei vielen Standardvorgehensweisen nur weiß, dass sie funktionieren, aber nicht, wie und warum. Bei der Anästhesie zum Beispiel wissen die Ärzte genau, wie viel Betäubungsmittel sie einem Patienten verpassen müssen, damit er keine Schmerzen verspürt und sich bei einer Operation nicht störend bewegt, aber der genaue Wirkungsmechanismus der Betäubungsmittel und was genau während der Narkose im menschlichen Hirn passiert, ist noch nicht bis ins Letzte geklärt. Da es sich inzwischen herumgesprochen hat, dass das Gehirn offenbar auch in betäubtem Zustand bestimmte Informationen verarbeiten und sich später – zumindest auf einer vorbewussten Ebene – an sie erinnern kann, machen kluge Mediziner keine flapsigen, abfälligen Bemerkungen in Gegenwart eines betäubten Patienten, den sie gerade aufgeschnitten haben.

In der Psychotherapie tappen wir noch viel mehr im Dunkeln als in der Medizin, weil wir in dem Dilemma gefangen sind, unser Hirn mithilfe unseres Hirns erklären zu müssen. Das ist wahrscheinlich einer der Gründe, warum die Psychotherapeuten so enthusiastisch reagieren, wenn sie glauben, dass sich für irgendein menschliches Verhalten oder gar ein therapeutisches Verfahren eine hirnphysiologische Erklärung finden lässt. Leider sind all diese Erklärungen bisher Hypothesen, die sich ganz leicht in Luft auflösen können. Dass Psychotherapie mitunter funktionieren kann, ist inzwischen wohl unbestritten, aber da sich die Forschung mit dem *Warum* so schwertut, tobt weiterhin der Kampf, welches die richtige Vorgehensweise ist – was ist das richtige *Wie*? Jede Richtung versucht, medizinische Beweise in Form von veränderten Hirnaktivitäten zu erbringen. Dabei sind sich die verschiedenen Schulen in den Grundannahmen häufig einig. Provokative Therapie und Psychoanalyse sind von der Behandlungsform her meilenweit voneinander entfernt, aber in einigen Grundannahmen gibt es durchaus Übereinstimmungen, auch wenn das orthodoxe Analytiker wahrscheinlich weit von sich weisen würden. Freud selbst war augenscheinlich ohnehin viel weniger doktrinär und abgrenzend als viele seiner Schüler und hat auch häufig seine Begriffe weniger eng ausgelegt, als es seine Epigonen später taten. Einige seiner Hypothesen werden auch von vielen Nicht-Analytikern für richtig gehalten. So würde ich folgende psychoanalytische Annahme Freuds beispielsweise sofort unterschreiben: dass das Unbewusste der mächtigere Teil in der Psyche ist und das Bewusste stärker kontrolliert als umgekehrt, dass das Unbewusste schneller ist als das Bewusste und ihm gerne zuvorkommt, dass das Bewusste nichts von den Zielen des Unbewussten weiß und dass unbewusste Konflikte in verkleideter Form im Bewusstsein auftauchen, zum Beispiel als Fehlleistungen, Träume und Symptome. Ich würde dabei den Begriff »Unbewusstes« durch den Begriff »Gefühl« und »Bewusstes« durch »Denken« ersetzen.

Das Gehirn und die Psychotherapie

Ich bin überzeugt, dass sehr komplexe emotionale Vorgänge der Schlüssel zum Leben und damit auch zur Therapie sind und dass diese Vorgänge von uns noch lange nicht durchschaut werden, obwohl sich die Menschheit seit Jahrtausenden mit Erklärungen abmüht. Wir haben die Türe dazu gerade einen kleinen Spalt geöffnet und linsen mit zusammengekniffenen Augen in einen wabernden Nebel. Auch die Hirnforschung hilft uns in dieser Frage bisher nicht wirklich weiter. Natürlich wäre es toll, wenn man für jedes psychische Geschehen und erst recht für jedes Problem ein bestimmtes Hirnareal fände, das man mit Medikamenten oder Elektroden gezielt behandeln könnte, aber davon sind wir weit entfernt und wahrscheinlich wird das nie möglich sein. Wir wissen noch nicht einmal mit Bestimmtheit, wo welche Emotionen im Hirn angesiedelt sind. Es scheint so zu sein, dass negative Gefühle wie Ekel und Ärger an einem anderen Ort verarbeitet werden als positive Gefühle wie Freude[23], aber nichts Genaues weiß man nicht. Ich habe ohnehin den Verdacht, dass die heute in allen Disziplinen geforderte naturwissenschaftliche Herangehensweise unserem Gegenstand (der Seele oder dem Geist, was

23 Eric Kandel (2006), *Auf der Suche nach dem Gedächtnis.*

immer das ist und wo immer es angesiedelt ist) nicht gerecht wird. Wahrscheinlich stellen wir mit einem rein naturwissenschaftlichen Ausgangspunkt die falschen Fragen und benutzen ein inadäquates Instrumentarium.

Etablierte Verfahren wie die Psychoanalyse oder die Verhaltenstherapie tun sich schwer mit dem Nachweis der im Gehirn ablaufenden Vorgänge, und auch für einige neuere psychotherapeutische Ansätze gibt es nur Vermutungen und Hypothesen über die Wirkungsmechanismen im Gehirn. Gesicherte Erkenntnisse gibt es nicht – *noch* nicht, sagen die Anhänger der Hirnforschung. Es ist beispielsweise die Rede von Neuordnungen im Gehirn, von neu entstehenden Fähigkeiten, wenn bisher belastende emotionale Inhalte wieder mit den kognitiven Verarbeitungsmechanismen verknüpft werden.

Ich beschäftige mich schon seit Jahrzehnten mit der Provokativen Therapie und seit einigen Jahren mit neueren Verfahren wie EFT und EMDR[24], die allesamt von einigen Teilen der etablierten Psychotherapie mit Argwohn, Herablassung oder offener Ablehnung beäugt werden.[25] Dabei lässt es sich inzwischen kaum noch leugnen, *dass* sie unverschämt schnell und wundersam funktionieren, wenn auch nicht immer und nicht bei jedem Klienten. Über die Provokative Therapie und den Provokativen Stil wurden inzwischen einige Diplomarbeiten geschrieben, aber sie sind beschreibend und nicht wirklich erklärend. Da beim provokativen Ansatz viele naturwissenschaftlich nicht messbare Parameter (z. B. die wohlwollende Grundhaltung des Therapeuten[26]) wichtiger sind als die angewandte Technik, wird es wohl auch in absehbarer Zukunft bei Vermutungen über die Wirkungsweise bleiben. Ich kann mir aber durchaus vorstellen, dass alle effizienten psychotherapeutischen Verfahren in denselben Hirnregionen andocken und dort die hypothetisch angenommenen Wirkungen entfalten. Bis die Wissenschaft das einwandfrei belegt hat, arbeite ich weiterhin munter mit diesem Verfahren und freue

---

24 EFT = Emotinal Freedom Technique bzw. Emotionale-Freiheit-Technik, entwickelt von Gary Craig; EMDR = Eye Movement Desensitization and Reprocessing, entwickelt von Francine Shapiro

25 Ich hatte kürzlich wieder das Vergnügen, mit einem Ordinarius der Psychologie, der intensiv Traumaforschung betreibt, über EMDR zu reden – besser gesagt: Er weigerte sich, darüber zu reden, tat es mit einer wegwerfenden Handbewegung ab und monologisierte lieber über seine Ideen, obwohl bei EMDR die positiven und nachhaltigen Ergebnisse statistisch besser belegt sind als bei jeder anderen Traumatherapie.

26 Siehe Kapitel 4.

mich, dass es funktioniert, ohne mit Sicherheit zu wissen, was dabei im Gehirn passiert.

Das Modell von der Psyche bestimmt Dauer und Inhalt der Beratung

Auch wenn die hirnphysiologische Absicherung fehlt, haben alle Therapeuten und Berater ein Modell vom menschlichen Funktionieren und damit von den menschlichen Veränderungsmöglichkeiten im Kopf. Mögen diese Modelle auch nur verschwommen bewusst sein, sie beeinflussen die Strategie, den Verlauf und das Ergebnis einer Beratung sehr deutlich.

Die Vorstellung von der richtigen Behandlungsdauer bestimmt die Länge einer Beratung maßgeblich. Von den Kassen werden drei probatorische Sitzungen für angemessen gehalten. Das sind drei Stunden, in denen das Problem erst einmal eingekreist und diagnostiziert wird. Danach beginnt man je nach Psychotherapieschule eine Kurzzeittherapie oder eine Langzeittherapie. Ein Gesprächstherapeut ist überzeugt, dass man dem Klienten Zeit lassen muss, bis bei ihm der Groschen fällt, und dass man ihm deshalb unbedingt in jeder Hinsicht die Führung überlassen sollte. Das Ergebnis ist eine Therapie von mittlerer Länge – 25 bis 40 Stunden gelten als Normalfall. Psychoanalytiker glauben fest daran, dass ein Klient noch sehr viel mehr Zeit braucht, um seinen Problemen auf die Spur zu kommen und sie zu einer Lösung zu bringen, deshalb dauert eine Psychoanalyse oft mehrere hundert Stunden und einige Jahre. Die Wirkung einer kurzen und direktiven Intervention wie der Provokativen Therapie ist nach Glauben der Analytiker nur so beständig wie der Sommer in unseren Breiten.

Die Provokative Therapie ist eine Kurzzeittherapie und dauert manchmal nur eine Stunde. Der provokative Berater ist deshalb aus Sicht der Langzeittherapeuten ein richtiger Sklaventreiber – mag sein, aber ein sehr wohlwollender. Er ist davon überzeugt, dass der Druck auf den richtigen Knopf die Weichen des Klienten dauerhaft neu stellt und der Klient dann selbstständig in eine andere Richtung weitermarschieren kann. Natürlich kann es sein, dass man den richtigen Knopf nicht in der ersten Stunde findet oder dass der Klient sehr viele Knöpfe hat, die nacheinander gedrückt werden müssen.

Deshalb ist es möglich, dass eine provokative Beratung auch mal ein paar Stunden dauert. Meine provokativen Interventionen dauern selten mehr als fünf Stunden, und diese sind dann häufig über einen längeren Zeitraum verteilt, weil die Klienten in der Zwischenzeit ausreichend mit dem Erproben eines neuen Verhaltens beschäftigt sind.

Der provokative Berater lässt dem Klienten wenig Zeit und Gelegenheit zum Ausbüchsen und übernimmt im Beratungsprozess von Anfang an die Führung. Das beschleunigt den Prozess enorm. Der Klient bestimmt nicht die Vorgehensweise, aber er weist mit seinen nonverbalen Reaktionen und den von ihm präsentierten Inhalten den Weg. Die Inhalte schlagen dabei gelegentlich Haken wie die Feldhasen. Deshalb ist zu Beginn der Stunde in der Regel nicht abzusehen, bei welchen Inhalten man am Ende landet.

Die Überzeugungen hinsichtlich des Mechanismus einer Störung definieren aber nicht nur die Dauer einer Beratung, sondern auch die auftauchenden Inhalte. Der Berater sucht aktiv nach Bestätigung seiner Annahmen. Ich kenne eine Therapeutin, die Aufstellungsarbeit macht, und nach einem Urahn sucht, dessen »Befehlen« oder »Skript« der Klient zu seinem eigenen Schaden folgen muss. Erst wenn die Urgroßmutter den Klienten während der Aufstellung ausdrücklich aus ihren Fängen entlässt, wird der Klient frei. Sie wird immer fündig, sagt sie. Das überrascht mich nicht. Wenn ich von der dauerhaften Allmacht eines Vorfahren überzeugt bin, werde ich einen finden. Ich weiß, wie wichtig Rituale sind, und auf eine »objektive Wahrheit« kommt es dabei nicht an, da es sie ohnehin nicht gibt. Solange mir aber meine Urgroßmutter die Erlaubnis zu neuem Verhalten geben und mich freilassen muss, und ich mich nicht selbst befreien kann, impliziert dies, dass ich immer noch an einer Angel hänge und nicht mein eigener Herr und Meister bin. Das provokative Ritual besteht darin, dem Klienten das Gefühl zu vermitteln, dass er selbst entscheidet, ob er sich schaden will oder nicht – ganz gleich, welche Aufträge die Urgroßmutter hinterlassen hat.

Das Modell, das ein Berater im Kopf hat, erzeugt ein weiteres Problem: Da der Berater ständig auf der Suche nach Ansatzmöglichkeiten für eine Lösung ist, die in sein Modell passt, verliert er den Klienten aus den Augen. Er ist in seinem eigenen mentalen Speicher unterwegs und übersieht oft wichtige, vor allem nonverbale Hinweise des Klienten, die in eine völlig andere Richtung führen würden. Diese blendet er einfach aus, wenn sie nicht mit seiner Lösungsidee konform gehen. Die Teilnehmer meiner Fortbildungen berichten in großer Übereinstimmung, dass sie dazu neigen, sofort automatisch nach einer Lösung für den Klienten zu suchen und viele wichtige Informationen, die der Klient ihnen spontan gibt, deswegen häufig gar nicht zur Kenntnis nehmen.

Starre Modelle festigen zudem den Glauben des Beraters, dass die eigenen Lösungsansätze besser seien als die des Klienten. Damit bewertet der Berater das Verhalten des Klienten und traut ihm wenig bis nichts zu. Ohne hilfreiche therapeutische Unterstützung ist der Arme verloren! Diese Haltung ist ebenso verständlich wie hinderlich, denn Berater, die einige Jahre oder Jahrzehnte der Beratung hinter sich haben, haben so oft gehört »Sie sind meine letzte Hoffnung! Ich habe schon so viel von Ihnen gehört! Sie sind der Einzige, der mir noch helfen kann!« usw., dass sie schließlich wirklich glauben, sie seien klüger als der Klient. Das Klientenverhalten kommt dieser Selbstüberschätzung sehr entgegen, denn das Vertrauen in die magischen Fähigkeiten der Berater ist nahezu unbegrenzt, jedenfalls zu Beginn einer Klientenkarriere. Nach einigen erfolglosen Beratungsversuchen lässt das allerdings etwas nach.

Das Graben in der Vergangenheit

Ein weiterer Stolperstein vieler Berater – hier insbesondere der Psychotherapeuten – ist die Überzeugung, dass sich die Probleme der Klienten nur lösen lassen, wenn nach den Ursachen dieser Probleme in der Vergangenheit gegraben wird, und zwar so weit zurück wie möglich. Der Berater ist verpflichtet, ganz langsam und behutsam diese Ursachen aufzuspüren, wie ein Archäologe, der mit der Zahnbürste in mühsamer Kleinarbeit ein sensibles Artefakt von Staub und Dreck befreit. Erst wenn diese Ursachen aufgespürt und nochmals kathartisch durchgearbeitet wurden, kann der anstrengende und langwierige Prozess der Störungsbehebung bzw. Heilung erfolgen.

Wir werden zweifellos durch unsere Lerngeschichte geprägt, aber diese Prägung ist nicht mit der Kindheit abgeschlossen. Sie dauert länger als die ersten sechs Lebensjahre, von denen Freud ausgeht. Wenn wir die frühe Prägung für so gravierend halten, dass sich in späteren Jahren nichts mehr oder nur marginal etwas ändern lässt, sollte man von einer Beratung völlig absehen und den Klienten für die nutzlose Einsicht in ihre verquere frühe Kindheit kein Geld aus der Tasche ziehen, sondern ihnen kurz und knapp empfehlen, sich in das Unvermeidliche zu fügen. Ich bin jedoch überzeugt, dass Menschen sich ihr Leben lang ändern können und dies auch tun, getreu der Äußerung von Frank Farrelly: »Solange der Körper warm ist, kann man Therapie machen!« Selbst wer sich mit lang bestehenden Stolpersteinen herumschlägt, kann *jetzt* seine emotionalen Energien auf produktivere Schauplätze verlagern, wenn er eine entsprechende emotionale Entscheidung trifft.

Wenn der Berater das Brennglas bevorzugt auf frühere Missgeschicke richtet, hat das nicht nur zur Folge, dass vor allem die Defekte des Klienten im Vordergrund stehen, sondern auch den weiteren entscheidenden Nachteil, dass die Opferhaltung des Klienten zementiert wird. Er kann in seiner vertrauten Position der unverschuldeten Ohnmacht verharren und sich bequem zurücklehnen. Hilfreicher als das Aufspüren der verpassten Chancen, das sogenannte Aufarbeiten all der Dinge, die besser hätten laufen können, erscheint mir die Konzentration auf die Kraftquellen[27], die dem Klienten jetzt aktuell zur Verfügung stehen. Im Leben jedes Menschen wimmeln verpasste Chancen wie Wespen um ein Marmeladenbrot, und deshalb sehe ich Verpasstes oder Schiefgelaufenes als normale Zutaten der menschlichen Existenz, die wir nicht ändern können und die nicht per se unglücklich und handlungsunfähig machen müssen. Es gehört zur unabdingbaren Voraussetzung eines befriedigenden Lebens, sich mit diesen Unwägbarkeiten und dem Scheitern in positiver Weise auseinanderzusetzen und sie nicht zähneknirschend, sondern freundlich zu akzeptieren.

Der provokative Ansatz: Selbstverantwortung statt Opferhaltung

Das provokative Modell ist Gegenstand meiner Ausführungen und beeinflusst ebenfalls meine Behandlungsdauer und Behandlungsform in entscheidender Weise. Ich bin natürlich ganz sicher, dass meine fundierten Überzeugungen zur gelungenen Beratung die ein-

27 Dieser Begriff gefällt mir besser als der allgemein übliche Begriff »Ressourcen«.

zig richtigen sind! Es gehört zu meinen persönlichen, festen Überzeugungen, dass ein zufriedenes und gelegentlich sogar glückliches Leben nur dann stattfindet, wenn ich in der Lage bin, mir tatkräftig und selbstverantwortlich zu helfen, anstatt untätig voller Selbstmitleid mein grausames Schicksal zu beklagen. Das mag an meinen Genen liegen. Ich konnte Gejammer und Genöle noch nie leiden, auch meine Kinder und Enkel können ein Lied davon singen. Meine Ohren verfügen über einen Mechanismus wie ein Augendeckel, und diese »Ohrendeckel« gehen immer zu, wenn jemand um etwas quengelt oder gar versucht, mich zu aktivieren, indem er bei mir Schuldgefühle auslöst. Auch als Therapeutin hat mich tatenloses Gejammer immer angestrengt und mein Mitgefühl eher erstickt.

Selbstmitleid ist etwas Schönes und wir alle brauchen es von Zeit zu Zeit. Nichts ist befriedigender, als bei einer Flasche Rotwein das Schicksal zu beklagen, das den einzigen brauchbaren Liebespartner, den uns dieses Leben beschert hat, in die Arme einer anderen Frau trieb. Aber wenn wir uns zu lange mit Selbstmitleid aufhalten, übersehen wir, welchen Anteil wir am Desaster hatten und welche Möglichkeiten sich bieten, aus unserem Jammertal auszubrechen. Es besteht die Gefahr, dass wir uns in unser Leid vergraben und Veränderungen aktiv sabotieren. Je mehr wir uns als Opfer fühlen, umso stärker ist der Glaube, dass wir uns selbst nicht helfen können, und umso bedrohlicher fühlen sich die Risiken an, die bei einer Änderung auf uns lauern. Ein anderer muss her, der aktiv wird und die Verantwortung für alle Risiken übernimmt.

Praktisch alle Klienten, die mich in den letzten 40 Jahren aufgesucht haben, stellen irgendwann die – je nach Charakter flehentlich oder fordernd vorgetragene – Frage: »Nun sagen Sie mir bitte, was ich tun soll!« Und dann erwarten sie ein möglichst wasserdichtes Rezept, eine Verhaltensanweisung, die nicht wehtut, immer funktioniert und die garantiert, dass es in Zukunft keinerlei Probleme mehr gibt. Sie wünschen sich risikofreie Sicherheit ohne unberechenbare Aspekte, vor denen sie Angst haben könnten. Sie träumen davon, dass ein anderer ein lästiges Gefühl oder Verhalten, das sie beeinträchtigt, wie von Zauber- (sprich Berater-)Hand verschwinden lässt. Der Berater möge ihnen ihre Symptome wegmachen, und zwar bitte so, dass sie weiterhin so denken und handeln können wie bisher, nur ihre Gefühle sollten in Zukunft bitte angenehmer und die Wirkung ihres Verhaltens auf ihre Umwelt positiver sein.

Wenn Klienten fordern »Sagen Sie mir, was ich tun soll!«, meinen sie eigentlich: »Machen Sie das da einfach ersatzlos weg, ohne mich mit Nebenwirkungen zu behelligen!« Viele Klienten handeln nach dem bekannten Motto »Wasch mich, aber mach mich nicht nass«. Der Berater – und zwar möglichst er alleine – soll arbeiten und einfach »das da« (Schüchternheit, mangelndes Rückgrat etc.) wegmachen, wodurch automatisch etwas Besseres entsteht (Selbstbewusstsein, persönliches Profil), ohne dass man sich sonderlich anstrengen oder von lieb gewonnenen Glaubenssätzen über die eigene Person Abstand nehmen müsste. Menschen, die feststecken, können Risiken und Unsicherheiten sehr schlecht aushalten. Deshalb möchten Sie, dass möglichst alles immer so bleibt, wie es ist. Jede zusätzliche Veränderung ist beunruhigend, mühsam oder beides, und deshalb soll sonst bitte alles beim Alten bleiben.

Nach meiner Auffassung besteht die Aufgabe des Beraters gleich welcher Richtung darin, den Klienten aus der passiven Opferrolle zu befreien und ihn in eine aktive und damit konstruktive Richtung zu provozieren. Diese Mobilisierung verschafft dem Klienten wieder Zugang zu seinen Kraftquellen und führt ihn aus einer seelischen Sackgasse heraus. Er bekommt in der verfahrenen Situation einen geweiteten Blickwinkel, er kann Lösungsmöglichkeiten sehen, die ihm bisher verschlossen waren, und selbstverantwortlich Entscheidungen treffen. Der gute Berater ist nicht derjenige, der dem Klienten alles abnimmt und aktiv dessen Stolpersteine beseitigt, sondern er spielt die Rolle des Anstoßers zur Selbsthilfe und fungiert damit als Katalysator für die Selbstorganisation und Selbstheilung des Klienten.

Wenn meine Klienten mich nach längerer Pause anrufen und lachend sagen, sie hätten von mir gerne wieder einmal einen Tritt in den Hintern, dann habe ich den Eindruck, dass ich etwas richtig gemacht habe.

Die provokative Intervention als Depotpille

Wenn es uns gelingt, beim Klienten die Veränderungsenergie dergestalt herauszukitzeln, dass er den unwiderstehlichen Drang verspürt, seine Symptome durch weniger selbstschädigendes Verhalten zu ersetzen, haben wir gewonnen. Sobald dieser Vorgang einmal kräftig angestoßen wurde, bekommt er eine Eigendynamik, die sich zunehmend entfaltet und wenig bis keine zusätzliche Verstärkung von außen mehr benötigt. Der Klient braucht kein Lob vom Therapeuten, der sich auf diese Weise sehr schnell überflüssig macht, was aus der ökonomischen Sicht des Therapeuten natürlich schmerzlich ist. Wie beim Flow verschafft sich der Klient die Verstärkung innerpsychisch selbst. Die Belohnung liegt in der Befriedigung über das Erreichte, in der Lust des Triumphes über den eigenen Schweinehund, dem Hochgefühl neu erlebter produktiver Energie und dem befriedigenden Gefühl der Kontrolle über das Geschehen. Das Spüren dieser Kraft hat eine sich selbst verstärkende Wirkung, die dazu führt, dass der Klient Lust bekommt, immer mehr Selbstverantwortung zu übernehmen. Diese inneren Verstärker besiegen mühelos die bisherigen negativen Gefühle der Angst, der Hilflosigkeit und des Versagens.

Manchmal fallen dem Klienten dank des entspannenden Humors die Schuppen von den Augen, und er kann sein Problem sofort aus einem neuen Blickwinkel betrachten und sogar rational begreifen, was für eine Lösung auf der Hand liegt. Häufig jedoch ist diese Lösungshand fest geschlossen, und der Klient weiß nicht gleich genau, wie er sie öffnen soll und wohin das führt. Aber er fühlt ein Kitzeln in der Handfläche und tut dann etwas, das seinem Leben eine neue und produktivere Richtung gibt – ohne genau zu wissen, warum.

Diese ermutigende Kraft zur Veränderung ist pure emotionale Energie, die bisher die Stolpersteine unterstützt und aufrechterhalten hat. Sie wird von den Symptomen abgezogen und wie ein Lavastrom umgeleitet in gesünderes Denken, Fühlen und Verhalten, das den Klienten zu neuen Ufern lockt. Die Veränderungsbereitschaft wird durch den provokativen Berater angestoßen. Aber sie muss sich häufig erst formieren und entfaltet sich allmählich, denn die in den Symptomen gespeicherte Energie steht der Veränderungsmotivation mit gefletschten Zähnen gegenüber und ist nicht bereit, ihr Terrain kampflos zu räumen. Die provokativen Interventionen wirken jedoch wie eine Depotpille, die ihren Wirkstoff laufend abgibt. Sie verändern das emotionale Umfeld für den Klienten, sodass er nicht mehr in gewohnter Weise reagieren kann. Wenn er wieder in die vorher problemgeladene Situation kommt, stutzt er und merkt oft zu seiner eigenen Überraschung, dass zwar vertraute, aber negative Gefühle wie Angst, Ärger und dergleichen nicht mehr auftauchen, dass er aber stattdessen ungewohnt entspannt oder innerlich grinsend reagiert. Bevor er weiß warum und oft zu seiner eigenen Verblüffung verhält sich der Klient dann anders. Da wir immer Sinn in unserem Verhalten suchen, sucht auch der Klient nach einer plausibel erscheinenden Erklärung und Begründung für sein neues Verhalten. Und genau wie bei jeder emotionalen Überzeugung und Entscheidung hechelt die rationale Erklärung atemlos hinterher.

Eine Klientin von mir hat es sehr schön auf den Punkt gebracht, wie erst der Impuls kommt und danach das Nachdenken darüber einsetzt. Sie war eine elegante, teuer eingekleidete Dame um die 50, die mit Depressionen zu mir kam. Sie litt darunter, dass ihre Ehe so freudlos geworden war. Sie und ihr Mann hatten viel Geld und lebten in routinierten, immer gleichen Abläufen nebeneinander her. Ihr Mann arbeitete viel, kam sehr spät nach Hause und wollte dann seine Ruhe haben. Außer wenigen kargen Sätzen (»Warst du bei der Bank?», »Hast du die Briefe eingeworfen?», »Schmeckt's?« usw.) führte sie mit ihm keine Gespräche mehr, und sie litt sehr unter der zunehmenden Kälte und Gleichgültigkeit. Beim Reden über ihr Eheleben blieb es nicht aus, dass wir in der Beratungsstunde relativ schnell auf Sex zu sprechen kamen, der in ihrer Ehe schon lange friedlich eingeschlafen war. Das war ein Thema, das sie eigentlich lieber ausgeklammert hätte. Hier hakte ich ein und bekräftigte enthusiastisch, dass Sex in ihrem Alter wirklich nichts mehr zu suchen hätte. Ich beschrieb – sichtlich entrüstet – Frauen, auch ältere Semester, die ihre müden Männer anmachen, indem sie ihnen nach dem Abendessen in die Hose fassen. Die Klientin war hin und her gerissen zwischen Neugier und Abscheu und verließ meine Praxis sichtlich verärgert, was sie ebenso wohlerzogen wie vergeblich zu verstecken versuchte.

Ich gebe, seit ich provokativ arbeite, meinen Klienten Tonaufzeichnungen unserer Gespräche mit, die sie zu Hause nochmals anhören müssen. Das ist meine einzige Hausaufgabe. Meine Klientin kam nach drei Wochen zu unserer nächsten Sitzung, und ich erkannte sie kaum wieder. Aus der steifen, farblosen Person, die eine sehr depressive Ausstrahlung gehabt hatte, war eine lebhafte Frau geworden, die über das ganze Gesicht strahlte und um Jahre jünger aussah. Sie berichtete mir Folgendes: »Als ich Ihre Praxis verließ, war ich richtig geladen! Wie kann die Höfner es wagen, solche Schweinereien mit mir zu besprechen! Ich dachte: Da gehe ich bestimmt nie wieder hin! Ich habe das Tonband zu Hause in die Ecke gefeuert und war fest entschlossen, mir diesen Unsinn nicht noch mal anzuhören. Zu meiner großen Überraschung habe ich aber am übernächsten Abend meinen Mann regelrecht verführt. Der war hocherfreut und wir hatten an diesem Abend zum ersten Mal seit Jahren wieder Sex. Zuerst fand ich dafür einige gute Gründe: Er war heute nicht so müde wie sonst, er war entspannter, weil ich ihm ein sehr schönes Essen gekocht hatte usw. Erst später und sehr zögerlich dachte ich, vielleicht war ja doch was dran an unserem Gespräch und habe mir endlich das Band angehört. Ich war überrascht und habe viel gelacht über die Dinge, die Sie gesagt haben, aber ich war auch völlig platt, mich selber Dinge sagen zu hören, die mir nachträglich völlig absurd vorkamen. Jedenfalls hatten wir in den letzten drei Wochen mehrfach Sex, mein Mann kommt inzwischen früher nach Hause und wir reden und lachen wieder viel miteinander. Danke!«

Die Verwirrung der Klienten

Die Reaktion meiner Klientin war prägnant und typisch. Die häufigste Reaktion nach einer oder zwei Stunden Provokation ist eine massive Verwirrung. Direkt nach einer provokativen Sitzung sind die Klienten deshalb meistens nicht mehr in der Lage, die K-Frage zu stellen, d. h., was sie denn nun *konkret* machen sollen. Sie sind entspannt und haben deutlich bessere Laune, und zwar nicht, weil ihnen jemand eine Stunde geduldig zugehört hat (das tut der provokative Berater sowieso nicht), sondern weil Druck von ihnen genommen wurde. Erst nach einiger Zeit (nach Stunden oder Tagen) merken die Klienten überrascht, dass sie sich anders verhalten – oft ohne wirklich (rational) zu begreifen, warum das so ist. Das ist auch nicht unbedingt erforderlich. Die Verwirrung bereitet den Boden für die Umleitung der emotionalen Energie und die Verhaltensänderungen.

Wenn der Klient erst mit einer gewissen zeitlichen Verzögerung zu einem emotional geladenen Veränderungsentschluss kommt, kann es natürlich durchaus sein, dass er sein Denken und Verhalten ändert, ohne dass der Berater jemals die Details erfährt. Das ist auch nicht nötig, es ist nur höchst unbefriedigend für die Neugier und das Ego des Beraters. Das Auftauchen der umgeleiteten Energie zu erleben muss ihm jedoch reichen. Ich selbst bin von Natur aus sehr neugierig und würde oft gerne mehr Einzelheiten der stattgehabten Veränderungen erfahren. Gelegentlich würde ich auch gerne hören, dass ich es war, die einen Anstoß gegeben hat, denn in meiner Praxis erlebe ich häufig, dass Klienten eine für sie überraschende Veränderung primär zunächst auf allerlei andere Umstände zurückführen, nur nicht auf unsere Gespräche. Das stinkt meinem Ego, aber im Lauf der Jahrzehnte habe ich es dazu erzogen, dies mit milder Gelassenheit zu akzeptieren. Um direkte, greifbare Erfolgserlebnisse zu bekommen, hätte ich besser etwas Handfestes lernen und Schneiderin werden sollen.

Die Verwirrung der Berater

Der anarchische, wenig geradlinige, das rationale Hirn beleidigende Ablauf einer provokativen Beratung und ihrer nicht genau fassbaren Folgen ist nicht nur für den nachträglich rationalisierenden Klienten irritierend, sondern hebelt auch die Therapeuten bei ihren ersten provokativen Versuchen meistens aus. Es verunsichert und verwirrt auch sie. In meinen Seminaren berichten die Fachleute, dass sie große Schwierigkeiten damit haben, die Klienten nach dem therapeutischen Gespräch in einem Zustand der Verwirrung und Verunsicherung gehen zu lassen. Sie verspüren den Drang, die Intervention mit einer klugen, sinnvollen Einsicht, einem Fazit sowie einer konkreten Hausaufgabe zu beenden. Sie würden am liebsten am Ende der Sitzung gewissermaßen ein hübsches Paket schnüren, garniert mit einer schönen Schleife, das der Klient nach Hause tragen kann.

Da die kognitive Erklärung und Einsicht des Klienten aber häufig erst nach geändertem Verhalten erfolgt, ist es kein Fehler, ihn verwirrt gehen zu lassen. Ein festgefahrenes System muss erst durcheinandergewirbelt werden, bevor Neues entstehen kann. Deshalb ist die Verwirrung Teil der notwendigen emotionalen Umorientierung und die Voraussetzung für eine nachhaltige, selbstverantwortliche und eigenständige Veränderung.

Die Live-Arbeiten in den Workshops und Seminaren von Farrelly oder mir sind daher nicht nur eine Provokation für den jeweiligen Klienten, sondern in fast stärkerem Maße für die zuschauenden Fachleute. Diese werden dazu provoziert, ihre bisherigen Denk- und Vorgehensweisen zu hinterfragen und womöglich über Bord zu werfen. Das tangiert direkt ihre Gefühle, denn gerade Psychoexperten versuchen, sich an bestimmte Regeln – eine Art therapeutisches Navigationssystem – zu halten, um diesen Job überhaupt zu ertragen. Wenn der Gegenstand der Arbeit die Nebelbänke der Psyche sind, ist man ungeheuer dankbar für jede klare GPS-Ansage, jeden greifbaren Umriss, der im Dunst auftaucht. Das ging und geht mir in über 30 Jahren Psychotherapie nicht anders. Etablierte Therapeuten und Berater tun sich deshalb häufig schwerer als Anfänger, den provokativen Ansatz in ihre Arbeit zu integrieren, weil sie einige ihrer alteingesessenen und im Großen und Ganzen leidlich bewährten Regeln und Verhaltenskonzepte über Bord werfen müssen. Sie müssen ein bisschen »verrückt« werden.[28]

Man könnte fast sagen: Einer der dicksten Stolpersteine für angehende provokative Therapeuten ist ihre Ausbildung. Es kann bestimmt nicht schaden, sich umfangreiche Fachkenntnisse über die Funktionsweise der menschlichen Psyche anzueignen, bevor man auf die Menschheit losgelassen wird. Aber leider führt es auch zu Begrenzungen, wenn man diese Kenntnisse allzu sehr verinnerlicht. Das wissenschaftliche Studium der Psyche kann dazu verführen, alles dort Vermittelte für Wahrheit zu halten und den Glauben zu verstärken, man sei als Berater klüger als der Klient. Scheuklappenartig muss der Berater in der Praxis sodann alle diejenigen Informationen und Hinweise ausblenden, die der Klient ihm gibt, sofern sie nicht in sein sorgsam gezimmertes Psychomodell passen, denn dieses möchte er nicht gefährden. Das beginnt bei der Diagnose, die das weitere Vorgehen natürlich maßgeblich bestimmt. Menschen ticken aber häufig komplexer als es die Diagnosemanuale vorgeben. Es schadet daher nicht, den Blick aus dem Manual zu heben und auch den gesunden Menschenverstand zu Wort kommen zu lassen, sofern er nicht nach den ganzen wissenschaftlichen Studien und Modellen bereits verdunstet ist.

28 Ein Klient hat einmal zu Frank Farrelly gesagt: »Ich glaube, für den Job des Therapeuten muss man selber verrückt sein!«. Farrelly antwortete: »Nicht unbedingt, aber es hilft!«

6 Der freie Wille ist ein Gefühl

»Lernen ist Erfahrung. Alles andere ist nur Information.«
Albert Einstein

Uns fehlen die Worte

Wir Menschen bilden uns viel auf unseren Intellekt ein und sind überzeugt, er sei dem der Tiere mit ihren instinktiven und unreflektierten Verhaltensweisen meilenweit überlegen. Wer hat denn schließlich die Dampfmaschine erfunden und wer ist auf dem Mond gelandet? War das etwa eine Krähe, ein Schimpanse oder ein Hausschwein? Na also!

Unsere Sprache kommt der Überzeugung von der Überlegenheit unseres Verstandes entgegen, sie ist sehr kopflastig. Mit Begriffen wie Entscheidung, Wille zur Veränderung, blockiertem Denken usw. meinen wir automatisch rational gesteuerte Prozesse. Wenn in diesem Buch die Rede ist von Entscheidungen zur Veränderung, dem freien Willen, Überzeugungen, der Übernahme von Selbstverantwortung usw., führen diese Begriffe daher leicht auf die falsche Spur. Mir fehlen die Worte zu beschreiben, was ich darunter verstehe, da ich immer emotionale Vorgänge meine. Ich bin daher gezwungen, stets das Adjektiv »emotional« voranzustellen, wenn ich von bestimmten psychischen Abläufen spreche. Deshalb sind ein paar grundsätzliche Klärungen erforderlich, welche Energien mit dem Provokativen Stil geweckt werden sollen, damit wir uns selbst weniger im Wege stehen.

Der sogenannte freie Wille tut so, als ob er durch intellektuelles Abwägen gesteuert würde, in Wahrheit basiert er aber auf Gefühlen. Diese Gefühle veranlassen uns, eine emotionale Entscheidung zu treffen, die wir erst nachträglich mit einer Rechtfertigung versehen, weshalb wir die Entscheidung fälschlicherweise für einen intellektuellen Akt halten.

Die emotionale Logik

Auch wenn uns das nicht passt: Das menschliche Wesen wird im Wesentlichen vom Gefühl gesteuert. Die starke Angst vor einer

Krankheit erhöht die Wahrscheinlichkeit, sie zu bekommen. Schon der Hinweis des Arztes nach einem Allergietest, es könnte bei der Berührung mit einem bestimmten allergenen Stoff eine schlimme Reaktion auftreten, verstärkt diese Reaktion. Wahrnehmungen, Entscheidungen, selbst das Gedächtnis stehen unter dem Diktat des Gefühls. Die Gefahr dabei liegt in der Einseitigkeit unserer Gefühlswelt, die Unpassendes einfach umdeutet oder ausradiert. Dadurch sind Konflikte mit anderen Menschen, deren Gefühlsleben natürlich anderen Prioritäten gehorcht, vorprogrammiert. Und das gilt nicht nur für das komplexe und krisengeschüttelte Zusammenspiel zwischen Mann und Frau!

Mir passierte einmal Folgendes: Ich saß in meinem geparkten Auto und wartete auf meinen Mann. Ich hatte den Motor ausgestellt und blätterte in einer Zeitschrift, als ich plötzlich entsetzt bemerkte, wie der dicke Mercedes vor mir ungebremst rückwärts auf mein Auto zurollte und es schließlich rammte, sodass mein kleiner Smart einen regelrechten Satz machte. Ich stieg aus und begutachtete den Schaden. Aus dem großen Auto vor mir stiegen ebenfalls zwei Personen, ein älteres Ehepaar von beträchtlichem Umfang. Für mich war die Sachlage eindeutig, und ich ging auf die beiden zu und bat sie um Ihre Anschrift, damit ich mich mit ihnen zur weiteren Abwicklung in Verbindung setzen könne, nachdem ich den Schadensumfang in einer Werkstatt hätte prüfen lassen. Der Mann, der am Steuer gesessen hatte, schaute schuldbewusst, aber die Frau bäumte sich angriffslustig auf und kreischte: »So eine Unverschämtheit! Was fällt Ihnen ein!? Mein Mann hat noch *nie* einen Unfall verursacht!« Ich war sprachlos.

Menschen verhalten sich sehr häufig irrational, was dann mit unlogisch oder nicht vorhersagbar gleichgesetzt wird, weil es nicht der rationalen Logik folgt. Das irrationale Verhalten ist aber keineswegs so chaotisch, wie man meint. Es ergibt in der Gefühlswelt des Menschen durchaus Sinn und folgt den Gesetzen einer emotionalen Logik.[29] Für die Dame im Mercedes war ihr Verhalten emotional schlüssig, denn da sie den Gedanken nicht ertragen konnte, dass ihr Mann einen Blechschaden verursacht haben könnte, blendete sie das aktuelle Geschehen einfach aus, und ihre (Gefühls-)Welt blieb in Ordnung.

---

29 Dan Ariely hat in seinem Buch *Predictably Irrational* viele Beispiele solchen Verhaltens aufgeführt (in Deutsch unter dem etwas verwirrenden Titel *Denken hilft zwar, nützt aber nichts* erschienen).

Das Absurde im menschlichen Denken, Fühlen und Verhalten

Alle Denk-, Fühl- und Verhaltensweisen, die uns an der Weiterentwicklung hindern, haben irrationale und absurde[30] Anteile, die wir meistens nicht zur Kenntnis nehmen. Wir verhalten uns – von außen gesehen – im Problemfall, aber auch im sogenannten Normalleben häufig widersprüchlich. Es gibt genug Beispiele aus dem Alltag: Sie essen vegetarisch aus Liebe zum Tier und tragen Lederschuhe. Sie unterstützen Greenpeace und fliegen mal eben zum Shoppen nach London. Sie schrauben Stromsparleuchten in Ihre Lampen und fahren einen riesigen, Sprit schluckenden Geländewagen mit Vierradantrieb, obwohl sie in der Stadt wohnen und niemals einen schneebedeckten Steilhang bewältigen müssen. Keith Johnstone erzählte mir von einem Mann, der sich in Lebensgefahr brachte, indem er in einem stark frequentierten Kreisverkehr rückwärtsfuhr, weil er seine Ausfahrt verpasst hatte. Wenn Sie einen Moment innegehalten haben, um zu begreifen, wieso das absurd ist, haben Sie ein anschauliches Beispiel, wie sehr wir in Absurditäten verstrickt sind, ohne es zu merken.

Wenn ich Ihnen 1000 Euro dafür bieten würde, dass Sie mir aus dem Stegreif von einem widersinnigen Verhalten anderer Menschen berichten, würden Sie mit Sicherheit sofort fündig. Fremde Absurditäten sehen wir sofort, aber die eigenen Widersprüchlichkeiten bleiben uns verborgen. Es ist daher sinnvoll, bei der Lösung von Problemen einen Außenstehenden einzuschalten, da wir bei unseren eigenen Stolpersteinen höchst betriebsblind sind und den Splitter im Auge des Nachbarn zwar sehen, nicht aber den Balken im eigenen Auge. Der Einsatz eines neutralen, außenstehenden Beraters hilft einem, den eigenen Widersprüchlichkeiten schneller auf die Schliche zu kommen. Das muss kein Psychotherapeut, es kann auch ein guter Freund sein.[31] Aber wenn dieser zu befangen ist oder gerade keine Vertrauensperson zur Verfügung steht, muss eben ein Fremder einspringen.

30 Laut Wahrig Deutsches Wörterbuch bedeutet absurd: abwegig, widersinnig, unvernünftig; von lat. *absurdus:* »misstönend«.

31 Leider werden die meisten Psychoprobleme auf dieser Welt – sehr zum Verdruss der Psychotherapeuten – außerhalb der Fachpraxen gelöst!

Widersprüchlichkeiten zeigen sich in der Beratung am deutlichsten im Kontrast zwischen verbalem und nonverbalem Verhalten. Zu den Eindrücken, die der Klient in Überfülle anbietet, die aber vom Berater auch ebenso großzügig übersehen werden, wenn sie nicht in sein Konzept passen, gehören nonverbale Signale, denn sie spiegeln Gefühlsladungen viel ehrlicher als der Inhalt des gesprochenen Wortes. Wenn ein Klient sagt, es interessiere ihn überhaupt nicht, ob andere Menschen ihn mögen oder nicht, und dabei rote Flecken am Hals bekommt, weiß ich, dass ich auf eine Goldader gestoßen bin und an diesem Thema dranbleiben sollte.

Wahrnehmung und Gedächtnis sind emotional geladen

Die emotionale Logik bestimmt nicht nur unser Verhalten, sondern auch unsere Wahrnehmung und unser Gedächtnis. Die Wahrnehmung selektiert nach emotional Bedeutsamem. Ich persönlich nehme zum Beispiel Blumen oder schöne Pflanzen nur in Ausnahmefällen wahr. Blumen sind ganz nett, eine Wiese voll davon erfreut mich, aber die einzelnen Blümchen nehme ich selten zur Kenntnis und kann sie auch nur in Ausnahmefällen benennen. Und wer mich kennt, wird mir bestimmt keine Schnittblumen oder gar Topfpflanzen mitbringen, weil sie bei mir jämmerlich eingehen. Sie interessieren mich einfach nicht. Durch diesen Umstand hat mein Mann schon viel Geld gespart.

In Filmen spielt die emotionale Wahrnehmung eine tragende Rolle. Ich sah kürzlich eine Hollywoodproduktion, in der die Hauptdarstellerin stets nach »Zeichen« suchte, die ihr signalisierten, was sie tun soll. Ihr Partner glaubte nicht an solche Zeichen, und sie verließ ihn unter dramatischen Umständen, da sie an seiner Liebe zweifelte. Schließlich, am Ende des Films, fand er nach etlichen Irrungen zu ihr zurück, weil auch er überall plötzlich auf Zeichen stieß, die ihm mitteilten, dass sie die Liebe seines Lebens sei. Diese Zeichen hätte er gar nicht wahrgenommen, wenn sein Bauch zu diesem Zeitpunkt nicht längst entschlossen gewesen wäre, sie zu suchen. Für jeden Zuschauer war das deutlich zu erkennen. Wenn sein Bauch vorab entschieden hätte, sie sei die Falsche, hätte er andere Zeichen gefunden, um diese emotionale Entscheidung zu untermauern. Aber dann wäre natürlich das schöne Happy End geplatzt.

Wir nehmen nicht nur vornehmlich die Dinge wahr, die uns emotional berühren, wir erinnern uns auch nur an emotional Bedeutsames. Fragen Sie mich, was ich an meinem letzten Geburtstag vor ein paar Monaten zu Abend gegessen habe – ich habe keine Ahnung. Ich kann mich kaum erinnern, was ich gestern zu Abend gegessen habe. Weil mir essen nicht sehr wichtig ist, kann ich mich auch nicht an das erste Essen mit einem Mann erinnern, in den ich bis über beide Ohren verliebt war, obwohl da bestimmt jede Menge Gefühl im Spiel war. Dafür weiß ich aber genau, wo das stattfand, wer dabei war und was ich und er anhatten, denn das sind die Aspekte, die mich interessieren.

Der Verstand spielt bei Entscheidungen die zweite Geige

Auch ein auf den ersten Blick rationaler Vorgang wie eine Entscheidung wird durch Emotionen gesteuert. Das Leben besteht aus einer ständigen Abfolge emotionaler Entscheidungen, auch wenn wir uns dessen nicht stets bewusst sind. Viele unserer Entscheidungen fallen ohne großes Nachdenken, wir nehmen sie bewusst kaum wahr, sondern handeln einfach »aus dem Bauch heraus«. Wir entscheiden uns morgens, ob wir aufstehen oder liegen bleiben, ob wir dann gleich unter die Dusche gehen oder erst im Schlafanzug eine Tasse Kaffee schlürfen, ob wir beim Frühstück die Zeitung lesen, uns mit dem Partner unterhalten oder gar nicht frühstücken wollen. Und so geht das den ganzen Tag weiter. Auch wenn wir den Eindruck haben, wir träfen gar keine Entscheidungen, sondern das Leben in Form des Ehepartners, der Kinder, des Chefs oder der verspäteten Straßenbahn entscheidet für uns, wenn wir uns also als Opfer begreifen, das nicht agiert, sondern nur noch auf eine garstige Umwelt reagieren kann, entscheiden wir uns dennoch, wie wir zu reagieren gedenken. Wir glauben fälschlicherweise, dass es gar keine Wahlmöglichkeiten gäbe, weil wir die eigene Reaktion auf die Widrigkeiten des Lebens für die einzig mögliche halten. Hierbei spielt unsere Wachstumsbremse Fixierung[32] eine tragende Rolle: Dulde ich die Attacken meines Ehepartners, werde ich krank und depressiv oder setze ich ihn vor die Tür? Opfere ich mich gnadenlos für meine Kinder auf

32 Siehe S. 23.

oder mute ich ihnen ein Stück Eigenaktivität zu und fahre sie nicht mehr – auf Kosten der Dinge, die ich viel lieber täte – zu jeder Verabredung?

Natürlich gibt es im menschlichen Dasein auch viele Dinge, die sich nicht beeinflussen lassen (die verspätete Straßenbahn zum Beispiel). Dann habe ich die Wahl, zu verzweifeln oder die Situation humorvoll und gelassen und unter einem anderen Blickwinkel zu betrachten. Wenn es am Tag meiner Hochzeit in Strömen gießt, meine Frisur patschnass wird und mein schönes weißes Kleid sich auf dem Weg zur Kirche in einen graubraunen, nassen Lappen voller Dreckspritzer verwandelt, kann ich verzweifeln oder es mit Humor nehmen und mir vorstellen, wie ich dieses Desaster mein Leben lang meinen Kindern und Enkeln erzählen werde. Die Lebenskunst besteht darin, zu lernen, wann ein Eingreifen sinnvoll ist und wann nicht, welche Mittel wirklich zum Erfolg führen und welche dagegen nur einen Trostpreis bescheren.[33] Aktives Tun und passives Geschehen-Lassen haben – je nach Ausgangslage – ihre Berechtigung, und ich muss mich fortlaufend zwischen beiden entscheiden.

Das Bauchgefühl und die Hirnforschung

In letzter Zeit ist auch in der Hirnforschung, der Psychologie und der Philosophie viel die Rede von der Intuition und dem Bauchgefühl. Die Forscher sind sehr stolz darauf, dass Sie den Verstand, der Jahrtausende lang so hoch gehalten wurde, in ihre Schranken weisen. Allerdings vollführen sie dann am Ende ihrer Überlegungen oft einen wunderbaren Salto rückwärts, indem sie betonen, dass der Verstand in vielen Entscheidungen doch das letzte Wort habe – nämlich dann, wenn er zu dem Ergebnis kommt, dass der Bauch Unsinn meldet. Es ist wirklich faszinierend, wie gerade kluge Menschen es immer wieder schaffen, unseren Verstand für das letzte Regulativ zu halten. Nehmen wir an, mein Körper meldet mir Zahnschmerzen, und mein Bauchgefühl vermittelt mir Angst vor dem Zahnarzt. Dann kommt die Vernunft ins Spiel, sagen die Forscher. Sie überstimmt

33 Schon Epiktet wusste: Wenn du die Verhältnisse nicht ändern kannst, musst du deine Einstellung ändern.

den Bauch, und ich gehe trotz meiner Angst zum Zahnarzt, lasse mir ein Loch in den Zahn bohren und es füllen. Welche Freude, der Verstand ist doch klüger als der Bauch!

Ich glaube allerdings, dass die Sache sich anders verhält. Wenn ich beschließe, trotz meiner Panik vor dem Bohrer zum Zahnarzt zu gehen, dann ist ein anderes Gefühl stärker als diese Panik, vielleicht die Angst, womöglich in absehbarer Zeit noch größere Schmerzen aushalten zu müssen oder bald nur noch braune Stummel oder gar keine Zähne mehr im Mund zu haben. Falls sich meiner Zahnarzt-Angst nicht ein anderes, stärkeres Gefühl in den Weg stellt, kann mein Hirn noch so angestrengt Gründe liefern, ich werde den Zahnarztbesuch trotzdem immer wieder – wie ich glaube, aus guten Gründen – verschieben. Entscheidungen trifft letztendlich immer erst das Gefühl, und danach liefert der Verstand die Begründungen. Das wird sehr deutlich bei den Fragen zum Umweltschutz, bei dem jede noch so kräftige Motivation, sich langfristig freundlicher zum Planeten Erde zu verhalten, durch kurzfristige und emotional näher liegende Fakten sabotiert wird. Sobald mein Arbeitsplatz in Gefahr ist, pfeife ich auf die Rettung der Welt, die erst in ferner Zukunft relevant wird, und bestehe darauf, weiterhin klimaschädigende Autos zu produzieren und zu fahren.

»Weiß« der Klient, was gut für ihn ist?

Jede Verhaltensänderung, die aufgrund einer emotionalen Entscheidung vom Klienten selbstständig getroffen wird, ist wesentlich stabiler als jeder noch so gut gemeinte Ratschlag eines Dritten, wenn dieser nur aus Vernunftgründen befolgt wird und keinen emotionalen Widerhall beim Klienten auslöst, sodass dieser ihn nur halbherzig[34] in die Tat umsetzt.

Wenn ein Klient versucht, sich ohne emotionale Überzeugung aufgrund intellektueller Einsicht anders zu verhalten, entsteht eine unüberbrückbare Kluft zwischen seinen rationalen Erkenntnissen und seinen Gefühlen. Sein Verstand sagt das eine, sein Gefühl signalisiert etwas anderes. Vielleicht schaffen die Erkenntnisse in so einem

34 Der Begriff »halbherzig« belegt wie viele Begriffe aus der Alltagssprache sehr anschaulich die (fehlende) emotionale Beteiligung.

Fall gerade noch mit letzter Kraft den Weg zu neuem Handeln, aber die Verhaltensänderungen werden nicht besonders nachhaltig sein, wenn sie nicht im Einklang mit den Gefühlen stehen. Über kurz oder lang sind die alten, eingefleischten und emotional gestützten Verhaltensweisen stärker.

Ich bin fest davon überzeugt, dass jeder Klient in den Tiefen seiner Seele (oder seines Gefühls oder seines Unbewussten, wenn Ihnen das lieber ist) genau »weiß«, was für ihn gut ist und was nicht, und dass er selbst verantwortlich dafür ist, das auch umzusetzen. Ich meine hier wieder das emotionale Wissen, das Bauchgefühl, nicht die nachträglich draufgeschminkte rationale Erklärung. Kein Therapeut kann ihm das frei Haus liefern, denn jeder noch so gut durchdachte Vorschlag deckt sich nur selten und höchstens zufällig mit genau diesem emotionalen Klientenwissen.

Wenn ich davon ausgehe, dass der Klient am besten »weiß« – oder besser fühlt –, was gut für ihn ist, muss ich mich natürlich fragen: Woher »weiß« er das? Welche Determinanten bestimmen die emotionale Neuentscheidung und den Willen zu einer bestimmten Veränderung? Ist der Klient wirklich frei in seiner Entscheidung, hat er einen freien (emotionalen) Willen, oder werden seine emotionalen Entscheidungen zwingend determiniert durch seine Gene, seine Prägungen und Erfahrungen oder durch alles zusammen? Hat er überhaupt einen Spielraum, sich neu zu orientieren, oder verhält er sich nur wie eine ausführende Marionette und es drängt ihn zwangsweise immer wieder in die gleiche selbstschädigende Richtung, weil er so »geeicht« ist?

Da sich die Fachleute in der Psychologie und Philosophie zur Problematik des freien Willens bereits seit Ewigkeiten die Köpfe heiß reden und sich diese dabei auch gerne gegenseitig einschlagen, ohne zu einem Ergebnis zu kommen, habe ich beschlossen, mich mit dieser Fragestellung nicht weiter verrückt zu machen. Ich bin vielmehr damit zufrieden, wenn sich die Klienten durch die Veränderung ihrer emotionalen Bedingungen nachhaltig befreit und viel besser fühlen – auch wenn ich nicht weiß, ob sie wirklich freie Entscheidungen treffen können und was sie letztendlich determiniert hat.

Die Logik eines passionierten Rauchers

In meine Praxis kam einmal ein starker Raucher, der seit Jahren vergeblich versuchte, von seiner Sucht loszukommen und seine letzte Hoffnung in eine hypnotische Behandlung setzte. Das Großhirn meines Klienten sah ein, dass Rauchen seiner Gesundheit schadet. Deshalb »wollte« er »eigentlich« aufhören, aber bisher hatte er immer wieder zahllose Rechtfertigungen dafür gefunden, seine schlechten Angewohnheiten beizubehalten, zum Beispiel: »Es gibt ja auch Raucher, die uralt werden ohne Lungenkrebs, Alkohol ist viel schädlicher, bisher spüre ich ja noch gar nichts wirklich Schlimmes, außer ein bisschen Husten am Morgen, womöglich werde ich fett, wenn ich aufhöre usw.«

Er hatte es bereits ein paarmal versucht, dem Glimmstängel zu entsagen, hatte dabei aber mit brutalen Entzugserscheinungen zu kämpfen. Das könne kein Mensch von ihm verlangen, sagte er, das schaffe er einfach nicht. Er beteuerte, er wolle wirklich am liebsten gleich morgen mit dem Rauchen aufhören, oder besser noch heute nach unserer Sitzung, denn er habe gehört, Hypnose sei da ein Wundermittel – auch was die unerträglichen Entzugserscheinungen angehe.

Ich arbeitete damals noch schwerpunktmäßig hypnotherapeutisch und entwarf mit ihm, der in tiefe Trance versank, mit sanfter Stimme ein wunderbares rauchfreies Szenario, in dem er mit gesunden, rosigen Lungenflügeln und einer räusperfreien Kehle in einer sauberen, herrlich duftenden Umwelt in den Sonnenuntergang schwebte. Ich war begeistert und wäre dadurch sofort zum Nichtraucher geworden, wenn ich geraucht hätte. Als der Klient aus seiner Trance zurückkam, äußerte er zu seiner und meiner Verblüffung als Erstes spontan und sehr heftig: »Ich weiß jetzt, dass ich auf keinen Fall Nichtraucher sein will! Als ich mich eben als Nichtraucher gesehen habe, fand ich mich spießig und kleinkariert, ganz grässlich! Lieber sterbe ich früher mit einer pechschwarzen Lunge!« Und er fügte fröhlich hinzu: »Jetzt kann ich diese fruchtlosen Versuche, mit dem Rauchen aufzuhören, endlich einstellen.«

Mein rauchender Klient hatte eine tief im Inneren gefühlte Überzeugung, die für das Rauchen sprach, die sich sein Kopf aber bisher nicht eingestehen wollte. Dieses Gefühl war viel schwerwiegender als sehr vernünftige, aber vorgeschobene Gründe gegen die Pafferei.

Und dann waren da noch die schrecklichen Entzugserscheinungen! Wenn es darum geht, sich das Rauchen dauerhaft abzugewöhnen, spielt die rein körperliche Sucht jedoch nur eine untergeordnete bis gar keine Rolle, auch wenn sie von leidenschaftlichen Rauchern gerne als Vorwand benutzt wird, weiter zu rauchen. Wenn das Gefühl eindeutig ist, dass jetzt Schluss sein muss mit dem Rauchen, geht das ohne große Kämpfe und ist dauerhaft stabil. Ich habe viele Raucher erlebt, die nach jahrzehntelangem Kettenrauchen von einem Tag auf den anderen ohne nennenswerte Entzugserscheinungen aufgehört haben, weil ihre Entscheidung emotional getroffen worden war.

Überzeugungen führen zu Symptomen

Hanna und Erwin waren seit 15 Jahren verheiratet und steckten in einer schweren Krise. Sie stritten viel, vor allem wegen ihrer Töchter Ulla und Sabine, 10 und 12 Jahre alt, deren bevorzugter Umgangston aus gegenseitigen vulgären Beschimpfungen bestand, wobei sie sich hingebungsvoll kratzten, bissen und an den Haaren zogen. Erwin rastete dann regelmäßig aus, schrie und schmiss Türen, und Hanna versuchte, die Schreiwettbewerbe durch beschwichtigendes Zureden oder Strafen, an die sich keiner hielt, zu stoppen. Gemeinsame Familienunternehmungen, selbst gemeinsame Mahlzeiten, endeten regelmäßig nach kurzer Zeit in Tränen und fanden deshalb schon seit Jahren nicht mehr statt.

In unserem ersten Gespräch stellte sich bald heraus, dass Hanna überzeugt war, ein intaktes Familienleben bestünde aus niedlichen Töchtern mit rosa Kleidchen und Schleifen in den Haaren, die artig Bitte und Danke sagen, und einem freundlichen und zärtlichen Ehemann und Vater, die allesamt stets ungebrochene Harmonie verbreiten und glücklich Hand in Hand durchs Leben tanzen – Hanna in der Mitte, selig lächelnd. Erwin hingegen hatte das Bild vom starken Vater im Kopf, der seine Töchter führen und leiten muss und für Disziplin, Ruhe und Ordnung zu sorgen hat. Diese konträren Vorstellungen kollidierten natürlich heftig, und die beiden schon pubertierenden Töchter nutzen dies, um elterliche Anordnungen zu ignorieren bzw. zu unterlaufen und ihre Macht genüsslich auszuspielen. Keiner wich auch nur einen Zentimeter von seiner Überzeugung ab und verteidigte sie mit Zähnen und Klauen, obwohl sich alle Beteiligten inzwischen als Versager fühlten. Nachdem Hanna und Erwin – unter viel Gelächter – spürten, welche Stolpersteine sie sich mit ihren Überzeugungen geschaffen hatten, entspannte sich die Situation, und ein freundlicher Umgang sowohl miteinander als auch mit den Töchtern wurde möglich.

Die emotionale Ladung von Überzeugungen

Feste Überzeugungen entstehen nicht durch abgewogenes Nachdenken und sorgfältiges Abwägen sachlicher Notwendigkeiten, sondern aufgrund von Gefühlen. Auch hier kommt erst die Emotion, dann die Begründung. Das Großhirn hinkt mit seinen Begründungen immer ein bisschen hinterher, die rationalen Absicherungen werden im Eilverfahren nachgeliefert, nachdem der Bauch sich längst entschieden hat – ohne dass uns das besonders auffällt. Je unverrückbarer die Überzeugung, umso stärker das dahinterstehende Gefühl, und umso ausdauernder wird versucht, die Überzeugung rational zu untermauern und sie heftig zu verteidigen.[35] Mein kluger Großvater pflegte zu sagen: »Je prägnanter die Urteile eines Menschen, umso weniger von Sachkenntnis getrübt.«

Wir suchen also stets nach objektiven Kriterien, die unsere Überzeugung stützen und unser Verhalten vernünftig erklären. Wir nehmen alle Informationen auf, zitieren wissenschaftliche Untersuchungen mit unwiderlegbaren fundierten Begründungen, die uns sogenannte vernünftige Argumente liefern, und blenden alles aus, was diese in Wanken bringen würde.

Das können Sie am eigenen Leib überprüfen: Denken Sie an jemanden, den Sie nicht leiden können. Er kann es Ihnen nie recht machen. Sein Verhalten wird in jedem Fall negativ interpretiert. Glauben Sie, dass Ihr Nachbar ein ausgemachter Rüpel ist? Typisch für ihn, dass er gestern wieder sein Auto stundenlang vor der Tür hat warmlaufen lassen! Außerdem macht er nie die Gartentüre zu und grüßt auch manchmal so komisch, wenn er überhaupt grüßt. Dass dieser Nachbar neulich sehr lieb mit seinem Enkel im Garten gespielt hat, nehmen Sie entweder nicht zur Kenntnis, weil es

35 Keith Johnstone, der Begründer des modernen Improvisationstheaters, sagte einmal: »When you are in trouble, the mind tries to save you.«

nicht ins Bild vom ekelhaften Kerl passt, oder deuten es in Ihrem Sinne um: Bestimmt hat er bloß vor den Nachbarn eine Show abgezogen.

Je mehr Herzblut in einer Überzeugung steckt, umso mehr emotionale Energie wird dadurch gebunden. Bei nützlichen Überzeugungen ist das positiv. So ist der unerschütterliche Glaube vieler Eltern, dass ihr eigener Sprössling deutlich besser, sprich weiter entwickelt und intelligenter ist als alle seiner Altersgenossen, für den Kleinen durchaus nützlich zum Aufbau eines stabilen Selbstwertgefühls und zur Entfaltung seines Potenzials. Negative emotionale Überzeugungen (»Ich bin ein Versager«) hingegen binden Energie, die für heilsame, produktive Vorgänge nicht mehr zur Verfügung steht. Sie wird gewissermaßen auf Nebenkriegsschauplätzen verschwendet. Farrellys erster provokativer Patient war jahrzehntelang fest überzeugt, dass er wertlos sei und keine Zukunft habe, und verhielt sich entsprechend. Das nennt man eine »sich selbst erfüllende Prophezeiung«, die jeder kennt, da sie ein fester Bestandteil der menschlichen Natur ist.

Mit einigem Talent kann man sich praktisch überall in diesen Sackgassen des Gefühls – genannt Überzeugungen – verrennen. Auch Sie waren bestimmt schon einmal überzeugt, dass ihr Lebensglück davon abhängt, ob Sie eine Prüfung bestehen, ob Sie einen bestimmten Job bekommen, ob der oder die Angebetete Sie erhört. Weiterhin waren Sie davon überzeugt, dass nur eine ganz bestimmte, eigentlich unzumutbare Verhaltensweise (oder unverdientes Glück) Sie zu dem anvisierten Ziel bringen kann. Nur wenn Sie Tag und Nacht die gesamte verfügbare Literatur auswendig lernen, werden Sie das Examen bestehen; nur wenn Sie im Vorstellungsgespräch ausschließlich ihre vorteilhaftesten Seiten zeigen und genau die richtigen Sachen sagen, werden Sie genommen und nur, wenn Ihr Angebeteter stets das Licht löscht, damit er Ihre Orangenhaut nicht sieht, wird er Sie nicht verlassen.

Überzeugungen bestimmen im Allgemeinen unser Leben, ohne uns auch nur ansatzweise bewusst zu sein. Wir haben nicht das Gefühl, uns zu begrenzen, sondern fühlen uns im Gegenteil sicher und voll im Recht – und wollen uns hierbei von niemandem reinreden lassen. Manchmal geht es so weit, dass wir diesen Bereich sorgfältig schützen, er wird zur Tabuzone, die niemand ungestraft betreten darf. Aufgrund unserer empfindlichen Reaktion wird sie von anderen Menschen sofort erkannt und gemieden. Je tiefer unser Gefühl feststeckt, umso größer ist der Tabubereich, an den niemand rühren darf. Jeder, der anderer Meinung ist, wird als ignorant oder bösartig bekämpft. So brauchten auch Hanna und Erwin einen provokativen Eingriff von außen, um zu erkennen, wie groß ihr Eigenanteil an den ausdauernden Machtkämpfen in ihrer Familie war.

Überzeugungen versetzen Berge

Eine gefestigte Überzeugung gilt im Allgemeinen als Zeichen seelischer Stabilität und Gesundheit – aber nur, solange sie zu produktivem Verhalten und nicht zur Selbstsabotage führt. Überzeugungen können für die Betroffenen äußerst folgenschwer sein, denn eine stabile Überzeugung kann Berge versetzen – sowohl in eine konstruktive Richtung als auch in Richtung Abgrund. Es bleibt ja nicht bei Verbalbekenntnissen, sondern Menschen vollziehen aufgrund ihrer Überzeugungen auch unglaubliche Taten. Häufig ist zuerst die Emotion da, dann das Verhalten und erst danach folgt die Rechtfertigung, die wir gerne Denken nennen, obwohl sie nicht viel damit zu tun hat. Ein Vater, der sein auf dünnem Eis eingebrochenes Kind rettet, indem er über die für sein Gewicht viel zu instabile Eisdecke hastet und damit auch sein eigenes Leben aufs Spiel setzt, »weiß« ohne langes Nachdenken, dass er das Richtige tut. Falls er überlebt, kommt er bei späterem Nachdenken vielleicht zu dem Ergebnis, dass es besser gewesen wäre, dem Kind einen Stock zum Festhalten zuzuschieben, aber im Moment der Gefahr hat sein Bauch in Sekundenschnelle eine Entscheidung getroffen. Auch alle Kriege dieser Welt wurden und werden mit Argumenten geführt, die direkt den Bauch ansprechen und rationale Argumente nachliefern (Vaterlandsverteidigung, Besiegen der Gottlosen, die Achse des Bösen, Ausmerzen der bösen anderen, Beglückung unterdrückter Völker mit den Idealen der Demokratie usw.). Ohne dieses Kitzeln der Emotionen würde man keinen Menschen dazu bringen, sein Leben für sein Land oder für einen wie immer gearteten Führer zu opfern.

Aus dem therapeutischen Alltag kenne ich die Geschichte einer Patientin von Sigmund Freud. Diese Patientin ließ sich angeblich sogar körperlich verstümmeln, um den Lehren ihres Meisters zu entsprechen, den sie offenbar abgöttisch verehrte und dem sie rückhaltlos glaubte. Freud, der nach eigener Aussage bis zum Ende seines langen Lebens das Weib nie ganz begriff, postulierte als einzig erwachsenen weiblichen Orgasmus den vaginalen Orgasmus[36]. Die besagte Patientin erreichte ihren Orgasmus aber bedauerlicherweise nicht vaginal, sondern nur durch Stimulierung ihrer Klitoris, und hielt sich daher für unreif. Sie ließ sich also von einem Chirurgen die Klitoris in die Vagina verpflanzen, damit ihr Orgasmus endlich der reinen Lehre entspräche. Die Operation missglückte. Es wurde leider nicht berichtet, ob die Überzeugung der Patientin für Freuds Theorie ins Wanken geriet und ihre Verehrung für den Meister Einbußen erlitt, aber es ist davon auszugehen, dass sie nicht am großen Meister, sondern eher an den handwerklichen Fähigkeiten des Chirurgen gezweifelt hat.

Überzeugungen verhindern Angst

Warum werden manche Überzeugungen so stark emotional geladen und damit fester betoniert als das Fundament eines Hochhauses? Warum sind die daraus entstehenden Symptome so veränderungsresistent? Wäre es nicht viel einfacher, wenn wir dächten und uns verhielten wie der erste Bundeskanzler Konrad Adenauer, der damit konfrontiert wurde, er habe doch gestern genau das Gegenteil vom dem gesagt, was er heute vertrete. Seine Antwort ist Legende: »Was geht mich mein Geschwätz von gestern an!?«

Jede Veränderung, die man in seinem Leben vornimmt, birgt ein Risiko. Neues Denken und Verhalten ist in der vorweggenommenen Erwartung der Klienten mit negativen Emotionen wie Verunsicherung und Angst besetzt. Das Ergebnis veränderten Denkens und Verhaltens ist ungewiss, der Erfolg ist nicht garantiert und Scheitern ist jederzeit möglich. Das ist beängstigend, weil es die gewohnten Gefühle durcheinanderbringt. Weil Klienten versuchen, Situationen zu vermeiden, die ihnen Angst machen, sind Veränderungen so schwer herbeizuführen. Klienten halten sich lieber an das Vertraute und Bewährte, bei dem sie das Ergebnis ganz genau kennen, klammern sich fest an eingespielte Denkraster und Verhaltensmuster und verteidi-

36 Die genauen Mechanismen beim weiblichen Orgasmus sind bis heute nicht bekannt.

gen diese vehement – auch wenn dieses Ergebnis aus allerlei lästigen Stolpereien oder Symptomen besteht.

Überzeugungen, die keinem Argument mehr zugänglich sind, sind sehr stark emotional aufgeheizt. In ihnen steckt besonders viel Angst. Wenn eine solche Überzeugung von uns Besitz ergreift, haben wir wenig bis keinen Spielraum, heute das eine und morgen das andere zu denken oder uns einmal so und einmal anders zu verhalten, sondern müssen immer an dem einmal eingeschlagenen Weg festhalten. Wir behaupten eigensinnig, ein anderer Weg als der eingeschlagene sei undenkbar, aber eigentlich ist er unfühlbar. Das bewusste Denken sagt: Es geht nur so und nicht anders! Das Verhalten wird starr und unflexibel. Und das Gefühl sagt: Eine Veränderung macht mir Angst. Der Versuch, einen Menschen mit einer festen emotionalen Überzeugung von noch so fantastischen Veränderungsideen zu überzeugen, wird deshalb auf zähen, massiven Widerstand stoßen. Er wird entweder eine Million Gründe finden, warum es eben nicht geht, oder mir pro forma mit einem Verbalbekenntnis recht geben und dann so bleiben, wie er ist.

Deshalb funktioniert der Anstoß zur Veränderung oft nicht so reibungslos, wie wir als Berater uns das wünschen würden. Jeder Psychoberater träumt zwar davon, dass der Klient nach der Therapiestunde euphorisch seine Hände ergreift und mit Tränen in den Augen tief bewegt sagt: »Sie haben mir wirklich geholfen, ich bin Ihnen ewig dankbar! Jetzt weiß ich, was ich zu tun habe!« Im Wachzustand stellt der Psychoberater aber leider fest, dass die Klienten stattdessen häufig mit hängendem Rüssel bemerken: »Nun sagen Sie mir doch endlich: Was soll ich denn nun tun?« – und leicht vorwurfsvoll hinzufügen: »Ich hatte gehofft, von Ihnen konkrete Tipps zu bekommen!« Wenn der Berater in diese Falle tappt und konkrete Tipps gibt, wird der Klient sie innerhalb kürzester Zeit genüsslich zerlegen und für unbrauchbar erklären.

7 Die Angst und das Lachen

»Komik ist eine lustige Art, ernst zu sein.«
Peter Ustinov

Angst ist ein starkes Gefühl

Angst ist eines der stärksten Gefühle überhaupt und ein sinnvoller Überlebensmechanismus, der uns vom ersten Atemzug an begleitet, da wir als körperlich relativ schlecht gerüstete Spezies stets um unser Überleben fürchten müssen. Bereits das Neugeborene brüllt sich instinktiv Unterstützung herbei, um sicherzustellen, dass es ausreichend versorgt, das heißt genährt, gewärmt und geliebt wird.

Sobald wir Angst haben, sind wir in unserer Gefühlswelt gefangen, und je nach Begabung kann man sich in solche Ängste so hineinsteigern, dass man völlig bewegungsunfähig wird. Stellen Sie sich irgendetwas vor, was Ihnen auf keinen Fall passieren darf, und Sie wissen bzw. fühlen, was es heißt, mit einer Überzeugung und der dahinterstehenden Angst festzustecken. Die meisten Menschen haben Angst vor einer schlimmen Krankheit, einer Querschnittslähmung oder einem langsamen Dahinsiechen. Ihr Vorstellungsvermögen, was sie dann tun würden, versagt, und sie fühlen sich schon beim Gedanken daran schwach. Das kann jeder nachvollziehen. Der Hypochonder, bei dem diese Angst übermächtig geworden ist, führt aus Angst vor Krankheiten ein sehr kompliziertes Leben, in dem viel Energie darauf verwendet wird, Krankheiten auszuschließen oder ihnen auszuweichen.

Häufig haben wir auch Angst vor Dingen, bei denen unser Leben gar nicht bedroht ist. Stellen Sie sich einmal vor, Sie wären komplett gesund und über Nacht würden Ihnen alle Haare ausfallen, einschließlich der Wimpern und der Augenbrauen. Sonst wäre alles in Ordnung, Sie hätten nur keine Haare mehr. Ich kenne jemanden, dem das passiert ist, und kein Arzt weiß, woher das kommt. Falls Sie ohnehin fast kahl sind, lässt Sie diese Aussicht wahrscheinlich ziemlich kalt, aber je prächtiger Ihr Haar jetzt ist und je mehr Sie an ihm hängen, umso beunruhigender ist diese Fantasie. Oder stellen Sie sich einmal vor, sie müssten überraschend morgen im Fernsehen eine einstündige politische Livesendung moderieren – bei einem großen Sender vor Millionenpublikum. Falls Sie TV-Reporter sind, fiebern Sie diesem Ereignis vermutlich entgegen, aber je seltener Sie vor Publikum stehen, umso eher bekommen Sie bei dem Gedanken an eine solche Herausforderung einen Schweißausbruch und überlegen sich, welche plötzliche Krankheit als Ausrede am überzeugendsten klingen würde. Oder stellen Sie sich vor, Sie müssten sich plötzlich eingestehen, dass Ihr Sohn recht hatte, als er Ihnen vorhielt, Sie würden ihn bei seinen Entscheidungen bevormunden, obwohl Sie bisher felsenfest überzeugt waren, er sei ein dämlicher, kurzsichtiger und sturer pubertierender Bock und Sie allein hätten den Durchblick.

Die Angst lauert überall. Je mehr man sich auf die Fülle des Lebens einlässt, umso mehr Angst hält dieses für einen bereit. Wenn Sie Ihr Herz an etwas hängen und es nicht verlieren wollen – seien es Menschen (Ihr Partner, Ihre Kinder, Enkel, Freunde) oder sonstige Werte (Ihr Vermögen oder Ihr Job) –, droht Verlust und Sie werden verletzlicher. Manche Menschen entschließen sich daher dazu, sich auf nichts und niemanden mehr wirklich einzulassen, um diese Verlustangst zu minimieren. Das gelingt nur auf Kosten von viel Lebensqualität, und gelegentlich schlägt das Leben diesem fabelhaften Plan ein Schnippchen, und so ein Vorsichtsapostel verliebt sich trotz heftigen Sträubens Hals über Kopf. Gegen machtvolle Gefühle kann man eben wenig ausrichten.

Man kann vor vielem Angst haben, das variiert von Mensch zu Mensch. Ein fauchendes Raubtier vor der Türe macht jedem Angst. Andere Ängste hängen im Wesentlichen von der individuellen Sichtweise (und der Dosierung) ab. Manche Menschen haben vor der einen Sache Angst – andere haben genauso viel Angst vor dem Gegenteil. Die Zukunft kann ebenso viel Angst machen wie die Vergangenheit, Stillstand ebenso wie Veränderungen, Nähe ebenso wie Unabhängigkeit, Entscheidungen ebenso wie Schwebezustände, Macht und Verantwortung ebenso wie Ohnmacht, Unbekanntes ebenso wie Bekanntes. Denken Sie einmal darüber nach, was Ihnen am meisten Angst macht und was Sie relativ kalt lässt. Sie werden feststellen, dass manches, was Ihren Nachbarn in Angst und Schrecken versetzt, Ihnen nur ein müdes Lächeln entlockt und umgekehrt. Angst ist relativ.

Angst kann sich auch verselbstständigen. Bei manchen Menschen geht das so weit, dass sie gar nicht mehr wissen, wovor sie eigentlich

Angst haben, sie haben einfach nur ANGST! Bei solchen Menschen nehmen die angstauslösenden Situationen immer mehr Raum ein, bis sie kaum noch festmachen können, was die Angst auslöst. Angst hat die fatale Tendenz, sich auszubreiten, wenn man sie nicht stoppt. Wir müssen also aktiv gegen sie vorgehen, wenn sie nicht vollständig Besitz von uns ergreifen soll. Wir sollten Herr unserer Angst sein, nicht umgekehrt. Eine Klientin mit Panikattacken erzählte mir, dass sie erst nur Angst hatte, auf der Autobahn am Steuer eines Wagens zu sitzen, dann traute sie sich nicht mehr mit dem Auto in die Stadt, später bekam sie bereits Panikzustände, wenn sie nur ans Autofahren dachte, und schließlich überfiel sie die Panik ohne jeglichen erkennbaren Anlass, sobald sie das Haus verlassen musste. Im Fachjargon wird das mit wechselnden Begriffen wie »generalisierte Angst«, »frei flottierende Angst« oder »diffuse Angstzustände« usw. beschrieben. Das ist so ähnlich wie die Diagnose »vegetative Dystonie«, die eine Zeit lang Mode war und nur bedeutet, dass die Fachleute auch nicht genau wissen, was los ist.

Zu wenig und zu viel Angst

Natürlich ist es sinnvoll, in manchen Situationen und vor manchen Dingen Angst zu haben. Menschen, die vor gar nichts Angst haben, sind extrem gefährdet. Wer beim Anblick eines zähnefletschenden Kampfhundes in die Knie geht und versucht, diese Mordmaschine im Nacken zu kraulen, bekommt ein Problem. Wer nur mäßig Ski fahren kann und sich von einem Hubschrauber auf einem einsamen Berggipfel in den Rocky Mountains aussetzen lässt, um Tiefschnee zu fahren, sollte vorher seinen Nachlass regeln.

Jeder Mensch braucht zum Überleben ein gewisses Maß an Sicherheit. Daher ist Vorsicht durchaus angebracht, aber wenn wir uns den Rahmen zu eng stecken und jedes Risiko vermeiden, entwickeln wir uns nicht weiter – das Leben stagniert. Zu viel Angst im falschen Moment ist der entscheidende Hemmschuh für ein zufriedenes und selbstverantwortliches Leben, weil sie uns daran hindert, neue Herausforderungen anzunehmen. Wenn wir Herausforderungen möglichst aus dem Weg gehen, wird unser Leben immer enger, denn die Zahl der Angst auslösenden Situationen steigt mit jeder gemiedenen Herausforderung. Wir treten zunehmend auf der Stelle. Unser inneres Wachstum, das unseren Horizont erweitern und uns neue Erfahrungen ermöglichen würde, wird ausgebremst.

Entwicklung vollzieht sich weniger durch vorsichtiges Vermeiden von Risiken, sondern eher durch das gezielte Ausprobieren von Neuem. Wenn wir immer ganz in Sicherheit leben wollten, dürften wir niemals etwas Neues ausprobieren. Neues ist immer riskant, denn es könnte ja sein, dass etwas Unvorhergesehenes geschieht. Um sich weiterzuentwickeln, ist dem Menschen deshalb auch die Neugier in die Wiege gelegt worden. Neugier kann aber gefährlich sein: »Curiosity kills the cat«[37], sagen die Engländer. Jede Mutter von Kleinkindern weiß, wie aufreibend es ist, diese davon abzuhalten, eine heiße Herdplatte zu berühren, weil sie so schön rot leuchtet, oder sie daran zu hindern, sich mit der Gartenschere die Finger abzuschneiden. Deshalb muss der Mensch im Lauf seines Lebens lernen, zu unterscheiden, wann und wovor Angst sinnvoll ist und wann nicht. Wann ist es ratsam, Risiken einzugehen, die unsere Entwicklung fördern, wann und wie viel Neugier ist angebracht und wann sollte man besser auf Nummer sicher gehen?

Es gibt Menschen, die in jeder Hinsicht sehr ängstlich sind, und andere, die immer sehr risikofreudig sind, aber so eindeutig ist das meistens leider nicht zu trennen. Es können auch in ein und derselben Person Sicherheitsstreben und Waghalsigkeit auf höchst bemerkenswerte Weise aufeinandertreffen, ohne dass dieser Mensch das als Widerspruch empfindet. Ich kenne zum Beispiel einen Mann, der kiloweise Silbermünzen hortet, um für Notzeiten gerüstet zu sein, in denen er einem Bauern einen Apfel und ein Stück Brot abkaufen muss. Das tut er, obwohl er lang nach dem letzten Weltkrieg geboren wurde und diese damals reale Situation nur vom Hörensagen kennt. Silbermünzen sind, so sein Argument, als kleinere Einheit in so einem Fall praktischer als Gold. Er versteckt diese Münzen auch lieber zu Hause unter der Matratze, weil er die heutigen Banksafes nicht für sicher genug hält, denn die Bank könnte ja pleitegehen, und dann kommt er nicht mehr an seinen Silberschatz. Gleichzeitig fährt er Fahrrad und Ski wie ein Irrer, mit rasendem Tempo und hohem Risiko – an der Grenze seiner Leistungsfähigkeit bis zur totalen Erschöpfung, ohne dass ihn dabei die Gefahr für Leib und Leben auch nur ansatzweise jucken würde.

37 Neugier tötet die Katze.

Der Leidensdruck als Veränderungsmotivation

In der Beratung freut man sich über ein starkes Motiv beim Klienten und nennt es in der psychotherapeutischen Fachsprache den Leidensdruck. Gemeint ist damit, dass der Klient so geschlaucht ist von seinen Symptomen, dass er die Schnauze voll hat und bereit ist, sich einer Behandlung zu unterziehen und bei den notwendigen Veränderungen aktiv mitzuarbeiten. Dann will er seine Symptome um fast jeden Preis loswerden und würde sogar sein Verhalten ändern, auch wenn ihm Veränderungen Angst machen. Der emotionale Druck zur Veränderung ist größer als die Angst davor, dieses »Wollen« ist wieder keine Kopfentscheidung, sondern ein sehr starkes Gefühl!

Jeder kennt den Zustand, dass wir zur Höchstform auflaufen, was Anstrengung und Ergebnis angeht, wenn uns eine Sache wirklich interessiert. Dieser Antrieb taucht in der Fachliteratur unter unterschiedlichen Namen wie innere oder interne Motivation, Motivatoren usw. auf. Schlichter ausgedrückt heißt es einfach, dass wir dann besonders erfolgreich und zufrieden oder sogar glücklich sind, wenn wir mit Leib und Seele bei einer Sache sind, für die wir uns auch einsetzen würden, wenn niemand uns dafür bezahlt oder lobt. Wir sind bereit, viel Energie, Geld und Zeit dafür zu investieren – ganz gleich, was andere davon halten. Jeder, der ein ihn fesselndes Hobby hat, und jeder leidenschaftliche Forscher kennt diesen beneidenswerten Zustand, in den man gerät, wenn man sich einer Sache, in die das eigene Herzblut fließt, ganz widmet. Inzwischen hat das Kind einen neuen Namen: Dieser Zustand nennt sich auf Neudeutsch »Flow«, also der Zustand des Fließens, in dem man die Zeit vergisst, mit sich im Reinen und wunschlos glücklich ist. Der Flow ist ein Phänomen, das auftaucht und wieder verschwindet, denn kein Mensch könnte ihn ununterbrochen ertragen.

Kennzeichnend für den Flow ist eine starke Motivation, bei der Angst keinerlei Raum einnimmt, und diese Motivation gilt es in der Beratung wachzukitzeln. Um sich emotional neu zu orientieren, braucht der Mensch ein Motiv. Motive verändern nicht nur das Denken und Fühlen, sondern setzen den Klienten auch in Bewegung. Als mir nach dem Abitur eines Morgens kleine Schweinsäuglein, eingebettet in dicke Pausbacken, aus dem Spiegel entgegenstarrten, stand mein Entschluss fest, mindestens zehn Kilo abzunehmen. Ich war hoch motiviert, nicht als Pummelchen ins Studium zu gehen, und brauchte dafür keine Psychotherapie. Innerhalb eines Jahres habe ich es damals geschafft, wieder eine Figur zu bekommen, und habe sie bis heute halbwegs behalten.

Motive sind immer emotional geladen. Wir kennen das aus dem Alltag und sagen nicht umsonst: »Wo ein Wille ist, ist auch ein Weg!« Und hier sind wir wieder bei unserem Problem, dass der Begriff »Wille« uns auf die falsche Spur führt. Wenn ich etwas wirklich will, ist das kein intellektueller Vorgang, sondern ein sehr starkes *Gefühl*, und ich bekomme das Gewollte deshalb mit größerer Wahrscheinlichkeit, weil meine emotionale Ausrichtung automatisch in die angestrebte Richtung gelenkt wird, wie Eisenspäne auf einen Magneten. Meine Aufmerksamkeit richtet sich auf alles, was mich dem gewünschten Ziel näher bringt, ich überwinde meine Wachstumsbremsen, ich investiere Leidenschaft und Anstrengung in das Zielstreben und warte nicht, bis mir etwas von selbst zufällig in den Schoß fällt. Es ist dieselbe Energie, die einen beim Flow beflügelt. Die Anekdote von Heinrich, der täglich zum lieben Gott betet und sich inbrünstig einen Hauptgewinn im Lotto wünscht, illustriert vortrefflich, dass es mit passivem Stillhalten nicht getan ist: Nach vielen Jahren, in denen Heinrich Gott vergeblich auf Knien um den Lottogewinn angefleht hat, tut sich der Himmel auf und eine Donnerstimme ruft von oben: »Heinrich, kauf dir endlich ein Los!«

Die Wiederbelebung von Traumata

Ein weitverbreiteter Glaubenssatz in der Therapie heißt: Je stärker ein Klient unter seinem Symptom leidet, je größer also der sogenannte Leidensdruck ist, umso größer die Chance, dass er bereit ist, etwas zu ändern. Das stimmt aber nur bis zu einem gewissen Grad. Der Leidensdruck treibt den Klienten in die Therapie, aber in der Beratungsstunde selbst bekommen wir nur dann einen wertvollen Helfer in Gestalt der Emotionen des Klienten, wenn der akute Leidensdruck nicht zu groß ist. Wir wollen in der Beratungsstunde nicht den Leidensdruck und damit die Angst verstärken, denn das führt im schlimmsten Fall zur völligen, depressiven Resignation. Wir wollen Gegenkräfte mobilisieren. Diese helfenden Emotionen bilden einen Sog, der das neue, produktivere und weniger schmerzhafte Verhalten unwiderstehlich macht. Die Magnetpole werden umgedreht. Der

Klient muss dann nicht mehr panisch vor etwas fliehen, sondern kann sich aktiv und energisch zu neuen Ufern aufmachen. Damit übernimmt er die Verantwortung für sich und sein Leben, anstatt sich wie ein hilfloses Schaf von seinen scharfen Hunden, den Wachstumsbremsen, immer weiter über Stolpersteine jagen zu lassen und sich blutige Hufe einzuhandeln.

Eine Kollegin von mir sagte kürzlich folgende Sätze, von denen ich hoffe, dass sie in Therapeutenkreisen nicht mehr viel Beifall finden. Sie erklärte mir ernsthaft: »Meine Klientin ist noch nicht ausreichend durch Leid gegangen, sie ist noch viel zu frech und selbstbewusst. Erst wenn sie richtig unten war, kann ich Neues mit ihr aufbauen.« Da sträuben sich mir die Nackenhaare! Der darin enthaltene Größenwahn vom aktiven, gestaltenden, allwissenden Therapeuten versus passiv folgenden Klienten, der keinerlei Durchblick hat, ist dabei der eine Aspekt, der mich auf die Palme treibt. Ein weiterer ist die – wie ich finde – völlig falsche Überzeugung, dass nur durch komplette Wiederbelebung von Leid und Trauer die Traumen[38] überwunden werden können. Der Klient muss angeblich noch einmal alle seine Schrecken durchmachen, um sich in einer gewaltigen Katharsis[39] davon befreien zu können. Er erlebt aber bei einer zu stark emotionsgeladenen, kompletten Traumawiederbelebung keine Reinigung, sondern eine weitere Vergiftung, da er erneut und vielleicht sogar stärker als zuvor seine Hilflosigkeit und die Ausweglosigkeit spürt, die er in eine Hinterstube seines Gefühlshaushalts gesperrt hatte, um sie überhaupt zu ertragen. Dort lärmt sie herum und schickt lähmendes Gift durch die Türritze in sein Leben, aber wenn man die Tür weit aufmacht, kommt ein Sturm an Angst und Hilflosigkeit, der alles andere erstickt.

Es mag also sein, dass die Auferweckung der Traumata den Leidensdruck verstärkt, aber das führt keineswegs zur raschen Beseitigung des Leidens, sondern lähmt den erforderlichen Mut zur Veränderung, der gegen so starke negative Gefühle kaum eine Chance hat und erstickt wird. Er geht ein wie eine Primel, die mit kochendem

38 Ein Trauma ist keineswegs immer ein singulärer dramatischer Vorfall, wie zum Beispiel in einem brennenden Auto eingesperrt zu sein oder als U-Bahn-Lokführer einen Selbstmörder überfahren zu haben. Auch immer wiederkehrende entmutigende Situationen schwächen die Kraftquellen, die uns bei einer tatkräftigen Lebensbewältigung zur Seite stehen könnten. Die Fachwelt spricht dann auch von Minitraumen, die sich summieren können.

39 Katharsis: Reinigung, Läuterung

Wasser gegossen wird. Die resignative Opferhaltung des Klienten erhält dagegen neue Unterstützung. Wenn das Trauma in voller Blüte steht, ist das Gefühl, die eigenen Lebensbedingungen und die eigenen Reaktionen darauf nicht kontrollieren zu können, übermächtig. Das lähmt und macht depressiv. Umgekehrt verleiht es uns Energie, wenn wir das Gefühl haben, zu unseren Gunsten eingreifen zu können. Die Dosis belastender Emotionen, die in der Beratungsstunde auftauchen, darf einen bestimmten Pegel also nicht überschreiten. Bei zu starker emotionaler Belastung reagiert der Klient nicht nur mit Angst, sondern nur noch mit Panik. Alte Instinktbereiche des Gehirns sind voll im Einsatz. Seine Energie und Aufmerksamkeit bündelt sich in den Überlebensmechanismen, zum Beispiel kann er in den Flucht- oder Angriffsmodus gehen oder sich tot stellen. Aber Neues lernen und umsetzen kann er leider gerade nicht. Auf der anderen Seite ist auch eine zu geringe emotionale Beteiligung hinderlich. Dann bekommt der Berater bestenfalls Lippenbekenntnisse, aber im Grunde geht das Gespräch am Klienten vorbei, und es tut sich gar nichts.

Die Bedeutung des Lachens beim Provokativen Stil

Angst (und erst recht Panik) ist ein starkes Gefühl, das befreiende Lachen ist auch eines – und zwar ein stärkeres. Was wäre also besser geeignet als Lachen, um positiven Gefühlen mehr Gewicht zu verleihen? Humor ist das beste Mittel gegen die Angst. Im Provokativen Stil hat der Humor einen zentralen Platz. Der Berater zeigt ihn auf verschiedene Weise. Bei allen Äußerungen hat er das humorvolle Zwinkern im Augenwinkel. Die lächelnden Augen zeigen dem Klienten nonverbal das grundsätzliche Wohlwollen. Um den emotionalen Entscheidungsvorgang des Klienten zu neuem Denken und Verhalten nicht im ersten Schritt durch Trauma-Wiederbelebung zu schwächen, sondern ihn von Anfang an zu stärken, ist die provokative Konfrontation des Klienten mit seinen vergangenen Traumata und Verletzungen immer gekoppelt mit Humor, mit der Persiflage, die dem Schrecken die Spitze nimmt. Das sorgt für Gelächter und Entspannung und signalisiert dem Klienten, dass alles nicht so tragisch ist, wie der Klient es sich vorstellt. Durch den Humor hat eine positive Alternative überhaupt erst eine Chance, das Tageslicht zu erblicken. Man kann auch prägnante, passende Witze einstreuen, um das Gelächter zu verstärken. Sehr ernsthafte Berater halten das natürlich für völlig unangebracht.

Lachen entspannt und führt dazu, wieder ein Licht am Ende des Tunnels zu sehen – und dieses Licht ist kein entgegenkommender Güterzug. Für beide, das Lachen und für die Angst gilt: Erst kommt die Emotion, dann das Verhalten. Angst und Lachen können jedoch nicht gleichzeitig bestehen, sie sind nicht vereinbar, und das Lachen gewinnt immer. Wer einmal herzhaft über eine beängstigende Situation, ein Furcht einflößendes Verhalten oder einen beunruhigenden Gedanken gelacht hat, über den hat die Angst in diesen Situationen auch in Zukunft keine Macht mehr. Die Kombination von Angst und befreiendem Lachen ist wie die Paarung von Alligator und Lerche – sie passen einfach nicht zusammen. Ihr Verhalten könnte unterschiedlicher nicht sein. Der Alligator namens Angst schnappt zu, wenn er eine Beute hat, und kann seine große Klappe nicht mehr öffnen, bis er seine Beute verdaut hat. Die Lerche namens Lachen kann einen zu großen Bissen einfach fallen lassen und fröhlich und frei in luftige Höhen davonfliegen.

Ich beobachte bei Klienten immer voller Vergnügen, wie sie sich vor meinen Augen lächelnd oder lachend entspannen und aufrichten, wie neue Kraft spürbar wird. Bei diesem Veränderungsprozess entscheidet nicht der Berater für ihn, sondern der Klient trifft eigenständig eine emotionale Entscheidung, Neues zu wagen und das Alte, Vertraute über Bord zu werfen.

Es gibt außer der Provokativen Therapie auch andere Therapieverfahren, in denen Humor vorkommt, aber soviel ich weiß, hat er nirgends eine so zentrale Bedeutung. In der Logotherapie von Viktor Frankl[40] beispielsweise wird gelacht, aber das Lachen spielt hier eine freundlich akzeptierte Nebenrolle. Es gibt inzwischen weltweit auch Lachgruppen, die jedoch keinen unmittelbar therapeutischen Zweck verfolgen, sondern den Teilnehmern im Wesentlichen helfen wollen, sich zu entspannen und mehr Lebensfreude zu entwickeln. Auch wenn diese Anstrengungen von manchen Menschen abfällig belächelt werden, gibt es schlechtere Gründe, sich zu treffen.

40 Viktor Frankl (1905–1997), Begründer der Logotherapie bzw. Existenzanalyse

Lachen ist nicht gleich Lachen

Angst lässt sich weglachen, denn das befreiende Lachen ist ein Gegengift gegen einengende und herabziehende Emotionen. Lachen ist aber nicht gleich Lachen. Um eine befreiende Wirkung zu haben, darf das Lachen nicht abfällig, ätzend, schadenfroh und abwertend sein. Ausgelacht zu werden gehört zu den schrecklichsten Erfahrungen, die man machen kann. Bestimmt erinnern Sie sich auch an Situationen, in denen Sie als Kind ausgelacht wurden und vor Scham oder hilfloser Wut Tränen in den Augen hatten. Nicht umsonst war es in früheren Zeiten auch streng verboten, über die Machthaber zu lachen – der König und der Papst durften niemals Gegenstand von Gelächter sein!

Es passiert immer wieder, dass mir von Seminarteilnehmern sogar noch nach einigen Tagen Weiterbildung in provokativen Vorgehensweisen die Frage gestellt wird, ob dieses Verfahren nicht doch den Schmerz des Klienten und seine Traumen ignoriere. Eine Teilnehmerin gab beispielsweise zu bedenken, bei der provokativen Vorgehensweise steche der Berater doch mit einem Messer in die Wunde des Klienten. Dadurch würde sie dauernd erneut aufgerissen und Salz hineingeschüttet.

Ich bin über solche Äußerungen jedes Mal überrascht, denn ich werde nicht müde, unaufhörlich zu betonen, wie wichtig die zugrunde liegende Wertschätzung des Klienten und die Anerkennung seines Leids ist. Da also selbst Seminarteilnehmer, die seit Tagen von mir bearbeitet wurden, diese Frage stellen, scheue ich mich nicht, immer wieder zu darauf hinzuweisen, dass das Lachen über die Symptomatik eines Klienten keinesfalls bedeutet, dass der Berater den Klienten auslacht und seine Verletzungen nicht würdigt oder lächerlich und klein macht. Das wäre reiner Sarkasmus und Zynismus[41], und der hat im Provokativen Stil nichts verloren. Nicht der provokative Berater stochert in offenen Wunden, sondern der Klient selbst sorgt dafür, dass sie offen bleiben. Der provokative Berater berührt die Wunden zwar, aber er aktiviert durch die wohlwollenden Provokationen die Selbstheilungskräfte des umliegenden Gewebes, damit sie sich schließen können. Vielleicht bleiben Narben zurück, die daran

41 Sarkasmus und Zynismus sind Machtinstrumente, die der Selbsterhöhung dienen und immer auf Kosten eines anderen gehen.

erinnern, dass da mal etwas war, aber die Wunden schmerzen nicht mehr.

Es geht auch nicht darum, die Trauer eines Klienten über ein gerade passiertes Unglück wegzulachen. Wenn ein Klient trauert, weil kurz zuvor der geliebte Ehepartner gestorben ist, ist das nicht der Moment für entspannende Provokationen. Diese Trauer ist kein Stolperstein, sondern ein gesunder und dringend notwendiger Prozess der Verarbeitung, und hier ist nicht Provokation, sondern Trost angebracht.

Der provokative Berater persifliert nicht das Leid und die vergangenen Traumen, sondern die Schlussfolgerungen, die der Klient dauerhaft aus diesen Traumen zieht. Er macht sich zusammen mit dem Klienten nur über für diesen hinderliche, blockierende Überzeugungen lustig, die sein weiteres Leben belasten oder bereits lange Zeit belastet haben. Mit diesen Überzeugungen steht er sich selbst im Wege. Der Tunnelblick eines Menschen, der sich als Opfer vergangener und für ihn schrecklicher Ereignisse sieht, führt dazu, dass seine Kraftquellen verschüttet und unsichtbar werden. Er verpasst sich selbst ein Korsett, und aus diesem versuchen wir ihn herauszubugsieren.

Es gibt Therapeuten, die verlangen zum Zwecke des Loslassens und der Versöhnung mit der Vergangenheit, dass sich ein Opfer – beispielsweise nach einem Missbrauch im weitesten Sinne – beim Täter entschuldigt, sich vor ihm verneigt und ihn um Verzeihung bittet. Auch wenn das Ziel jeder Weiterentwicklung die Lösung von der Vergangenheit sein sollte, damit man keinen nachhaltigen Groll mehr mit sich herumschleppt, verdreht eine Entschuldigung vor dem Täter die Fakten. Ich kann derartigem Unsinn nicht folgen.

Ich halte es für grundlegend wichtig, die vergangenen Missgeschicke des Klienten und den damit verbundenen Schmerz anzuerkennen und die ihm zugefügten Desaster nicht gutzuheißen. Es steht nicht im Widerspruch zu den bisherigen Ausführungen, einem Missbrauchsopfer ausdrücklich zu erklären, dass das nicht in Ordnung war und nicht hätte passieren dürfen. Aber es ist kontraproduktiv und hilft dem Klienten nicht, wenn der Berater die Schlussfolgerungen des Klienten teilt, die dieser aus seinem Missbrauch zieht. Der Klient hält es für zwingend, dass die Erlebnisse der Vergangenheit für seine gegenwärtigen Probleme verantwortlich sind und dass seine üble Vorgeschichte kein fröhliches Weiterleben mehr gestattet. Der Berater hat Mitgefühl für den Klienten, aber diese Schlussfolgerungen darf er nicht vor lauter Empathie übernehmen. Wir kommen nicht weiter, wenn wir der gleichen Meinung sind wie der Klient. Wir tappen dann in eine Falle und bewegen uns auf den ausgetretenen Pfaden, die der Klient im Laufe seines Lebens beschritten hat. Das verhilft ihm aber nicht zu einer anderen Sichtweise, die ihm Möglichkeiten zu einer emotionalen Neuorientierung liefern würde. Erst wenn der Klient seine Desaster-Bewältigung relativiert und seinen Eigenanteil daran angemessen einschätzt, kann er sich aktiv aus seiner persönlichen Vorhölle befreien.

Das Ziel: Lachen über sich selbst

Der Wesenskern des Provokativen Stils ist ein warmherziger Humor, der das Opfer des Lachens niemals verletzt. Das Ziel ist ein befreiendes, entspanntes und fröhliches Lachen über sich selbst. Sich über die Absurditäten im eigenen Denken und Verhalten lustig zu machen ist die höchste Form des Humors. Dieser hilft einem, die eigenen Unzulänglichkeiten zu relativieren und sich von fixen Ideen zu befreien. Andere auszulachen ist einfach, aber über sich selbst zu lachen ist das schwierigste und zugleich beste Lachen, denn es entmachtet die Stolpersteine und macht frei und unwiderstehlich.

Als ich noch jung und knackig war, saß ich einmal am Tennisplatz auf der Zuschauerbank und schaute zwei jungen Burschen beim Match zu. Ich war die einzige Zuschauerin, trug ein kurzes weißes Tennisröckchen und streckte lange braune Beine in die Gegend. Beide Burschen wollten mich ganz offensichtlich beeindrucken und linsten im Augenwinkel zu mir herüber, taten aber sehr lässig, als nähmen sie mich nicht wahr – das übliche Spielchen eben. Beim Seitenwechsel wollte einer der beiden, ein sehr hübscher Kerl mit dunklen Locken, in kühnem Sprung über das Netz springen, blieb aber leider mit dem großen Zeh an der Oberkante hängen und fiel flach auf den Bauch in den roten Sand. Damals trug man beim Tennis noch komplett weiße Kleidung. Als er sich – unverletzt, aber von oben bis unten rot gefärbt – wieder aufrichtete, dachte ich erst, er schluchzt. Aber nein, er lachte aus vollem Halse. Dafür hätte ich ihn am liebsten geheiratet.

In aller Regel können wir das Komische und Absurde an einer Situation nicht sehen, wenn wir gerade drinstecken und etwas schrecklich peinlich, ungerecht oder empörend finden. Bei anderen kann man das gut sehen, aber bei den eigenen Stolpersteinen sind wir auf die Hilfe anderer angewiesen. Das können die Familie, Freunde oder neutrale Berater sein, denn ein Außenstehender kann die selbst gebrauten, komischen und absurden Anteile der eigenen Stolpersteine viel besser erkennen, als derjenige, der gerade feststeckt. Wenn Sie angesichts eines Problems aus tiefstem Herzen den Seufzer ausstoßen: »Das finde ich überhaupt nicht lustig!«, dann ist das ein sicheres Zeichen, dass Sie einen Anstoß von außen brauchen.[42] Es ist wie nächtliches Grübeln: Jeder, der schon einmal nachts wach gelegen und ungelöste Probleme mental bearbeitet hat, weiß, dass Probleme, die einem nachts Schweißausbrüche bereiten, bei Tageslicht bedeutend weniger bedrohlich aussehen. Bei Nacht wird selbst die neue Tapete fürs Wohnzimmer zum Mount Everest. Bei Licht betrachtet sieht die Sache dann plötzlich lächerlich banal und einfach aus. Deshalb zerrt der provokative Berater die Probleme aus den dunklen Winkeln der Seele ans Tageslicht und entschärft sie durch genaue, aber unbefangene Betrachtung und Persiflage der dahinterstehenden fixen Ideen.

Bereits kleine Kinder können diesen unbefangenen Blick haben. Unser Enkel hat bereits mit zweieinhalb Jahren seine Eltern parodiert, als sie sich wie die Kampfhähne gegenüberstanden. Er machte die Stimmlage und die Gestik seiner Mutter nach, und sagte aufgebracht, aber grinsend: »Ich bin ja so genervt!« Dabei hieb er sich mit der kleinen rechten Faust in seine geöffnete linke Hand. Den Eltern blieb nichts anderes übrig, als sich lachend zu entspannen.

Eine Verwandte von mir ist ein gutes Beispiel für die Blindheit, geboren aus passiver Verzweiflung, die uns bei unseren eigenen Stolpersteinen befallen kann. Sie ist schon weit über 80 und ruft mich seit dem Tod ihres Mannes regelmäßig und leider ziemlich häufig an. Sie beschwert sich dann langatmig in klagendem Ton, dass es schrecklich sei, wie alleine man im Alter sei, dass niemand etwas von einem wissen wolle, obwohl sie bestsellerverdächtige Geschichten erzählen könne, wenn ihr nur irgendjemand zuhören würde. Daraufhin erzählt sie mir immer wieder die gleichen Geschichten aus ihrer Kindheit, aus dem Zweiten Weltkrieg und von ihrer früheren Schönheit. Ihre Tochter knalle den Hörer auf, wenn sie sie anrufe – die Welt sei

42 Zitat von David Lake: »If you think it is not funny, you need help!«

schlecht und undankbar! Wohlmeinende Ratschläge nimmt sie bei diesen Anrufen überhaupt nicht zur Kenntnis, sie hört einfach nicht zu und spricht unbeirrt weiter. Sie lässt bei ihren Klagen völlig außer Acht, dass sie nie Freundschaften gepflegt, sondern sich bereits seit Jahrzehnten – noch zu Lebzeiten ihres Mannes – völlig zurückgezogen hatte. Kontakt pflegte sie nur mit ihrem Mann und ihrer einzigen Tochter, die sie im Wesentlichen für ihre Zwecke einspannte, da sie sich außerstande sah, irgendetwas selbstständig außer Haus zu erledigen – wie einzukaufen oder zum Arzt zu gehen. Auch bei mir hatte sie sich seit Jahrzehnten nicht gemeldet. Ihr einziges Unterhaltungsprogramm war und ist neben dem ständig laufenden Fernseher eine Herde Katzen, die sich in wachsender Zahl bei ihr einfinden und von ihr gefüttert und versorgt werden. Ich bin dazu übergegangen, bei ihren Anrufen gelegentlich »ja, ja« zu sagen und weiter nebenher die Zeitung zu lesen. Nach ihren Monologen bedankt sie sich immer für das schöne Gespräch, aber ändern tut sich nichts. Da ich bei ihr keinerlei Wunsch entdecken konnte, sich zu ändern, und mich nicht aufgerufen fühle, sie gegen ihren Willen zu therapieren, bin ich einfach nur nett zu ihr und gebe ihr die Gelegenheit, Dampf abzulassen.

8 Einige Werkzeuge des Provokativen Stils

Die Anwendung provokativer Werkzeuge

Wenn Sie – wie eine Klientin von mir – aus den Autonummern zufällig vorbeifahrender Autos oder aus Spammails Botschaften herauslesen, die zweifelsfrei belegen, dass das ganze Dorf über Ihren Seitensprung vor zehn Jahren Bescheid weiß, ist wahrscheinlich ein Aufenthalt in einer psychiatrischen Einrichtung angesagt. Wenn Sie jedoch überzeugt sind, dass Sie wegen der Größe Ihrer Nase oder Ihres Hinterns niemals einen Mann finden werden, können Sie unter Umständen auch mithilfe guter Freunde und ganz ohne Therapie lernen, diese Wahnideen zu entmachten. Leichter wird es aber auch in diesem Fall, wenn Ihnen ein neutraler Außenstehender zur Seite springt, denn fixe Ideen sind sehr zäh und veränderungsresistent, wie ich bereits ausgeführt habe.

Aus meinen Fortbildungsseminaren weiß ich, dass sich auch Fachleute häufig schwer tun, den Provokativen Stil umzusetzen, weil er mit ihren gelernten und lang bewährten Interventionstechniken und auch mit einigen ihrer (emotional geladenen) Überzeugungen kollidiert. Deshalb werde ich im Folgenden ein paar praktische Zugangswege beschreiben, die dem provokativen Berater den Einstieg erleichtern und die dem aufgeschlossenen Laien Hinweise geben, wo er bei sich ansetzen kann. Diese Zugangswege sind keine ausgefeilten Techniken und Handlungsanweisungen. Es sind Vorgaben, die nur auf dem Nährboden der weiter oben ausführlich beschriebenen Geisteshaltung gedeihen – gewissermaßen Türen, hinter denen sich neue Wege auftun. Das aufgeführte »Handwerkszeug« liefert also keine detaillierten Regieanweisungen, die man wortgetreu umsetzen kann, nach dem Strickmuster: »Stellen Sie sich täglich zehn Minuten nackt vor einen Spiegel, betrachten Sie Ihren Hintern und söhnen Sie sich Stück für Stück mit ihm aus!« Der Hintern verweigert sich solchen Zumutungen in aller Regel mit Vehemenz.

Zu Beginn einer Ausbildung werde ich immer wieder von Seminarteilnehmern gebeten, ich möge doch eine Liste erstellen, was der Berater sagen soll, wenn der Klient die und die Störung hat bzw. bestimmte Sätze äußert. So verständlich der Wunsch nach konkreten

Angaben ist, so unsinnig ist er auch. Eine solche Liste kann und sollte es nie geben, denn sie missverstünde den Kern der provokativen Vorgehensweise vollkommen. Der provokative Berater tritt in einen lebhaften Austausch mit seinem Klienten, wobei die detaillierten Bestandteile dieses Austauschs nicht geplant werden können. Wir bereiten keine Soßen nach Rezept, sondern lassen uns auf einen mehr oder weniger heiß brodelnden Topf ein, dessen Inhaltsstoffe wir noch nicht kennen und langsam ergründen.

Eine vollständige Aufzählung provokativer Werkzeuge wird es deshalb niemals geben. Jedem Berater, der provokativ arbeitet, fallen laufend neue Interventionsmöglichkeiten ein, das liegt in der Natur dieser Arbeitsweise. Sie steigen auf wie Luftblasen in einem Whirlpool und machen die Arbeit auch für einen langjährig arbeitenden alten Hasen immer wieder zum Vergnügen. Dadurch wird die provokative Vorgehensweise bei jedem Berater auch ein wenig anders aussehen, und das ist durchaus erwünscht. Die kreativen Hirnareale von Berater und Klient arbeiten ungebremst und ohne Anstrengung auf Hochtouren, was für den jeweiligen Besitzer dieses Hirns äußerst anregend und motivierend ist. Die Gefahr für den Berater – vor allem für den provokativen Anfänger – liegt eher darin, dass er zunehmend so begeistert von seinen eigenen Einfällen ist und deshalb den Klienten aus den Augen verliert, nach dem Motto: »Was stört mich dieser Mensch eigentlich dauernd mit seinen Einwürfen?!«

Offensichtliches aussprechen

»Ein Mensch bemerkt zutiefst ergrimmt
Dass irgendwas mit ihm nicht stimmt.
Doch wie er auch den Kopf zerbricht,
Er findet's nicht und findet's nicht.
Und, ohne es entdeckt zu haben,
Stirbt er zuletzt und wird begraben.
Schad', dass er's nicht mehr hören kann,
Am Grab sagt's offen jedermann.«
Eugen Roth

Wenn Sie einen Menschen zum ersten Mal sehen, gehen etwa 10 Milliarden Nervenzellen in Betrieb und melden Ihrem Großhirn, welcher Sorte dieser Fremdling zuzuordnen ist. Die Nervenzellen tun das unaufgefordert, ob Sie wollen oder nicht. Sie melden zum Beispiel »Vorsicht, gefährlicher Arroganzling« oder »Ach, ist die süß!« oder »Du liebe Zeit, ist der langweilig!« Menschen, die sich berufen fühlen, anderen zu helfen, unterdrücken diese Impulse tunlichst, denn sie haben gelernt, dass ein guter Helfer unvoreingenommen ist und sich nicht von ersten Eindrücken ablenken lässt. Eigene Gefühle beim Anblick eines Klienten sind nach allgemeinem Verständnis ebenso unerwünscht wie eine Wespe auf der Gabel mit Obstkuchen, die gerade zum Mund geführt wird. Wenn sie sich nicht ganz unterdrücken lassen, versuchen Berater deshalb, solche Dinge mit therapeutischer Toleranz still zur Kenntnis zu nehmen, also so zu tun, als hätten sie nichts bemerkt, und sie auf keinen Fall zu erwähnen.

Diese Zurückhaltung ist kontraproduktiv, denn der Berater verschenkt ein riesiges Reservoir an schnell greifbaren Informationen und Interventionsmöglichkeiten. Der Provokative Stil orientiert sich schwerpunktartig am Hier und Jetzt. Von der ersten Stunde an bringt der provokative Berater alles ans Licht, was ihm auffällt und was üblicherweise aus Höflichkeit unter den Teppich gekehrt wird. Er nennt es ungeniert beim Namen und bringt es wenn möglich mit dem vom Klienten vorgebrachten Problem in Verbindung. Häufig springen uns bestimmte Merkmale eines Klienten förmlich an, wenn wir ihn zum ersten Mal sehen – sei es ein eklatantes Übergewicht, eine merkwürdige Frisur oder eine andere äußerliche Besonderheit. Natürlich ist es nicht immer angebracht, Frank Farrellys Frisurenkommentar »Ihre Frisur gleicht einem verlassenen Rattennest« gleich im ersten Satz fallen zu lassen. Wenn sich der Klient aber beispielsweise beklagt, dass er so unscheinbar sei und niemand ihn zur Kenntnis nehme, kann eine solche Äußerung etwas später durchaus angebracht sein, denn sie passt zum Problem.

Das offene Ansprechen gilt nicht nur für Verhaltensauffälligkeiten, sondern auch für körperliche Handicaps des Klienten. Gerade bei körperlichen Behinderungen versuchen die meisten Menschen im Allgemeinen, diese entweder zu übersehen oder betont tolerant damit umzugehen. Beides impliziert, dass der Betroffene zu zerbrechlich ist, um eine direkte Konfrontation zu ertragen. Viele Behinderte haben mir berichtet, dass sie diese Schonung am allerwenigsten ausstehen können. Durch die unvoreingenommene Offenheit fühlt sich der Klient weit mehr ernst genommen als durch das ostentative Übersehen. Frank Farrelly berichtet von einem Teenager im Rollstuhl, der bei ihm in Therapie war und im Wartezimmer der

Gemeinschaftspraxis auf die nächste Sitzung wartete. Farrelly kam aus dem Sprechzimmer, versetzte dem Rollstuhl einen sanften Tritt gegen eines der Räder und sagte: »Glaubst du, du kannst diesen Lastwagen in mein Zimmer manövrieren, ohne meine Einrichtung zu demolieren?« Die Klienten, die auf Termine bei den anderen Therapeuten warteten, erstarrten, während der Knabe breit grinste und sich unbekümmert in Bewegung setzte.

Zu den beachtenswerten Informationen, die der Klient uns liefert, gehören neben den Äußerlichkeiten wie eine gewöhnungsbedürftige Frisur oder fehlende Gliedmaßen auch bestimmte Besonderheiten in der Ausdrucksweise oder eine besondere Art, sich dem anderen zu präsentieren. All dies lässt sich mit dem Problem in Verbindung bringen – zum Beispiel, wie ein Klient die Praxis betritt, seine Körperhaltung, seine Mimik, die Art, sich zu bewegen, sein Händedruck, die Lautstärke und Modulation seiner Stimme.

Um die Fülle an Informationen, die Klienten liefern, zu registrieren, sind für den Berater die allerwichtigsten Werkzeuge seine Unvoreingenommenheit und seine scharfe Wahrnehmung. Alle Antennen des Therapeuten sind auf Empfang geschaltet, damit er auch die Dinge registrieren kann, die nicht so eklatant ins Auge fallen wie ein fehlendes Bein.

Implikationen erkennen: Die nonverbalen Signale

In der Therapie lassen wir uns leicht vom gesprochenen Wort ablenken und auf falsche Fährten führen. Worte allein können aber sehr irreführend sein, weil Berater und Klient jeweils etwas anderes darunter verstehen und die Bedeutung, die das Gesagte für den Klienten hat, dem Berater nicht immer direkt einsichtig ist. Der Klient sagt zum Beispiel, er rege sich über etwas auf, aber eigentlich meint er, dass es ihn hilflos macht. Wenn wir uns auf die Worte verlassen, kann es aufgrund unterschiedlicher Definitionen zu Verständigungsproblemen führen wie bei Vater und Sohn, die im Wald spazieren gehen: Der Sohn entdeckt Beeren und fragte den Vater: »Was ist das?« Der Vater antwortet: »Das sind Blaubeeren.« Darauf der Sohn: »Aber die sind doch rot!« Der Vater: »Ja, weil sie noch grün sind!«

Oft verstecken sich die Stolpersteine des Klienten regelrecht hinter seinen Äußerungen. Er präsentiert zu Beginn meistens ein relativ sicheres, mehr oder weniger risikofreies Einstiegsproblem, und der Berater muss sehr wachsam sein, um zu begreifen, was der Klient eigentlich mitteilt. Denn die Hinweise, die der Klient gibt, sind so verdeckt, dass man die Implikationen nur vermuten kann. Häufig zeigen sie sich auch im betonten Weglassen von Informationen. Deshalb mache ich in meinen Fortbildungsseminaren Übungen, die den Wortsinn unkenntlich machen, sodass die Berater gezwungen sind, auf anderes zu achten. Ich lasse den Klienten zum Beispiel in einer unverständlichen Fantasiesprache – und ganz wichtig: ohne erklärende Pantomime – sein Problem schildern. Die Seminarteilnehmer sind immer wieder verblüfft, wie treffsicher sie erkennen konnten, was der Klient mit diesem Kauderwelsch ausdrücken wollte.

Im Alltag beachten wir diese Dinge intuitiv. Wir können sehr gut erkennen, was jemand eigentlich meint, wir können unterscheiden, ob er uns wirklich mag oder uns nur Honig ums Maul schmiert und uns eigentlich auf den Mond schießen möchte.

Bei der provokativen Arbeit steigen wir ein in die Welt des Klienten und orientieren uns an dem, was der Klient uns aktuell anbietet – und zwar vornehmlich an dem, was wir zwischen den sichtbaren Zeilen vermuten, die er uns bereitwillig und offen zeigt. Sobald der Klient etwas äußert, bei dem der Berater eine emotionale Beteiligung wahrnehmen kann, ist es deshalb auch sinnvoll und erlaubt, den Klienten zu unterbrechen – notfalls mitten im Satz – und diese wahrgenommenen Gefühle in überspitzter Form zu verbalisieren. Eine ansonsten als sehr unhöflich empfundene Unterbrechung, die sich auf die Emotionen des Klienten bezieht, wird von ihm mit Überraschung quittiert und führt in aller Regel in eine andere Richtung als die vom Klienten geplante.

Auch wenn sie das Gegenteil behaupten, sind Klienten nämlich sehr erpicht darauf, ihre wahren Motive zu verschleiern, da sie diese vor anderen, aber vornehmlich auch vor sich selbst möglichst geheim halten wollen. Mit der schnellen Unterbrechung und dem karikierten Aussprechen der verdeckten Implikationen kommt man in der Beratung sehr viel schneller in Bereiche, die eine produktive Änderung des Klienten wahrscheinlicher machen. Der Berater rührt gewissermaßen die Dinge ans Licht, die in einer trüben, dicken Suppe ganz unten im Topf herumschwimmen und immer wieder mit neuer Brühe bedeckt werden, damit sie bloß nicht sichtbar und damit zur Kenntnis genommen werden.

Mit dem trüben Bodensatz der Motive meine ich weder die Masse an unbewussten Vorgängen noch die turbulente Vergangenheit des Klienten. Ich meine Beweggründe, die der Klient möglicherweise ahnt, aber lieber selbst nicht wissen oder sie anderen nicht zeigen will, weil sie zu schmerzhaft, zu mühsam oder zu beängstigend sind. Diese zeigen sich ganz deutlich in emotionalen, nonverbalen Anzeichen, die der Klient möglichst zu unterdrücken versucht. Eine ausufernde Analyse vergangener Missgeschicke ist zu Beginn wenig sinnvoll, weil sie genauso vom Problem ablenkt wie die Verschleierungsversuche des Klienten. Zu späteren Zeitpunkten kann die Vergangenheit durchaus Beachtung finden, aber sie steht selten für längere Zeit im Zentrum der Aufmerksamkeit, weil bei der Konzentration auf vergangene Desaster die Gefahr besteht, die Opferhaltung des Klienten zu unterstützen.[43]

Die Signale des eigenen Körpers

Um die Weltsicht des Klienten besser zu verstehen, ist auch eine scharfe Wahrnehmung für die *eigenen* emotionalen Reaktionen auf den Klienten erforderlich, die wir im professionellen Umfeld sorgfältig versuchen in Zaum zu halten. Es herrscht weitgehend Einigkeit darüber, dass ein Therapeut möglichst keine emotionalen Reaktionen gegenüber den Klienten zeigen sollte, und aussprechen darf er sie schon gleich gar nicht, das gilt als grober Kunstfehler.

Assoziationen, Bilder und Gefühle, die sich meistens in bestimmten Körperregionen wie dem Bauch oder der Brust bemerkbar machen, stellen sich jedoch immer automatisch ein, wenn wir mit anderen Menschen konfrontiert sind, dagegen können wir auch als Profis nichts tun. Ordentlich gescheitelte, korrekt gekleidete Menschen, die gewissermaßen mit zusammengeschlagenen Hacken auftreten, lösen andere Bilder und Gefühle aus als Klienten in Hippiekleidung, zerzauster Frisur und ungeputzten Schuhen. Im professionellen Kontext versuchen wir, diese Äußerlichkeiten im Namen einer sehr ehrenwert beabsichtigten Neutralität möglichst zu ignorieren – vor allem, wenn sie negativ sind –, um keine unerwünschten Übertragungseffekte zu erzielen. Diese Neutralität kann zu einer ziemlich

43 Siehe S. 59

großen Herausforderung werden, wenn ein Klient einen Mundgeruch hat wie ein alter Hund oder so sehr nach Schweiß muffelt, dass man die Praxis nach der Stunde für den Rest des Tages lüften muss.

Im Unterschied zu vielen Verfahren, die ich kenne, behalten wir provokative Berater unsere Körperreaktionen, Assoziationen und Gefühle, sofern wir sie überhaupt registriert haben, nicht fein säuberlich für uns und erzählen sie am Abend nur dem Ehepartner, sondern wir sprechen sie mehr oder weniger deutlich gleich aus. Einem schüchternen, fast unhörbar sprechenden Klienten sage ich zum Beispiel gleich zu Beginn, dass er starke Schutzinstinkte bei mir wachruft, und ich jetzt äußerst zartfühlend mit ihm umgehen werde. Einem dominant auftretenden Alphatier teile ich mit, dass ich ab sofort jedes Wort auf die Goldwaage legen werde, weil ich Angst habe, dass er mich sonst in die Pfanne haut. Und natürlich werde ich einem Klienten, der üble Gerüche aus allen möglichen Körperöffnungen absondert, auch damit direkt konfrontieren. Mit dieser Offenheit bringt sich der Berater auch als Mensch ein und nicht nur als Experte. Es ist die direkte Begegnung der emotionalen Ebene des Beraters mit der emotionalen Ebene des Klienten. Die Reaktionen, die der Klient in mir auslöst, haben nicht zwingend nur etwas mit mir und meinen emotionalen Besonderheiten zu tun, sondern können gute Indikatoren dafür sein, wie auch viele andere Menschen auf den Klienten reagieren. Damit sind sie eine wichtige Rückmeldung für ihn.

Ein junger Mann, der gut aussah, aber einen unerträglichen Schweißgeruch verströmte, suchte mich auf, weil Frauen mit ihm nichts zu tun haben wollten. Ich teilte ihm umgehend mit, er möge bitte verzeihen, aber ich benötige erst eine Nasenklammer, da ich sonst nicht richtig zuhören könne, weil ich von seinen Ausdünstungen zu sehr abgelenkt sei oder gar ohnmächtig würde. Ich sei leider eine Frau, und die seien übertrieben sensibel, was Gerüche angehe. Dann hielt ich mir die Nase zu, sodass ich sprach, als hätte ich eine schwere Erkältung, und begeisterte mich dafür, dass der Klient in der U-Bahn bestimmt immer viel Platz hätte. Da all dies mit einem wohlwollenden Zwinkern im Auge geschah, das deutlich machte, dass es mir prinzipiell gleichgültig war, ob der Klient Frauen abschreckt, weil er stinkt wie eine Turnhalle nach der Sportstunde, konnte ich ihm ohne Abwertung seine fatale Außenwirkung bewusst machen, über die er bisher nicht nachgedacht hatte und die, wie sich bald zeigte, ein wichtiger Mosaikstein zur Lösung seines Problems war. Als er zur zweiten Stunde kam, duftete er wie der junge Frühling. Er hatte den Nachmittag nach unserer ersten Sitzung in einer Drogerie verbracht und sich über Deos und Duftwässer beraten lassen und es auch mal wieder mit waschen probiert. Zu seiner Überraschung war er sogar sofort mit einer jungen Frau ins Gespräch gekommen.

Die Kunst besteht darin, die eigenen Reaktionen zu registrieren und zu äußern, ohne den Klienten zu bewerten oder gar abzuwerten. Jede Bewertung ist eine inadäquate Stellungnahme, in der subjektive Vorstellungen des Beraters seine wertfreie Neutralität gefährden und einem produktiven Beratungsprozess in die Quere kommen. Wir, als permanent supervidierte Fachleute, sollten unterscheiden können, wann eine starke emotionale Reaktion auf einen Klienten nicht mit diesem, sondern eher mit möglicherweise ungelösten eigenen Problemen zu tun hat. Wer das nicht unterscheiden kann, sollte sich besser einen Job als Computerspezialist suchen, in dem er möglichst nur mit Maschinen und so gut wie nichts mit Menschen zu tun hat.

Die Herstellung des guten Drahts durch Treffer und Überraschungen

Aufgrund unserer Beobachtungen versuchen wir, gleich zu Beginn möglichst viele passende Aussagen zu machen, von denen wir hoffen, dass sie beim Klienten ins Schwarze treffen. Im Fachjargon des NLP[44] nennt man die erste professionelle Interaktion bei der anfänglichen Kontaktaufnahme das »Pacing«, also die Angleichung der Schrittfolge, indem man Dinge sagt, denen der Klient zustimmen kann, um den guten Draht zu ihm zu festigen. Normalerweise ist dieses Pacing eher zahm. Im Provokativen Stil ist das Pacing ganz auf den Klienten konzentriert, aber für ihn sehr unerwartet, und deshalb macht es ihn sofort hellwach. Je treffender und gleichzeitig überraschender diese Aussagen für den Klienten sind, umso besser.[45]

Gelegentlich wird zum Beispiel ein sehr korrekter Mensch zu mir ins Coaching geschickt, und die Firma verlangt, dass ich mich einen ganzen Tag lang mit ihm amüsieren soll. Ich bekomme oft eine vage Vorgabe, dass er zum Beispiel eine fachlich sehr fähige

44 NeuroLinguistisches Programmieren
45 Von Milton Erickson stammt die Aussage: »Der beste Indikator für Veränderung beim Klienten ist die Unvorhersagbarkeit des Therapeuten.«

Führungskraft sei (das kann ich schon daraus ablesen, dass die Firma einen Batzen Geld in ein Coaching investiert), dass er aber einige Nachhilfe in Sozialkompetenz brauche, weil er seine Mitarbeiter vor den Kopf stoße. Sonst erfahre ich meistens nicht viel, jedenfalls nicht viel Brauchbares, aber ich kann vermuten, dass seine Motivation für einen Psycho-Tag, noch dazu bei einer »Psycho-Tante«, nicht sonderlich ausgeprägt ist. Er kommt mit erhobenem Haupt auf mich zu, drückt mir schmerzhaft die Hand und blickt mich sehr ernst und streng an. Ich gehe kurz in die Knie und sage zum Beispiel: »Welch eine Power!«, und füge hinzu: »Ich weiß, Herr Müller, dass Sie nicht nur Power, sondern auch einen übervollen Terminkalender haben und es für Sie sicher nicht leicht war, sich diesen Tag aus den Rippen zu schneiden!« – Zustimmung von seiner Seite. Mit eher braven Pacings halte ich mich allerdings nicht allzu lange auf, sondern platziere so früh wie möglich eine erste sanfte Provokation in Form einer Unterstellung: »Und während Ihr Schreibtisch übervoll ist, sollen Sie den Tag auch noch mit einer Psychologin verbringen, Sie armes Schwein!« Ich weiß, dass ich Recht habe und ernte nonverbale Zustimmung, aber verbal ein höfliches Dementi, unter Umständen bereits begleitet vom Anflug eines ersten Lächelns. Das ist ein kleines Zeichen (denn Herr Müller ist nicht der überschwängliche Typ), dass er beginnt, seinen Groll abzubauen und sich zu entspannen. Dann stelle ich Vermutungen über seine Arbeitsmoral und seine für mich spürbare Wirkung auf andere an, die ich aus meinem ersten Eindruck und seinem Händedruck geschlossen habe. Fast immer haben meine Eindrücke von der Person des Klienten etwas mit seinen Problemen zu tun. Ich ziehe also eine Flagge am Mast empor und schaue, ob er salutiert. Bei Herrn Müller könnte ich zum Beispiel ins Blaue behaupten, dass seine übermäßige Arbeitsbelastung bestimmt daher rühre, dass seine Mitarbeiter weder seine Power noch seine strenge Arbeitsmoral haben, dass sie zu lasch und unzuverlässig seien und die Arbeit nicht ernst genug nähmen, dass es ihm aber wahrscheinlich gelänge, sie mit seiner strengen Miene ausreichend einzuschüchtern.

Das oberste und erste Ziel jeder Beratung ist die Herstellung einer tragfähigen Beziehung zum Klienten, die auf diese Weise schnell zustande kommt und gefestigt wird. Jede treffende Aussage stärkt den guten Draht, aber auch wenn ich danebenliege, kann ich das verwenden. Wenn Herr Müller mir zustimmt, melke ich die Kuh weiter.

Wenn er protestiert, wechsle ich den Standpunkt und behaupte das Gegenteil, wobei ich anfügen würde, dass er aber so gestresst *aussähe*, als ob er lasche, unfähige und unzuverlässige Mitarbeiter hätte, die er mit seiner strengen Miene und seiner Power mit Sicherheit einschüchtern könnte! Rückmeldungen über die eigene Wirkung lassen niemanden unbeteiligt, und deshalb geht der Beratungsprozess mit Aussagen dieser Art in den ersten Minuten los. Der Klient ist sofort bei der Sache, und zwar nicht mit der Ratio, sondern mit seinen Gefühlen.

Mit Aussagen statt Fragen zur Diagnose

Das Aussprechen des Offensichtlichen und des Verdeckten hat, neben der Herstellung des guten Drahts, einen weiteren Vorteil: Es verkürzt die Zeit, die in der Regel für diagnostische Fragen aufgewendet wird. Aus der Reaktion des Klienten auf unsere Aussagen und Unterstellungen bekommt man viele Informationen, aus denen sich viele weitere Rückschlüsse ziehen lassen. Ich nenne das »Aktivdiagnose«, im Gegensatz zur »Passivdiagnose«, dem endlosen Abfragen von Daten.

Ich erhalte immer wieder Anrufe von Klienten, die vor der eigentlichen Beratung erst einmal eine Stunde vereinbaren wollen, in denen eine grundsätzliche Klärung ihres Problems stattfindet. Manchmal überfallen sie mich auch ungefragt am Telefon bereits mit dem, was sie für eine unverzichtbare Vorklärung halten, und erzählen mir möglichst viele Details ihres Problems und seiner Entstehungsgeschichte, die ich ihrer Meinung nach unbedingt wissen sollte. Sie handeln in Übereinstimmung mit der in der Beraterszene weitverbreiteten Überzeugung, dass man den Klienten zunächst aus diagnostischen Gründen ausschweifend befragen muss, bevor man mit der Arbeit beginnen darf. Allerdings tun dies die meisten Berater lieber in den ersten Stunden in der Praxis als gebührenfrei am Telefon. Es erfordert daher einiges Fingerspitzengefühl, den potenziellen Klienten klarzumachen, dass ich keineswegs die Absicht habe, mir ihre Leidensgeschichte in ganzer Länge anzuhören, weder vorab am Telefon noch während meiner Beratung.

Ich stelle auch während des ganzen Beratungsprozesses nur wenige Fragen, und sie betreffen im Allgemeinen rein äußere Daten, die normalerweise emotional nicht sonderlich geladen sind. Die Fragen werden nicht systematisch abgehakt, sondern ergeben sich im Laufe des Gesprächs, zum Beispiel Fragen nach dem Alter des Klienten, ob er verheiratet, verwitwet, geschieden oder alleinstehend ist, ob er Kinder hat usw. Die Antwort erfordert vom Klienten kein langes Nachdenken. Wenn etwas aber das Gefühlsleben des Klienten betrifft, versuche ich es lieber in Form einer Aussage oder Unterstellung zu formulieren. Ich steige ein ins Selbst- und Weltbild des Klienten und spreche aus, was ich bezüglich seines Gefühlslebens vermute, und zwar meistens in überzeichneter Art und Weise. Das sichert unmittelbar die emotionale Beteiligung des Klienten.

In meinen Seminaren erlebe ich immer wieder, dass die Teilnehmer sehr gute Einfälle und Assoziationen haben, sich aber nicht trauen, sie als Aussage zu formulieren. Sie befürchten, sich damit zu weit aus dem Fenster zu lehnen, sich selbst angreifbar zu machen und vom Klienten für wenig professionell gehalten zu werden oder den Klienten womöglich zu verletzen. Als Äußerstes wagen sie eine vorsichtige Möglichkeitsform (»Könnte es sein, dass …?«), bei der sie sich nicht wirklich festlegen müssen. Damit verschenken sie aber die Chance, den Klienten zu packen, denn einer Frage kann er sich viel leichter entziehen als einer Aussage oder Unterstellung. Die Reaktion auf Unterstellungen erfolgt in jedem Fall spontaner und gefühlsgeladener als auf sachliche Fragen.

Der Advocatus Diaboli und die Begeisterung für die Symptome

Die Gefühlswelt des Klienten leistet spontan erst einmal Widerstand gegen jegliche Art von Veränderungen.[46] Die emotionale Energie, die in diesem Widerstand steckt, versuchen wir umzuleiten in einen Widerstand gegen die Selbstsabotage, sodass Veränderungen möglich werden. Als Advocatus Diaboli (des Teufels Rechtsbeistand) steigt der Berater ein in die Emotionen, die den Klienten zum Stolpern bringen. Der Advocatus Diaboli begeistert sich für die Vorteile des selbstschädigenden Verhaltens und empfiehlt dem Klienten nachhaltig, sich weiter in ruinöser Weise zu verhalten. Gleichzeitig über-

46 Siehe den Abschnitt »Die emotionale Ladung von Überzeugungen«, S. 77.

treibt er die negativen Folgen einer Veränderung. Er stellt Vermutungen darüber an, was der Klient an einer Veränderung am meisten fürchtet, und spricht sie in Form von übertriebenen Unterstellungen aus. Er spielt die Ängste des Klienten also nicht herunter, sondern bläst sie auf und übertreibt die negativen Folgen einer Veränderung dramatisch und ausschweifend bis zur Absurdität – bis dem Klienten gar nichts anderes mehr übrig bleibt, als eine Gegenposition einzunehmen.

Die menschliche Psyche ist so geartet, dass jeder Versuch, einen Sachverhalt als Nebensächlichkeit herunterzuspielen, die Neugier und den Widerstand anfacht. Deshalb geht der Advocatus Diaboli noch weiter und erwähnt die Vorteile einer Veränderung nur beiläufig und abwiegelnd im Nebensatz. Gleichzeitig spielt er die Nachteile der Symptomatik lässig herunter. Er argumentiert also genau umgekehrt, als man es normalerweise tun würde. Einer Frau mit einem vermögenden Ehemann, die einerseits zu faul und ängstlich war, sich eine Arbeit zu suchen, sich aber andererseits beschwerte, dass ihr Gatte ihr alles vorschreibe, versicherte ich: »Die Abhängigkeit vom Ehemann ist doch höchst vorteilhaft, sehen Sie ihn als Registrierkasse auf zwei Beinen, und Sie müssen sich dabei überhaupt nicht anstrengen! Sie müssen nicht früh aufstehen und jeden Tag zur Arbeit gehen, sondern können sich mit ihren Freundinnen zum Bridge treffen, zum Friseur und zur Maniküre gehen, wann und wie oft Sie wollen. Natürlich kommen Sie nicht in den Genuss zu erleben, dass Sie auch selbst etwas zustande bringen, und Sie können auch nicht über eigenes Geld verfügen, sondern nur das Ihres Gatten verschwenden. Aber verglichen mit der Anstrengung einer festen Arbeitsstelle ist das doch wirklich ein zu vernachlässigender Faktor!«

In einem früheren Buch zum Provokativen Stil[47] habe ich dieses zentrale Werkzeug »den Esel am Schwanz ziehen« genannt. Normalerweise versucht man einen bekanntermaßen sehr eigensinnigen Esel durch Ziehen am Halfter nach vorne zu bewegen. Auch in einer »normalen« Beratung wird der Klient am Halfter gezogen. Das nennt man dann »gutes Zureden« oder »Motivieren«. Der provokative Berater hingegen verstärkt die vom Esel vorgegebene Richtung, das bockige Stemmen in den Boden, indem er das Tier am Schwanz zieht. Ein

47 *Das wäre doch gelacht!* (Höfner u. Schachtner 2010)

am Schwanz gezogener eigensinniger Esel bewegt sich sofort in die gewünschte Richtung nach vorne. Der Advocatus Diaboli schlägt sich scheinbar auf die Seite der unartigen, »bösen« inneren Stimme des Klienten, die wie ein kleines Teufelchen auf dessen Schulter hockt und ihm nachteilige Ratschläge zuflüstert. Wir kennen dieses Bild von Donald Duck. Der Advocatus Diaboli trifft damit direkt ins Herz der Gefühle des Klienten. Ohne moralisierendes Oberlehrerverhalten ruft er den Widerstand des Klienten gegen sein selbstschädigendes Verhalten hervor.[48] In den wörtlich transkribierten Fallbeispielen ist der Advocatus Diaboli ständig präsent.

Der sekundäre Krankheitsgewinn

Die Begeisterung für die Symptome ist schwierig, wenn man nur auf deren negative Folgen und die »Defekte« des Klienten starrt. Ich bin in den Jahrzehnten, die ich therapiere, jedoch noch nie auf ein hartnäckig beibehaltenes Symptom gestoßen, das nicht auch Vorteile[49] brächte, auch wenn das auf den ersten Blick oft nicht so aussieht und manchmal schwer nachvollziehbar ist. Da in unserer Gesellschaft sehr häufig depressive Anteile hinter der vorgebrachten Symptomatik lauern[50], ist der häufigste Einwand, den ich – auch von Fachleuten im Seminar – höre, die Frage, wo denn beispielsweise die Vorteile eine Depression lägen? Ich möchte die Schrecken einer klassischen Depression keineswegs herunterspielen, ich wünsche sie mir nicht und auch sonst keinem, aber sie sichert dem Depressiven zumindest Schonung oder Aufmerksamkeit oder beides, welche er sonst nicht in diesem Ausmaß bekäme.

Eine Kollegin rief mich an, und wir kamen auf ihre Schwiegermutter zu sprechen. »Sie hält die ganze Familie auf Trab«, seufzte sie, »und nervt alle mit ihrer Hilflosigkeit und ihren Depressionen. Sie hat schon einige erfolglose Therapien hinter sich, und auch ich habe alles Mögliche versucht, um sie zu therapieren, das erwarten nämlich

48 Frank Farrelly betont: »Ich spiele die Rolle des Teufelsadvokaten, bin aber innerlich ganz aufseiten der Engel!«

49 Im Fachjargon: Der sekundäre Krankheitsgewinn.

50 Die Depression kommt auch in allen möglichen Verkleidungen daher und ist nicht immer sofort zu erkennen: Als Arbeitswut oder Arbeitsstörung, als sexuelle Unlust oder Maßlosigkeit, als Angst vor dem Alleinsein oder Angst vor Menschen usw.

alle von mir, weil ich vom Fach bin, aber nichts hat funktioniert.« – »Ich gehe davon aus, dass deine Schwiegermutter ohne ihre Depressionen deutlich weniger Aufmerksamkeit von der gesamten Familie bekommen hat«, sagte ich. »Sie hat vermutlich unauffällig funktioniert, und jahrelang hat sie keiner wirklich zur Kenntnis genommen, oder?« – »Oh ja, das stimmt!«, sagte die Kollegin, »sie war immer eine unauffällige, unterwürfige und anspruchslose Person, und mein Schwiegervater, normalerweise ein rechter Büffel, ist jetzt völlig hilflos und weiß nicht, wie er sich verhalten soll, wenn sie ihre depressiven Anwandlungen hat.« – »Dann frage ich mich«, erklärte ich, »warum deine Schwiegermutter ihr Verhalten ändern sollte. Endlich spürt sie ein wenig Macht und bekommt Aufmerksamkeit und Zuwendung von der ganzen Familie. Sobald sie ihre Depressionen einstellt, kümmert sich wieder keiner mehr um sie. Deine depressive Schwiegermutter spürt das und handelt sehr folgerichtig. Wenn ich einen Büffel zum Mann habe und eine Familie, die mich wie ein eine laut- und reibungslos funktionierende Haushaltsmaschine sieht, und wenn alle meine Anwesenheit nur zur Kenntnis nehmen, wenn ich krank bin, muss ich eben krank bleiben, um Wirkung zu erzielen. Sie hat eine für sie sinnvolle Wahl getroffen, die allerdings sehr unangenehme Nebenwirkungen hat.«

Innere Bilder und der systemische Aspekt des Provokativen Stils

Wenn ich bei einem Klienten den Advocatus Diaboli spiele, äußert er häufig spontan: »So habe ich das bisher nicht gesehen!« Neue Sichtweisen kratzen an den bisherigen alten, festgebackenen Überzeugungen, aber sie sind zunächst noch instabil und anfällig für Rückfälle in alte Muster. Um die Emotionen noch stärker einzubinden und damit die emotionale Umstrukturierung zu unterstützen, schildere ich dem Klienten sein bisheriges und sein zu erwartendes künftiges Verhalten in möglichst anschaulichen, plastischen Bildern. Bilder docken direkt an die Gefühle an und eignen sich daher sehr gut als Nährboden für emotionale Veränderungen, denn sie entfalten ein Eigenleben und werden vom Gefühlshaushalt des Klienten weiter ausgeschmückt. Sie tauchen ungefragt stets mit dem Problem auf und sorgen für Entspannung, wenn der Klient darüber lachen kann.

Sie lassen sich nicht ignorieren und nicht mehr beiseiteschieben, wenn sie wirklich passen. Auf diese Weise wird es für den Klienten einfacher, sein Problem so einzukreisen, sodass er (bzw. sein Bauch) irgendwann »weiß«, was er tun muss. In den Transkripten werden Sie viele Beispiele dazu finden.

Ich habe immer wieder von Klienten die Rückmeldung bekommen, dass sie gerade die von mir verwendeten Bilder nicht mehr aus dem Kopf bekamen. Das Bild muss allerdings nicht dem Therapeuten gefallen, sondern es muss für den Klienten relevant sein. Dann kann es ruhig extrem ausgeschmückt werden, und je drastischer und absurder es ist, desto besser bleibt es haften und taucht in der jeweiligen Problemsituation von selbst wieder auf. Wenn der Klient darüber lachen konnte, wird die ursprünglich angstauslösende Situation entschärft, und es können neue Denk- und Verhaltensmöglichkeiten ohne Druck quasi von selbst entstehen.

Der Provokative Stil beschränkt sich dabei nie auf die innerpsychischen Probleme des Klienten, sondern bezieht stets das Umfeld des Klienten und dessen Wirkung auf andere Menschen mit ein. Wenn der Klient sich beschwert, dass niemand ihn leiden könne, kann der Berater fröhlich entgegnen: »Aus gutem Grund!«, und ein plastisches Bild entwerfen, welche Eigenschaften des Klienten für seine Umwelt besonders schlecht auszuhalten sind.

Ein Klient, der wenig Sensibilität für die Wirkung seines Verhaltens auf andere hat, kann vom Therapeuten zum Beispiel als großer, stampfender Elefant dargestellt werden, der seinen dicken Kopf hin und her schwenkt, Grunzlaute trompetet und mit seinem langen, weit ausholenden Rüssel allerlei zartes Leben am Wegesrand vernichtet. Dabei begeistert sich der Therapeut als Advocatus Diaboli für das große, starke Tier, denn die Welt braucht solche Riesen, um allen zu zeigen, wo es langgeht. Die unscheinbaren kleinen Duckmäuser und die paar zerrupften Pflanzen, die auf der Schneise der Verwüstung nebenbei vor die Hunde gehen, sind vernachlässigbare und notwendige Opfer, die keinen interessieren, jedenfalls nicht den Elefanten. Der Elefant macht sich natürlich keine Freunde, aber wer braucht die schon, wenn man so groß und stark ist! Der Klient wird Schwierigkeiten haben, sich das nächste Mal in der entsprechenden Situation wie ein Trampeltier zu verhalten, weil dieses Bild einen Widerhaken hat, sodass es in seinem Hirn emotional verankert wird und beim nächsten Mal automatisch vor seinem inneren Auge auftaucht.

Die Verwendung von Bildern beschränkt sich nicht auf Analogien wie Tiere oder Pflanzen, die man mit dem Klienten in Verbindung bringt. Auch das Ausschmücken von (Problem-)Situationen mit anderen Menschen, in die der Klient mit seinem Verhalten geraten könnte, bleibt diesem im Gedächtnis haften und entwickelt dort ein farbiges Eigenleben. Der Berater kann in diesem Zusammenhang auch in verschiedene Rollen schlüpfen und im Einmannbetrieb die fraglichen Szenen in verschiedenen Stimmlagen plastisch vorspielen. Mancher sehr ernsthafte Berater tut sich mit dieser Variante natürlich schwer. »Ich bin kein Schauspieler«, bemerkt er naserümpfend und verweigert sich diesem Ansinnen mit Vehemenz. Da es sich um ein sehr wirkungsvolles Instrument handelt, empfehle ich Ihnen – als humorvollem Menschen –, es wenigstens einmal auszuprobieren, vielleicht macht es Ihnen mehr Spaß, als Sie gedacht haben.

Zukunftsszenarios

Es heißt: Ab 25 sind wir für unsere Falten selbst verantwortlich. Damit ist keineswegs die spätere üppige Anwendung von Botox gemeint, sondern das lästige Faktum, dass sich unsere Charakterzüge ab diesem Alter immer stärker und unverkennbar im Gesicht eingraben. Je nachdem, wie wir unser Leben angehen, bestimmen die Altersfurchen, ob wir mit 50 oder gar 80 fröhlich oder verbittert aussehen. Wenn Sie nicht aktiv etwas dagegen unternehmen, tritt Ihr Charakter im Lauf der Jahre immer markanter in Erscheinung. Das ist wunderbar, wenn Sie gelassen, intelligent, in sich ruhend und weise sind. Bei allen Persönlichkeitsmerkmalen, die Sie und andere Menschen jetzt schon stören, dürfte Sie das weniger erfreuen.

Ein Spezialfall einer meistens sehr heftig wirkenden Intervention ist das Zeichnen eines drastischen Bildes, wie es dem Klienten im hohen Alter gehen könnte, falls er sich weiterhin so verhält, falls er weiterhin so denkt und so fühlt wie bisher. Eine Klientin von mir fürchtete sich, ohne Begleitung ihre Wohnung zu verlassen. Sie ging daher nur noch aus absolut unvermeidbaren Gründen wie dem Einkauf von Lebensmitteln oder einem Arztbesuch aus dem Haus. Dabei spannte sie ihren Ehemann und ihre Freunde intensiv als Begleiter ein, alleine verließ sie das Haus gar nicht mehr. Ich beschrieb ihr in leuchtenden Farben, wie sie in 40 Jahren alleine, vermutlich im Rollstuhl, in ihrem Zimmer sitzen würde, unbehelligt von der gefährlichen und feindlichen Außenwelt, einen Stickrahmen auf den Knien, auf dem sie von Zeit zu Zeit – nicht zu schnell, bitte – einen weiteren Kreuzstich vornähme. Dieses langsame Sticken machte ich ihr vor. Das Zimmer würde im dämmrigen Licht liegen, da dicke, braune Vorhänge Licht und Lärm fernhalten würden. Alles bliebe in diesem Raum über Jahre absolut unverändert, kein Möbelstück würde auch nur um einen Zentimeter verrückt, im schmalen Sonnenstrahl, der durch einen Vorhangspalt fiele, spielten Staubteilchen, aber das wäre auch schon das Lebendigste in diesem Mausoleum. Alle paar Stunden würde jemand etwas zu essen vor die Tür stellen und lautlos wieder verschwinden. Dann hätte sie endlich ihr sicheres, unbehelligtes und friedliches Dasein, das mir, angesichts ihrer Angst vor dem Leben, als das einzig angemessene erschiene. Während ich dieses Szenario ausschmückte, sprach ich immer langsamer in immer gedämpfterem Tonfall.

Die Klientin wurde noch blasser, als sie ohnehin schon war, und es brach aus ihr heraus: »Bitte hören Sie auf! Das klingt ja furchtbar! So möchte ich auf keinen Fall enden!!« Die Versuchung ist groß, dann einzulenken und beruhigende, abwiegelnde Worte zu sprechen. Wenn Sie provokativ arbeiten, stärken Sie den Widerstand der Klientin gegen ihre selbst auferlegte Beschränkung, indem Sie fröhlich jede andere Lösung ausschließen und sich für die Vorteile eines solchen absolut ruhigen und aufregungsfreien Lebens regelrecht begeistern – nicht ohne die Nachteile zu erwähnen und als nebensächlich abzutun. Meine Klientin berichtete daraufhin in der folgenden Stunde stolz, dass sie zum ersten Mal seit Jahren wieder alleine in den Supermarkt gegangen war.

Persiflage und Stereotype

Ich backe schon seit Jahrzehnten mein Brot selbst. Das Herstellungsverfahren ist so extrem einfach, dass sogar ich, als bekennende miserable Hausfrau, in der Lage bin, dieses Brot ohne Verrenkungen hinzubekommen. Die Zutaten schütte ich mehr oder weniger nach Gefühl in eine Schüssel, rühre um, und das ist schon fast alles. Da dieses Brot all unseren Gästen ausgezeichnet schmeckt (es ist aus gutem Grund das einzige, was ich ihnen an Selbstgemachtem vorsetze), wollen sie oft das Rezept von mir haben. Sehr perfekte und korrekte Hausfrauen geben sich allerdings nicht mit meinen vagen Angaben zufrieden, Vollkornschrot und Vollkornmehl, Nüsse und Sonnenblumenkerne und was einem sonst noch so in die Hände fällt, nach Gutdünken in ein Gefäß zu kippen, sondern wollen exakte Mengenvorgaben. In besonders hartnäckigen Fällen sage ich dann: »Nun ja, man muss exakt 568 Gramm Weizenschrot mit 421 Gramm Vollkornmehl vermischen, 23 Nüsse und 167 Sonnenblumenkerne hinzufügen, es dann mit 18 Gramm Hefe und 6,4 Gramm Salz in 976 Milliliter Wasser ganz genau 52 Minuten ziehen lassen ...« Spätestens hier werde ich lachend unterbrochen. Die Botschaft ist angekommen.

Ein verqueres Verhalten lässt sich am leichtesten sichtbar machen, wenn man es verzerrt. In der Überzeichnung werden die absurden und komischen Anteile auch demjenigen deutlich, der mitten drinsteckt und sie im Normalfall nicht sehen kann. Indem wir das persiflieren, was wir an Stolpersteinen hinter dem Auftreten des Klienten vermuten, verhelfen wir ihm zur notwendigen Distanz und zum befreienden Lachen. Die Persiflage beschränkt sich nicht auf Glaubenssätze über die (feindliche) Außenwelt, sondern bezieht sich auch auf das negative Selbstbild des Klienten, das wir ihm in schamlos übertriebener Form unterstellen. Nichts ist vor unseren Übertreibungen sicher, nichts ist heilig. Der Klient – oder besser der Teil des Klienten, der ihn an der eigenen Entfaltung hindert – wird nicht verschont, sondern mit den Übertreibungen wird ein globaler Rahmen hergestellt, in dessen Mitte sich der angeblich unfähige Klient befindet. Dabei darf der Berater vor Stereotypen nicht zurückschrecken. Anstatt bei einem Klienten, der mit seiner Partnerin Schwierigkeiten hat und sich über sie beschwert, ausführlich abzufragen: »Wann ging das los?« oder »In welchen Situationen passiert das?« oder das beliebte: »Und wie fühlen Sie sich dabei?«, ist es wirkungsvoller, mit dem Brustton der Überzeugung die Sackgasse des Klienten durch die Formulierung von allgemeingültigen Denkstereotypen auf den Punkt zu bringen. In der Paartherapie kommt man ohne männlich-weibliche Stammesweisheiten überhaupt nicht aus: Alle Frauen haben Probleme mit der Anerkennung männlicher Verdienste. Alle Männer wollen nur das Beste und haben ausschließlich reine und lautere Absichten. Alle Frauen leiden in der Ehe mehr als die Männer. Alle Männer wollen nur das Eine. Frauen kaufen zu viele Schuhe, und außerdem ist jede Blondine dämlich, auch die blonde Frau des Klienten. Leider hat der Klient eine schreckliche Partnerin erwischt. Vermutlich sind seine Auswahlkriterien einfach lausig! Ändern kann man Frauen sowieso nicht. Und leider ist auch der Klient zu alt, zu jung, zu schwach, zu stark, zu doof oder zu intellektuell oder was auch immer, als dass er sich verändern könnte. Und Frauen sind ohnehin zu komplex für den Klienten – am besten, er wird Einsiedler oder schwul oder beides, um der zweiten Hälfte der Menschheit aus dem Weg zu gehen. Und so geht es immer weiter, je nachdem, wo man bei dem Klienten den Hasen im Pfeffer vermutet. Das zwingt ihn zu Klarstellungen, die dem Berater mühelos viele weitere Informationen und Anknüpfungspunkte liefern.

Klienten sind Weltmeister darin, einen in intellektuelle Debatten zu verwickeln, weil es sie davor schützt, in tiefere und beängstigende Schichten ihres Gefühlslebens einzudringen. Eine Debatte ist eine Sackgasse. Der Berater muss dann zunehmend verzweifelt nach immer neuen Argumenten für eine Veränderung suchen. Durch möglichst absurde, maßlose, pauschale und komische Übertreibungen helfen wir den Klienten, ihren Intellekt zu überlisten und auszuschalten, ohne dass ihre Angst eine Chance hat. Nebenbei bemerkt hilft der Wagemut, hanebüchene Übertreibungen mit dem Brustton der Überzeugung und einem Augenzwinkern von sich zu geben, auch dem Berater, die Fallen des eigenen Intellekts zu umgehen, und schützt ihn davor, sich auf eine höhere Stufe der Erleuchtung zu stellen.

Je mehr der Berater übertreibt, umso mehr wird der Klient provoziert, diesem pauschalen Quatsch zu widersprechen und den wahren Kern der Berateraussagen darauf abzutasten, inwieweit er für ihn von Bedeutung ist. Der Klient leistet Widerstand, beginnt zu differenzieren und sich zu verteidigen. Manchmal ist es allerdings erstaunlich, wie lange der Klient einem trotz irrsinnigster Verallgemeinerungen recht gibt und wie viel übertriebene Fantasie man entwickeln muss, bevor der Klient sich wehrt. Wenn ich behaupte, dass noch nie ein Mann freiwillig zum Staubsauger gegriffen hat und dass alle Chefs Hornochsen sind, kann es leicht passieren, dass eine Klientin sich nur extrem verstanden fühlt und gar nicht daran denkt, mich zu korrigieren.

Es gibt keine Lösung

Natürlich bleibt es auch in der provokativen Beratung nicht aus, dass der Klient fragt, was er nun bitte tun solle, nachdem er eingesehen habe, dass es so nicht weitergehe. Die Versuchung ist groß, dann mit klugen Ratschlägen zur Stelle zu sein und dem Klienten endlich das eigene geballte therapeutische Wissen zur Verfügung zu stellen. In einigen Beratungsformen verweigert der Berater hartnäckig eine Lösung, bis der Klient sie gefunden hat, und beantwortet die Frage nach einer Lösung ausweichend etwa mit: »Sie wüssten jetzt gerne, was ich Ihnen rate.« Oder er sagt schon gleich zu Beginn sehr ernsthaft und eindringlich, dass der Klient die Lösung selber finden müsse, und er, der Berater, ihn nur auf diesem Weg ein Stück begleite. Beides ist für den Klienten höchst unbefriedigend und führt häufig zum frühzeitigen Beratungsabbruch.

Wir sollten nicht in die Falle tappen, vorschnell ernsthafte Lösungsvorschläge zu machen, die vom Klienten ohnehin meistens sabotiert werden. Um sicherzugehen, dass die Problemlösung dauerhaft und stabil ist – und das ist sie nur, wenn der Klient sie selbst findet –, verweigert auch der provokative Berater eine Lösung. Seine definitive Feststellung, es gebe wirklich keine Lösung für das Problem, reizt den Klienten zum Widerstand und schickt ihn sofort auf die Suche danach.

An dieser Stelle sei angemerkt, dass es natürlich auch für den provokativen Berater möglich ist, zwischendurch »normal« mit dem Klienten zu reden – Normalverhalten ist kein Kunstfehler. Auch bei der provokativen Arbeit sondert man nicht nur Irrsinniges ab und liegt pausenlos prustend vor Lachen unter dem Stuhl. Wenn Sie sich damit wohler fühlen, können Sie auch einmal einen ernsthaften Tipp geben – vorausgesetzt, beim Klienten ist der Groschen bereits stabil gefallen. Sollte der Klient jedoch daraufhin bedenklich seinen Kopf wiegen, weil er vor den Konsequenzen zurückschreckt, können Sie sofort alles wieder zurücknehmen und mit Verve den Standpunkt vertreten, Sie hätten sich geirrt, es gebe wirklich keine Lösung, zumindest sei der Klient noch nicht reif dafür.

Die Lösungsverweigerung fällt Beratern sehr schwer, denn eines der größten Hindernisse für die Anwendung provokativer Interventionen ist ein weiches Herz, das die schonende Abschirmung des Klienten vor den Widrigkeiten dieser Welt für die liebevollste und am meisten wertschätzende Variante der Beratung hält. Kurzfristige offene »Grausamkeit« ist jedoch langfristig häufig viel wertschätzender und liebevoller als kurzfristige Schonung, die sich langfristig als sehr grausam erweisen kann. Wenn ich dem Klienten auf der Suche nach seinem Problem zu sehr helfe und damit eine nachhaltige Problemlösung erschwere, tue ich ihm keinen Gefallen.

Diese Schonung greift bei Klienten mit einer Behinderung besonders heftig, da wir dann noch liebevoller und unterstützender sein wollen. Ich hatte einen blinden Klienten, der im Leben sehr gut zurechtkam. Er kam selbstständig zu mir in die Praxis, überwand auch Hindernisse wie Treppen und Türen mit seinem Blindenstock ohne Hilfe und wirkte insgesamt recht freundlich und ausgeglichen. Er hatte einen krisensicheren Job beim Staat, verdiente gut und hatte eine schöne Wohnung. Er hatte nie geheiratet, aber zwei oder drei langjährige Beziehungen mit Frauen gehabt, die er jeweils selbst beendet hatte, weil die Frauen ihm langweilig geworden waren. Es gab auch einen erwachsenen Sohn aus einer früheren Beziehung, zu dem er ein gutes Verhältnis pflegte. Sein primär geäußertes Problem war die erfolglose Suche nach einer geeigneten neuen Frau, aber dieses Problem verblasste bald, und er beschwerte sich zunehmend über die Langeweile in seinem Leben, den fehlenden Sinn. Er war jetzt 55 Jahre alt und sein Leben verlief seit Jahrzehnten in geordneten, gleichförmigen Bahnen. Ich hatte den starken Impuls, diesem behinderten und gleichzeitig so tüchtigen Menschen Mut zuzusprechen und ihm sofort zu helfen, widerstand aber der Versuchung und nutzte diesen Impuls nur indirekt. Ich teilte dem Klienten mit, dass er bestimmt auch bei anderen Menschen den Drang zu helfen aktiviere, sodass er in Folge seiner Sehbehinderung vermutlich von jedem geschont und verwöhnt würde. Ich begeisterte mich für die Vorteile, die das brächte. Er grinste. Und deshalb sei es nur logisch, fügte ich hinzu, dass er auch darauf warte, dass ihm jemand seinen Lebenssinn frei Haus ins Wohnzimmer liefere, wo er auf seinem gewaltigen Hintern sitze und untätig die Hände in den Schoß lege. Schließlich könne niemand von ihm erwarten, dass er, der blinde Mann, mehr tue als ohnehin schon. Er falle niemandem zur Last und sei doch fabelhaft etabliert. Er habe zwar vergessen, was ihn nachhaltig fesseln und begeistern könnte, aber so viel Engagement sei auch zu viel verlangt. Er schwieg. Dann stimmte er mir nachdenklich zu und sagte, er fühle sich wie in einem Wartezimmer. Das

Bild gefiel mir noch besser als das Wohnzimmer und ich schmückte es aus: Ein Wartezimmer mit Stühlen und Neonlicht, sonst nichts, und ein Wartender, der freundlich in die Runde blickt, aber sich zu Tode langweilt und trotzdem nicht in die Gänge kommt, weil ihm das viel zu mühsam ist. Auf sein dringliches Nachhaken, was er denn nun tun könne, sagte ich im Brustton der Überzeugung: »Ich bitte Sie, in Ihrem hohen Alter können Sie gar nichts tun. Sie können nicht mehr aktiv werden. Das ist erstens viel zu anstrengend, zweitens ist der Ausgang ungewiss und drittens passt es überhaupt nicht zu Ihnen! Sie haben sich Ihr Leben wunderbar bequem eingerichtet, da können Sie sich nicht mehr ändern! Lassen Sie alles, wie es ist, wickeln Sie Ihr restliches Leben einfach so ab wie bisher – es sind ja nur noch etwa 40 Jahre!«

Idiotische Lösungen

Eine Sonderform der Persiflage und Lösungsverweigerung sind die idiotischen Lösungen. Sie lockern nicht nur das Gehirn des Klienten auf, sondern auch dasjenige des provokativen Beraters und damit auch den Beratungsprozess. Der provokative Berater zählt auf die L-Frage, die Lösungsfrage, bereitwillig unzählige Möglichkeiten auf, die allesamt völlig schwachsinnig sind. Die Botschaft der idiotischen Lösungen ist die gleiche wie die, die der ernsthafte Berater vermittelt: Die Patentlösung vom Experten wird verweigert, und der Klient ist aufgefordert, sie selbst zu finden.

Die idiotischen Vorschläge müssen allerdings wirklich völlig hirnrissig sein, denn sonst besteht die Gefahr, dass ein Klient einen Vorschlag fabelhaft findet und ihn unverzüglich in die Tat umsetzen will. Davor schützen nur bildhaft ausgeschmückte Szenarien, die so absurd sind, dass kein Klient sie ernsthaft in Erwägung ziehen kann. Frank Farrelly schlug zum Beispiel einem Klienten, der bei Aufregungen stark an den Händen schwitzte, vor, er könne ein Vermögen machen, wenn er sich in Dürregebieten als Regenmacher zur Verfügung stellen und mit seinen ausgestreckten Händen über die vertrockneten Felder marschieren würde.

Idiotische Vorschläge sind auch nie politisch korrekt. Auf den Anfänger wirken sie häufig grenzwertig. In einem Seminar meldete sich zur ersten Live-Arbeit einmal eine junge Mutter, die sich über ihre zwei Kleinkinder beschwerte. Die beiden trieben sie zum Wahnsinn, sie sei mit ihren Nerven am Ende. Das Publikum bestand fast ausschließlich aus Diplompsychologinnen. Ich schlug der jungen Mutter vor, ihre Kinder zur Adoption freizugeben. Dann könne sie ja neue, perfektere Kinder machen, sie sei ja jung genug. Oder – noch besser – sie solle sie gleich um die Ecke bringen, damit sie auch niemand anderen mehr nerven können. Einen Föhn ins Badewasser zu werfen wäre zum Beispiel eine Möglichkeit. Oder ein kleiner Schubs vom Bürgersteig auf die Straße, wenn gerade ein Lastwagen vorbeikommt. Dann müsse sie natürlich die wehklagende Mutter geben, damit sie nicht in den Knast wandere. Das Publikum war in Schockstarre, man hätte das Fallen einer Stecknadel hören können. Als die Zeit um war, fielen die Zuschauerinnen über mich her: Was mir einfiele, so etwas dürfe man nicht einmal im Scherz vorschlagen. Wenn das Provokativer Stil sei, dann würden sie darauf verzichten. Dann meldete sich die junge Mutter zu Wort und sagte zur völligen Überraschung des Publikums: »Das war das Beste, was mir seit Langem passiert ist. Es hat mir endlich wieder ganz deutlich gezeigt, wie sehr ich meine Kinder liebe!«

Wer Kinder hat, weiß, dass diese einen so nerven können, dass man Mordimpulse hat. Wenn das oft genug geschieht, kommen einem die positiven Seiten der Kinder kaum noch in den Sinn und man fühlt sich nur noch ausgelutscht. Meine drastisch idiotischen Vorschläge riefen einen starken emotionalen Widerstand der jungen Mutter hervor, und ihre Aufmerksamkeit wurde wieder auf die positiven Aspekte der Mutterschaft gelenkt. Ich gebe jedoch zu, dass ich einer berüchtigten Kindsmörderin solche Vorschläge nicht gemacht hätte.

Inkongruente Äußerungen und Pingpong

Wenn wir uns zum Advokaten der Stolpersteine und Ängste des Klienten machen und dabei auch noch fürchterlich pauschalieren und übertreiben, bleibt es nicht aus, dass wir häufig Dinge sagen, die wir so nicht meinen.

Berater haben gelernt und verinnerlicht, stets ehrlich und kongruent zu sein, das heißt, ihre wahre Meinung soll mit dem übereinstimmen, was sie äußern. Das soll sicherstellen, dass sich verbale und nonverbale Botschaft decken, weil man damit das Vertrauen des Klienten gewinnt. Im Provokativen Stil verhalte ich mich jedoch ständig inkongruent und behaupte begeistert Dinge, an die ich nicht selbst glaube. Das, was ich sage, entspricht nicht meinen eigenen Überzeugungen und auch nicht dem, was ich vom Klienten halte. Das stellt bei Neulingen ihr Verständnis von beraterischer Authentizität auf eine harte Probe. Mit einer kompetenten, differenzierenden, eingefühlten und authentischen Beratung ist es nicht vereinbar, dergleichen Unsinn von sich zu geben. So etwas sagt man nicht! Berater fürchten auch, sich der Lächerlichkeit preiszugeben, wenn sie den verqueren Gedankengängen der Klienten begeistert zustimmen.

Der provokative Berater ist sehr inkongruent in Bezug auf das, was er sagt, und das, was er denkt. Gedanklich ist er voll aufseiten des Klienten und all seiner Stärken. In der Wertschätzung des Klienten ist der Berater daher vollkommen kongruent und authentisch, ohne es auszusprechen, während er nur das gnadenlos übertreibt und persifliert, was er an einengenden Überzeugungen im Selbst- und Weltbild des Klienten vermutet. Der Klient, und sei sein Selbst- und Weltbild auch noch so übertrieben dargestellt, fühlt sich verstanden und ertappt, während er gegen die Übertreibungen protestiert. Da der Berater innerlich voll aufseiten der Stärken eines Klienten ist, bekommt dieser permanent die nonverbale Botschaft, dass der Berater seine Stolpersteine für ebenso hinderlich wie überflüssig und ihn durchaus für fähig hält, sich produktiver zu verhalten, ohne dass das je geäußert werden muss. Diese Wertschätzung kann der Berater nicht spielen, sondern er muss sie wirklich spüren, und darin liegt seine Authentizität. Wenn er nur so tut als ob, geht der provokative Schuss unweigerlich nach hinten los.

Schwierig wird es deshalb erst, wenn der Berater den Klienten nicht leiden kann, was nonverbal selbst von oskarverdächtigen Schauspielern nur sehr schwer versteckt werden kann. Wenn die wahre Einstellung zum Klienten negativ ist, kann der Berater noch so blumig daherreden, er ist den Klienten schnell los, da Menschen immer eher der nonverbalen als der verbalen Botschaft glauben. Interessanterweise wird einem fast jeder Klient sympathisch, sobald man sich auf seine positiven Seiten konzentriert. Da man bei der provokativen Arbeit innerlich ständig auf der Suche nach den Stärken des Klienten ist, gibt es daher nur noch ganz wenige Klienten, die man nicht ausstehen kann und die man gerne sofort wieder loswürde. Sollte das allerdings doch mal vorkommen, empfehle ich dringend, schon aus Selbstschutz auf keinen Fall den Provokativen Stil einzusetzen.

Entscheidungsprobleme des Klienten – »Soll ich mich scheiden lassen oder bei meinem Partner bleiben?« – sind eine gute Übung für den Berater, diese vermeintliche Inkongruenz zu üben, Lösungsvorschläge zu unterlassen und sich innerlich neutral für alle Seiten des Problems, für alle möglichen erwogenen Alternativen, zu begeistern. Der Berater wechselt dabei alle paar Minuten die Fronten. Einem Klienten, der nicht weiß, ob er sich von seiner Partnerin trennen soll oder nicht, zählt der provokative Berater beispielsweise möglichst übertrieben erst alle Gründe und die damit verbundenen Verlassensängste auf, die für einen Verbleib bei der Partnerin sprechen. Sodann lehnt er sich nachdenklich zurück und sagt: »Wenn ich es mir genau überlege, ist eine Trennung doch besser, weil ...« – und nun kommt alles, was den Klienten in diese Richtung bewegen könnte – nur um kurz darauf wieder zu versichern, die weit bessere Lösung sei die lebenslange Partnerschaft mit diesem einen Menschen usw. Nach einiger Zeit weiß der Klient nicht mehr, wo ihm der Kopf steht, das heißt, sein Intellekt ist wirkungsvoll ausgeschaltet. Auch hier gilt: Je treffsicherer der Berater die verborgenen Nöte des Klienten erkennt und je übertriebener er sie darstellt, umso eher »weiß« der Klient nach kurzer Zeit, was er tun will.

9 Die Persönlichkeit des provokativen Beraters

Die Beziehung zwischen Berater und Klient

Die Bedeutung der Beziehung zwischen Psychoberater und Klient für den Beratungserfolg, die weitgehend durch die Persönlichkeit des Beraters bestimmt wird, ist in vielen Publikationen beschworen worden. Manche Forscher halten sie für wichtiger als das angewandte Verfahren. Der ungarische Analytiker Sándor Ferenczy[51] ging sogar so weit zu behaupten, nur die Liebe des Therapeuten heile den Klienten. Das zu hören ist natürlich höchst unbefriedigend, wenn man viele Jahre seines Lebens, viel Anstrengung und einen Haufen Geld in die eigene Ausbildung gesteckt hat!

Bei der provokativen Vorgehensweise kommt der Persönlichkeit des Beraters eine noch zentralere Rolle zu als in jedem anderen mir bekannten Verfahren. Der Berater ist nicht der allwissende Außenstehende, sondern wird Teil des ablaufenden Prozesses. Er ist ungeschützter und kann sich nicht im Expertenmantel verstecken. Und das trägt dazu bei, dass diese Vorgehensweise so wirksam ist.

Farrelly berichtet von einem Fall aus seiner klinischen Arbeit, als eine junge Therapeutin einen chronisch Schizophrenen aus der geschlossenen Abteilung einer psychiatrischen Klinik in die Gesundung trieb, weil sie völlig unprofessionell und verzweifelt in der Therapiestunde in Tränen ausbrach, nachdem sie erfahren hatte, dass die Ärzte ihn als untherapierbar aufgegeben hatten. Der Schizophrene war von ihrer Anteilnahme so erschüttert, dass er ihr zuliebe endlich mitarbeitete und bald auf seine schwerwiegende Symptomatik verzichtete. Später konnte er aus der Klinik entlassen werden.

Man kann natürlich alleine mit viel Liebe, dem gesunden Menschenverstand und einem angenehmen Charakter vielen Menschen helfen, aber dem sind Grenzen gesetzt, und da runden Ausbildung und Erfahrung die Sache ab. Ausbildungen können Ängste und daraus resultierende Scheuklappen des Beraters ein bisschen in Schach halten, auch wenn sie auf der anderen Seite gelegentlich gewissen Prinzipienreitereien Vorschub leisten. Die beste Ausbildung und

51 Sándor Ferenczy (1873–1933)

die längste Erfahrung ist allerdings wertlos, wenn der Therapeut bestimmte charakterliche Voraussetzungen nicht erfüllt, zum Beispiel Menschen nicht mag oder ihre Schwächen verachtet.[52]

Die eingebaute Supervision

Manche Klienten erschweren einem den liebevollen Umgang durchaus. Es gibt Klienten, deren Lieblingsbeschäftigung darin besteht, allen Menschen ihrer Umgebung, und damit auch ihrem Berater, in ruppiger Form und ungebeten ihre sogenannten Wahrheiten entgegenzuschleudern. Die erforderliche Neutralität ist für den Berater dann schwer durchzuhalten, denn wir müssen in so einem Fall unsere eigenen Vorstellungen von einem liebenswerten Menschen hintanstellen und dem Klienten, der dieser Vorstellung so gar nicht entspricht, weiterhin Wohlwollen entgegenbringen. Falls Ihnen so ein Klientenexemplar unterkommt, bei dem einem die Defekte wie eine dicke Spinne unangenehm und direkt ins Gesicht springen, ist es hilfreich, sich auf ein an sich unwesentliches Detail an diesem Menschen zu konzentrieren, das einem positiv ins Auge sticht: schöne Wimpern, geputzte Schuhe oder ein schöner Pullover. Oder Sie versuchen, diesen Klienten zu betrachten wie ein interessantes Insekt unter dem Mikroskop. Sie schauen gebannt hin, was es da zu entdecken gibt und begeistern sich wie ein Insektenforscher an seinen grün schillernden Beinen und dem gelben Panzer, den Beißwerkzeugen und den hervorstehenden Glotzaugen. Sobald Sie jedoch merken, dass Sie den Klienten trotz aller Bemühungen nicht ausstehen können und Ihnen eine Menge provozierender Sachen einfallen, die aber ätzend und verletzend sind, sollten Sie die Hände besser erst einmal vom Provozieren lassen, und sich klarmachen, warum der Klient Sie so aufregt. Oft hat das auch etwas mit Ihnen zu tun, sodass Sie eine Gratis-Supervision erhalten.

Auch wenn Ihnen gar nichts Provozierendes einfällt, greift die eingebaute Supervision, und es geht ans eigene Eingemachte. Es gibt nämlich noch zwei weitere Sperren, die einem das liebevolle Provozieren unmöglich machen. Erstens: Der Klient serviert uns ein

52 Es ist zwar höchst bedauerlich, aber es scheint so zu sein, dass der Menschenhass sehr häufig im Laufe eines therapeutischen Berufslebens kontinuierlich zunimmt.

Problem, in dem wir gerade selbst feststecken. Dann fehlt uns der Humor für die Sachlage und damit der relativierende Blick von außen. Denn wenn wir ihn hätten, würden wir nicht feststecken und könnten über uns selbst lachen. In diesem Fall bleibt uns nichts anderes übrig, als zuerst an unserem Problem zu arbeiten, bevor wir einem Klienten die Außensicht verschaffen können.

Und zweitens: Wir haben vom Problem des Klienten nicht den Hauch einer Ahnung. Das kann einem unerfahrenen Kliniker passieren, der zum ersten Mal einen Psychotiker vor sich hat. Er sieht den Klienten dann nicht deutlicher, wie unter einem Vergrößerungsglas, sondern weit weg und winzig klein wie durch das falsche Ende des Fernrohres. Dann funktioniert die Provokation auch nicht, denn nur zufällig und mit viel Glück treffen seine Aussagen ins Schwarze – es ist, als ziele er mit Pfeilen auf eine kilometerweit entfernte Zielscheibe. Sehr wahrscheinlich wird er irgendwelche Behauptungen aufstellen, die total danebenliegen. Das gibt dem Klienten die Gewissheit, dass er in falsche Hände geraten ist.

Eine Variation dieser Ahnungslosigkeit ist die Blindheit bezüglich der Unterschiede zwischen Mann und Frau. In der Supervision habe ich schon mehrfach erlebt, dass ein männlicher Berater die von einer weiblichen Klientin vorgetragenen Schwierigkeiten für banal und unwichtig, kurzum für völlig unerheblich hält und sich darüber in einer Weise lustig macht, die bei ihr als überhebliches Macho-Getue ankommt. Umgekehrt verliert eine weibliche Beraterin ihren männlichen Klienten, wenn sie nicht die Tragweite erkennt, die seine Erektionsstörung für ihn hat, und ihn ohne Einfühlungsvermögen lächerlich macht. In solchen Fällen kann es leicht passieren, dass der Berater oder die Beraterin den Klienten endgültig verliert, da der gute Draht zwischen beiden zu brüchig wird.

Der Nutzen für den Berater

Um provokativ zu leben und zu arbeiten, ist es von Vorteil, wenn Sie äußerst entspannt, wertneutral, liebevoll, kurzum fast übermenschlich weise sind. Das klingt sehr anstrengend.

Damit wir uns richtig verstehen, muss definiert werden, was ich unter provokativer Weisheit verstehe. Mit einem weisen Menschen meine ich nicht einen heiligen, asketisch mageren und strubbelhaarigen Eremiten, der sich in eine Höhle auf dem Berge Sinai zurückgezogen hat und Tag und Nacht der Erleuchtung entgegen meditiert. Weisheit bedeutet, sich mit den eigenen Begrenzungen und Macken auszusöhnen, ohne sie deshalb als unveränderbar hinzunehmen. Je weiser man ist, umso mehr Spaß hat man im Leben. Zähneknirschender Ärger oder depressive Resignation über die eigenen Unzulänglichkeiten sind weder weise noch bringen sie uns weiter. Ärger macht blind und Resignation macht bewegungsunfähig. Nur mit Gelassenheit können wir unsere Veränderungsmotivation emotional stärken, um Eigenheiten, die uns wirklich stören, abzumildern oder ganz loszuwerden. Die Entspannung zeigt sich auch darin, dass man nicht verzweifelt, weil man diesem Ziel nur nahekommt, ohne es jemals vollständig zu erreichen.[53] Der entspannte Umgang mit den eigenen Begrenzungen ist nicht nur sehr entlastend, er fördert auch den entspannten, toleranten Umgang mit den Eigenheiten und Macken anderer Menschen.

Der Provokative Stil fordert zwar den Berater, aber er fördert ihn auch, denn er erzieht den Anwender automatisch dazu, sich in Richtung von größerer Entspannung, Neutralität und Liebe weiterzuentwickeln, sonst kann er so nicht arbeiten – und die eingebaute Supervision bei der provokativen Arbeit zeigt uns, an welcher Stelle wir bei uns selbst noch nachbessern können.

Stay happy when you fail

Es ist ein wesentliches Merkmal des Provokativen Stils, dass der Berater weniger gut geschützt ist als bei anderen Vorgehensweisen, da er sich mit seiner ganzen Person sehr stark einbringt und seine Vorgehensweise sich nicht an feste Schemata hält, sondern für alle Beteiligten Überraschungen birgt. Der Provokative Stil ist keine Auf-Nummer-sicher-Methode, und es kann leicht mal etwas danebengehen, und zwar nicht nur zu Beginn einer provokativen Karriere. Eine provokative, stereotype oder globale Aussage ist für den Berater riskanter als eine vorsichtig formulierte Frage. Das macht den Beratungsprozess zwar sehr lebendig und wirkungsvoll, aber er kann Be-

53 Ein chinesisches Sprichwort sagt: Man kann ein Ziel nur erreichen, wenn man es nicht erreichen muss.

rater, die sich hinter ihren wohl geübten professionellen Reaktionen gut verstecken können, ziemlich unter Druck setzen. Wer stets Perfektion anstrebt und Angst hat, etwas falsch zu machen, fühlt sich als provokativer Berater auf einmal nackt und bloß. Zu allem Überfluss überträgt sich die Angst des Therapeuten auf seinen Klienten. Eine gelassene Haltung vermittelt dem Klienten hingegen die implizite Botschaft: Es ist alles nicht so dramatisch!

Klienten sind Weltmeister darin, Stress beim Berater zu wittern und für sich zu nutzen, indem sie sich zurücklehnen und dem Berater die ganze Arbeit aufhalsen. Klienten merken auch sehr schnell, wenn ein Berater Angst hat, sie zu verletzen, und spielen ausdauernd auf diesem Klavier. »Damit haben Sie mich aber sehr getroffen« oder »Jetzt geht es mir schlechter als vorher« sind klassische Klientenaussagen, die einen bemühten und ängstlichen Berater verzweifeln lassen. Der Berater kann aber nur wirkungsvoll provozieren, wenn es ihm gelingt, sich weder von sich selbst noch vom Klienten unter Druck setzen zu lassen.

Um Druck zu reduzieren, haben wir in unser Ausbildungsprogramm Seminare aufgenommen, in denen spielerisch Improvisationstechniken[54] ausprobiert werden. Berater, die sehr perfekt sein wollen, lernen hier, unter neuem Blickwinkel wieder Spaß an der Arbeit zu entdecken und sich selbst nicht übertrieben wichtig zu nehmen. Die Impro-Techniken stammen zum Teil aus dem von Keith Johnstone entwickelten Improvisationstheater und wurden von uns modifiziert. Sie sind der Königsweg zu einer gelassenen Einstellung.

Einer der wichtigsten Impro-Grundsätze heißt: »Stay happy when you fail!«[55]. Damit ist gemeint, dass ich mich am besten unter Druck setzen kann, wenn ich mir keine Fehler mehr erlaube. Da diese aber unausweichlich sind, muss ich mich geißeln, sobald mir dennoch einer unterläuft, und darf unter keinen Umständen fröhlich bleiben. Die Selbstbestrafung führt dann zu weiteren fruchtlosen Versuchen, Fehler zu vermeiden, und verschärfter Selbstbestrafung. Ein wunderbarer Teufelskreis, der enormen Druck erzeugt und Kreativität abbaut.

Von Frank Farrelly stammt ein wunderbarer, unschlagbarer Merksatz, der ebenfalls sehr gut geeignet ist, selbst gemachten Per-

---

54 Eine gute Zusammenstellung der Grundprinzipien des Impro-Spiels und der Impro-Techniken bietet das Buch von Charlotte Tracht »Mut zur Improvisation«.

55 »Bleibe gelassen, wenn etwas danebengeht!«

fektionsdruck zu reduzieren: »You cannot win them all. Even Jesus lost one out of twelve.«[56]

Sei durchschnittlich und sage Naheliegendes

Nicht nur das Streben nach Perfektion und Fehlervermeidung baut ungeheuren Druck auf, auch der Anspruch, man müsse permanent höchst kreative Einfälle produzieren, eignet sich dafür vorzüglich. Darin sind sich provokative Anfänger und ungeübte Impro-Spieler sehr ähnlich. Leider kann man durch Anstrengung weder intelligenter noch kreativer werden. Ein Impro-Anfänger strengt sich meistens ungeheuer an und hat den Ehrgeiz, völlig abgefahrene Ideen in sein Spiel einzubringen, weil er glaubt, dass diese besonders kreativ seien. Die ausgefallenen Ideen produzieren vielleicht ein paar Lacher, aber beim Mitspieler landen sie nicht und können damit die ganze Geschichte ruinieren. Wenn es an der Türe klopft und der Spieler aufmacht, sagt der Anfänger nicht etwa so naheliegende Dinge wie: »Oh, der Postbote mit einem Brief!«, sondern er witzelt: »Oh, ein grünes Monster vom Mars mit drei Köpfen!« Keith Johnstone gibt daher den Impro-Spielern den ungewöhnlichen Merksatz mit auf den Weg: »Sei durchschnittlich, langweile das Publikum!« Dahinter steckt die Erfahrung, dass Ideen, die auf der Hand liegen, vom Publikum als kreativ angesehen werden.

Dem provokativen Klienten geht es ebenso. Auch bei der provokativen Arbeit geht es nicht darum, dem Klienten zu zeigen, was für ein kreativer, ungewöhnlicher, erleuchteter und kluger Berater man ist oder wie toll man alles unter Kontrolle hat. Das führt nur zu sehr unergiebigen Machtkämpfen zwischen Berater und Klient. Das Ziel ist vielmehr – ebenso wie beim Improvisationstheater –, den Mitspieler, in diesem Fall den Klienten, zu inspirieren, sodass dieser seine eigenen kreativen Kräfte für die Problemlösung entfalten kann. Und paradoxerweise wird der Berater, der das sagt, was der Klient gedacht hat oder denken könnte, von diesem nicht nur als besonders eingefühlt, sondern auch als besonders einfallsreich erlebt.

56 »Man kann es nicht allen Recht machen. Sogar Jesus verlor einen von zwölfen.«

10 Die Kombination des Provokativen Stils mit anderen Verfahren

Die Erweiterung der Möglichkeiten

Als ich in den Sechzigerjahren Psychologie studierte, galt es als Kunstfehler, mehrere Methoden miteinander zu kombinieren. Die einzelnen Schulen waren streng voneinander getrennt. Entweder man war Verhaltenstherapeut oder Tiefenpsychologe, Gesprächstherapeut oder Urschreier, Gestalttherapeut oder Hypnotherapeut, aber es war verpönt, sich die Sahnehäubchen aus mehreren Verfahren herauszusuchen und munter zu mischen. Als ich als frischgebackene Hypnotherapeutin in den frühen Achtzigerjahren eine Ausbildung in katathymem Bilderleben anschließen wollte, geriet ich gleich zu Beginn an eine Ausbilderin, die mich vor der ganzen Ausbildungsgruppe kritisierte und hämisch auslachte, als ich meinen Versuchsklienten mit meinen wunderbaren, gerade gelernten hypnotischen Sätzen in einen Tagtraum versetzen wollte. »Was soll denn das heißen?«, höhnte die Ausbilderin, »Sie haben alle Zeit der Welt! Haha!« Ich habe diese Fortbildung dann lieber abgebrochen.

Heute gilt es glücklicherweise als Zeichen von Kompetenz und geistiger Beweglichkeit, wenn Berater sich in mehreren Verfahren weiterbilden und diese auch untereinander mischen. Auch der Provokative Stil lässt sich problemlos mit vielen anderen Verfahren kombinieren, wenn der Berater für ungewöhnliche Denkansätze offen ist. Der Provokative Stil erweitert jede Bühne, auf der sich Berater und Klient bewegen, in ungeheurem Ausmaß, da er beiden sehr viel Freiraum verschafft. Es gibt nur wenige Therapie- und Beratungsverfahren, bei denen mir die Fantasie fehlt, um mir eine gelungene Kombination mit dem Provokativen Stil vorzustellen. Ich kann mir zum Beispiel nicht vorstellen, wie eine orthodoxe Psychoanalyse, bei der der Therapeut außerhalb des Sichtfeldes des Klienten sitzen und sich möglichst jeglicher Äußerung oder Stellungnahme enthalten soll, mit dem im Provokativen Stil erforderlichen menschlichen Austausch zwischen beiden in Einklang gebracht werden kann. Aber ich lasse mich gerne belehren, denn wir haben immer wieder Psychoanalytiker – wenn auch bisher keine orthodoxen – in den Ausbildungsgruppen, die sich freuen, dass Sie endlich mit ihren Klienten lachen dürfen. Bei vielen anderen Therapieformen – wie der Gestalttherapie, der Aufstellungsarbeit oder der Gesprächstherapie – bedeutet die provokative Arbeit eine wertvolle Ergänzung des beraterischen Handwerkszeugs.

Die Kombination des Provokativen Stils mit EMDR und EFT

Der Provokative Stil und einige neuere Therapieformen sind wie füreinander geschaffen. Der Provokative Stil und die bereits erwähnten Verfahren EFT und EMDR[57] beispielsweise sind wie Geschwister, die sich mögen, sehr gut miteinander auskommen und sich ausgezeichnet ergänzen. Alleine sind sie schon wunderbar, aber es gibt Momente, wo sie zusammen einfach unschlagbar sind und noch schneller zum gewünschten Ziel führen. Ich verzichte hier auf eine Beschreibung der Vorgehensweisen bei EFT und EMDR, da diese Verfahren in anderen Werken hinreichend beschrieben wurden.[58] Wie bereits erwähnt tappt die Wissenschaft bei EMDR und EFT bezüglich ihrer genauen Wirkungsmechanismen ebenso im Dunkeln wie bei der provokativen Vorgehensweise. Es ist leicht nachvollziehbar, warum Provokationen emotionale Wirkung zeigen, aber es ist völlig ungeklärt und ein weites Feld für Spekulationen, warum die Emotionen durch Augenbewegungen oder Klopfen so schnell und nachhaltig erreicht und verändert werden können. Aber das sollte uns nicht hindern, damit zu arbeiten, wenn der therapeutische Augenschein zeigt, dass sie es tun.

EFT und EMDR sind von der nackten Technik her sehr einfach, schnell erklärt und leicht anwendbar. Bei jeder dieser Techniken muss der Therapeut jedoch zunächst mit dem Klienten reden. Kein Therapeut fängt nach dem ersten »Guten Tag« an, vor den Augen des Klienten mit den Fingern zu wedeln, oder lässt ihn ohne wei-

---

57 EFT = Emotinal Freedom Technique bzw. Emotionale-Freiheit-Technik; EMDR = Eye Movement Desensitization and Reprocessing.

58 Besonders empfohlen sei hier das knappe und sehr informative Büchlein *Pocket Guide EFT* von Steve Wells und David Lake (2007 mit *Emotionale Freiheit Techniken* etwas holprig ins Deutsche übersetzt), sowie *EMDR in Aktion* von Francine Shapiro und Margot Silk Forrest (1998).

tere Erklärung an sich herumklopfen, sondern er filtert erst einmal heraus, was beim Klienten aus dem Ruder gelaufen ist, und versucht, ihn dann zu überzeugen, dass diese neuen Verfahren kein esoterischer Schwachsinn, sondern sehr wirkungsvolle Instrumente sind. Indem Sie den Klienten zunächst provokativ bearbeiten, können Sie ihn mühelos motivieren, so etwas Merkwürdiges wie vor den Augen herumwedelnde Finger zu akzeptieren oder eigenartige Klopfereien am eigenen Körper vorzunehmen.

In all diesen Verfahren werden die emotionalen Blockaden des Klienten anvisiert. Dabei ist die Technik zweitrangig. Viel zentraler ist die emotionale Beteiligung des Klienten, während er die jeweilige Technik einsetzt. Es kommt also nicht so sehr darauf an, genau nach Vorschrift zu klopfen oder Augenbewegungen zu initiieren, sondern es kommt darauf an, den Klienten angemessen durch sein emotionales Labyrinth zu führen, die belastenden Emotionen des Klienten zu erreichen, sie zu mobilisieren und rationalen, ablenkenden Ballast abzuwerfen.

Um zu begreifen, wo der Klient feststeckt, ist vor allem eine scharfe Wahrnehmung nötig. Auch einige therapeutische Erfahrung kann nicht schaden. Durch den provokativen Humor entspannt sich der Klient, sodass er sich nicht von seinen Problemen überwältigt fühlt, denn zu viel emotionales Belastungsmaterial ist ebenso hinderlich wie zu wenig.[59] Im entspannten Zustand findet der Therapeut zusammen mit dem Klienten dann meistens sehr schnell einen emotional geladenen Satz, den der Klient als Eröffnungsaussage (EFT) bzw. negative Kognition (EMDR) spricht oder denkt, damit das Verfahren zündet. Diese emotional bedeutungsvollen Sätze sollten zum Problem wie der Topf zum Deckel passen.

Wenn diese Verfahren provokativ eingeleitet werden, wird in der darauf folgenden Sequenz mit EFT oder EMDR deutlich mehr gelacht, und die Klienten haben auch viel mehr verrückte[60] Einfälle, die ihnen den Abstand vom Problem ermöglichen und damit dessen Lösung erleichtern. Diese »Verrücktheit« ist nachhaltig und hält auch nach der Beratungsstunde an. Als Mittel zur Selbsthilfe kann man vor allem EFT in bestimmten Fällen als wertvolle Ergänzung einsetzen, um die provokativ angestoßenen Veränderungen

59 Siehe Leidensdruck S. 86.
60 Im wörtlichen Sinne wird der Klient von seinem Problem weggerückt, also ver-rückt.

zu festigen und den Klienten noch unabhängiger vom Therapeuten zu machen.

Die entspannende Wirkung des Klopfens beschränkt sich aber nicht nur auf die Klienten. Interessanterweise berichten auch Therapeuten, die in der Beratungsstunde zusammen mit ihren Klienten klopfen, dass sie dann deutlich entspannter und wesentlich einfallsreicher sind.

11 Der Provokative Stil im Do-it-yourself-Verfahren

An den folgenden Fallbeispielen lässt sich zeigen, wie man auf provokative Weise mit Stolpersteinen des Alltages umgehen kann. Für die Laien unter den Lesern könnte es ein Anstoß sein, entsprechende eigene Problemen ein wenig zu relativieren und sich selbst auf den Arm zu nehmen, obwohl ich einsehe, dass das ziemlich schwierig ist.

Der Intellekt ist eine wunderbare Sache und hat uns schon viel gebracht. Aber leider setzt er alles daran, uns vor Änderungen zu bewahren, und deshalb ist es fast unmöglich, die eigenen Stolpersteine, absurden Anteile und blinden Flecken überhaupt wahrzunehmen. Sie heißen ja deshalb »blinde Flecken«, weil man sie nicht sehen kann. Viel einfacher ist es, sie bei anderen Menschen – Familienangehörigen, Freunden und Bekannten – zu entdecken. Da sehen wir sie schnell und zuverlässig – es sei denn, diese haben dieselben fixen Ideen, denen wir selbst so leidenschaftlich anhängen. Denn dann erkennt man die Absurditäten der Situation nicht und kann sie daher nicht relativieren, geschweige denn persiflieren.

Eine außenstehende Person, die Ihre blinden Flecken aufspürt, kann ein bezahlter Berater sein oder eine andere wohlwollende und ehrliche Person des eigenen Vertrauens, die einem auf die Sprünge hilft. Auch ein guter Freund kann Ihnen helfen, die Absurdität Ihres eigenen (kontraproduktiven) Verhaltens zu entdecken. Bitten Sie ihn zu einem Zeitpunkt um Hilfe, wenn Ihnen nicht gerade Schaum vorm Mund steht und der Rauch aus den Ohren kommt. Obwohl wir ja bei den Gefühlen ansetzen, ist es nützlich, wenn Ihr Großhirn partiell noch eingeschaltet ist und Sie sich nicht im Panikmodus befinden.

Wenn Sie jedoch keine Lust auf eine Therapie haben und Ihnen gerade keine vertrauenswürdige Person zur Verfügung steht, die freundlich bereit ist, Ihnen die Augen zu öffnen, schlage ich ein paar Strategien vor, wie Sie den Provokativen Stil im Selbstversuch einsetzen und Ihren dabei hinderlichen Intellekt überlisten und zum Schweigen bringen können.[61]

---

61 Einige dieser Vorschläge entwickelten sich aus Anregungen bei den Workshops mit Keith Johnstone, dem bereits erwähnten Erfinder des Improvisationstheaters.

Setzen Sie sich zum Beispiel gemütlich in Ihren Lieblingssessel und inszenieren Sie vor Ihrem geistigen Auge ein Theaterstück. Stellen Sie sich vor, Ihr bester Freund (oder Ihre beste Freundin) hätte Ihr Problem und spielte damit die Hauptrolle in einem Stück, dessen Bühne Sie vor Ihrem inneren Auge erstehen lassen. Äußern Sie – am besten mit lauter Stimme – nun die Klagen ihres imaginären Freundes (denn Sie haben Ihr Problem nun an ihn delegiert und es zu seinem gemacht). Dann schlüpfen Sie in die Rolle einer anderen, hilfreichen Person auf Ihrer vorgestellten Bühne und wenden die provokativen Techniken an: Beschreiben Sie Ihrem armen Freund im Detail begeistert alle Vorteile seiner fixen Idee und spielen die Nachteile herab. Raten Sie mit Nachdruck von einer Veränderung ab, weil diese gravierende Nebenwirkungen hat, die sie auch alle empört benennen. Geben Sie ihm möglichst viele idiotische Ratschläge zur Lösung des Problems. Tun Sie all das, was ich weiter oben beschrieben habe und was ein außenstehender provokativer Berater mit Ihnen täte.

Oder schreiben Sie eine Geschichte, in denen die Hauptperson dasselbe Problem hat wie Sie und damit Chaos anrichtet und allerlei Abenteuer erlebt. Viele Schriftsteller therapieren sich selbst auf diese Weise. Es hilft sehr, wenn Sie beim Schreiben Grimassen schneiden, die Zunge rausstrecken oder mit den Ohren wackeln. Sie wissen nämlich auf der Gefühlsebene ganz genau, was Sie schreiben müssen, und werden dann weniger durch Ihr Denken und Ihren Zensor abgelenkt.

Es ist auch sehr hilfreich, wenn Sie sich eines dieser preiswerten kleinen Aufzeichnungsgeräte anschaffen und diesem Ihr Problem erzählen, während Sie nebenbei ein Sudoku oder Kreuzworträtsel lösen. Das lenkt Ihren Intellekt ab und steigert die Wahrscheinlichkeit, dass Ihnen spontane Äußerungen gelingen, die sonst die Zensurschranke niemals überwinden könnten. Einem solchen Gerät können Sie auch Ihr kleines Theaterstück oder Ihre Geschichte laut vorlesen und sich die Aufzeichnung dann noch mal anhören, das steigert die Wirkung ungemein. Wenn Sie einen wirklich guten Freund haben, hören Sie sich das Ganze zusammen mit ihm an. Ich bin sicher, Sie haben einen ergiebigen und vielleicht sogar vergnüglichen Abend zusammen.

12 Fallbeispiele

Die im Folgenden aufgeführten Fallbeispiele sind wörtliche Gesprächsprotokolle. Mein Dank gilt den Klienten, die einverstanden waren, dass diese Transkripte anonymisiert veröffentlicht werden durften.

Fall 1: Ich bin zu alt für einen Computer

Die Klientin K. ist eine attraktive, dynamische und fröhliche Frau. Ihr Beispiel zeigt deutlich, wie sehr man sich ohne äußere Not selbst Schranken setzt. Die Klientin ist überzeugt, dass ab einem bestimmten Alter gewisse Dinge nicht mehr gehen. Wir sehen hier die Wachstumsbremse Fixierung in voller Aktion. Je älter man wird, umso folgenreicher ist das, denn ältere Menschen, die sich keine neuen Herausforderungen mehr suchen, sind in Gefahr, ihren Lebensraum immer weiter einzuengen und damit dem Gehirnabbau Vorschub zu leisten.

Als sie sich zu mir in den »heißen Stuhl« setzt, ächzt sie beim Niedersitzen wegen ihrer Knie.

THERAPEUTIN: K., abgesehen davon, dass du zu alt bist, um in die Knie zu gehen, was ist dein Problem?

KLIENTIN: Mein Problem ist: Viele gute Freunde vermitteln mir schon seit langer, langer Zeit, ich soll mir einen Computer anschaffen.

THERAPEUTIN [entsetzt]: Um Gottes willen! Wie alt bist du?

KLIENTIN: 70.

THERAPEUTIN: 70! [im Brustton der Überzeugung] Mit 70 kann man auf gar keinen Fall irgendeine neue Technik anwenden.

KLIENTIN: Eben. Du sagst es.

THERAPEUTIN: Also, 70 ist ein Alter, wo man sich mit großem Tempo der Endlagerung zubewegt.

KLIENTIN: Richtig.

THERAPEUTIN: Ich bin 62, und ich weiß, wie das ist! Also, mit 70 hört man auf, neue Sachen anzufangen. Wo kämen wir denn da hin, wenn du da jetzt was ganz Neues anfangen würdest.

Klientin: Ja, ich sehe das auch so.

Therapeutin: Eben. Deine Hirnzellen schaffen das gar nicht mehr. Weißt du, wenn man am Computer arbeitet, da müssen die Synapsen irgendwie feuern, und deine Synapsen sind vermutlich schon … Weißt du, da kommt von hier und von da ein Impuls und da macht es bssssss.

Klientin: Ja. Na, ich seh das auch so, weil ich technisch so unbegabt bin. Das fängt schon beim Handy an.

Therapeutin: Genau.

Klientin: Wie soll ich mir denn da noch einen Computer anschaffen?

Therapeutin: Eben, eben. So was nennt man Einsicht. Hast du deinen Freunden erklärt, dass du für ganz viele Sachen, nicht nur für den Computer, viel zu alt bist?

Klientin: Ähm, ja, das hat schon allein mit diesen körperlichen Gebrechen zu tun.

Therapeutin: Eben. Aber nicht nur körperlichen Gebrechen! Für einen Computer könntest du sogar im Rollstuhl sitzen, verstehst du? Aber bei dir ist es vermutlich so, dass nicht nur deine Kniegelenke und so was, sondern auch dein Hirn so richtig …

Klientin: … geschrumpft …

Therapeutin: … ja, geschrumpft und eingerostet ist.

Klientin: Ja. Du verstehst mich vollkommen.

Therapeutin: Na also.

Klientin: Ich bin dir sehr dankbar. Und ich versuche auch, meine Freunde davon zu überzeugen, aber die lassen mir keine Ruh.

Therapeutin: Das ist furchtbar. Diese jungen Leute, die so einen Drive haben, immer wieder was Neues anzufangen, das ist doch zum Kotzen. Sag ihnen, dass du, jetzt bist du 70, dass du spätestens in zehn Jahren nur noch an einer Stelle sitzt und das machst, was du schon immer gemacht hast, denn das ist nicht anstrengend, wo du nicht nachdenken musst. Also du sitzt da – und essen wirst du noch können, oder vielleicht muss man dich auch schon füttern …

Klientin: Wer weiß.

Therapeutin: Wer weiß. Auf jeden Fall, das meiste, das Essen und Kacken funktioniert noch …

[Klientin kichert]

Therapeutin: Auch nicht immer, da gibt es Windungen …

KLIENTIN: Ich kann das nicht voraussagen, nein, du verstehst mich eigentlich.

THERAPEUTIN: Total.

Ich gebe der Klientin in allem recht und versuche, immer drastischer zu werden, um ihren Widerstand gegen meine negative Definition ihrer Verkalkung zu erreichen. Klienten, die nicht aufhören, dem Therapeuten zuzustimmen, bringen diesen in Gefahr, aufzugeben und mit dem Provozieren aufzuhören. Ich tue das nicht, sondern lege weiter Kohlen ins Feuer, auf der Suche nach einem Widerhaken, der nun in Gestalt ihres Enkels auftaucht.

KLIENTIN: Ja, und noch etwas, weil die immer sagen »Du kannst eine Mail schicken« und so weiter ...

THERAPEUTIN [empört]: Ach du Scheiße!

KLIENTIN: Ich weiß doch gar nicht, was das ist.

THERAPEUTIN: Genau. Und wer will schon von dir eine Mail?

[Klientin lacht leise]

KLIENTIN: Genau das isses. Ich hab mein Kind hier im Ort, meinen Sohn, wem soll ich dann schon eine Mail schicken?

THERAPEUTIN: Eben. Viele Menschen sind so wie du. Wenn man ein bestimmtes Alter hat, dann sollte man, um eine gewisse Ökonomie zu betreiben, sich nicht zu viele Sachen aufbürden, die unbekannt sind.

KLIENTIN: Ja, weißt du, ich habe nämlich auch das Gefühl, ich bin ... ausgelastet ist ein bisschen übertrieben, aber ich arbeite in zwei Ehrenämtern und ich habe meine große Liebe ...

THERAPEUTIN UND KLIENTIN [gleichzeitig]: ... mein Enkel.

Beide lachen. Die Klientin hatte bereits früher von ihrem Enkel geschwärmt, deshalb konnten wir im Chor sprechen.

KLIENTIN: Und ich habe einen sehr, sehr netten Freundeskreis, und das pflege ich auch.

THERAPEUTIN: Natürlich.

KLIENTIN: So, was soll ich jetzt mit einem Computer?

THERAPEUTIN: Völlig irrsinnig, jetzt lass doch den Blödsinn. Schau mal, dein Enkel, wie alt ist der?

KLIENTIN: Acht.

THERAPEUTIN: Acht Jahre. Hat der schon einen Computer?

KLIENTIN: Er sitzt jetzt in der dritten Volksschulklasse. Jetzt bedienen sie ihn in der Schule.

THERAPEUTIN: Ja, genau. Stell dir mal vor, wenn du dir jetzt einen Computer anschaffst und Mails schreibst und so weiter ... Nehmen wir mal an, in zwei bis vier Jahren maximal, da bist du schon 74. Da bist du scheintot, da fängt der dann an, da will der womöglich mit dir drüber reden, der würde dir glatt Mails schicken. [warnend] Schaff dir ja keinen Computer an, denn mit 74, wenn du dann anfängst, dann bist du wirklich zu alt dafür. Da dein eingetrocknetes Hirn das jetzt schon nicht schafft, mit 74 ist es dann völlig, total abgeraucht. Ein großer Bereich von Belästigungen durch deinen Enkel fällt dann einfach weg.

Pause. Die Klientin denkt nach. Da die Sache mit dem Enkel offenbar zündet, bleiben wir beim Thema.

THERAPEUTIN: Die Kinder, die können das ja alles mit links, Wahnsinn! Ich hab schon bei meinen Kindern gedacht, mein Sohn, der jetzt 29 ist, als der klein war, hatte der so einen Gameboy und dann hatte der einen Joystick – so eine Schweinerei, das Joystick zu nennen, das ist so ein Ding, und das nimmt man in die Hand und macht dann immer so.

[Therapeutin spielt imaginär am Joystick wie mit einem Dildo; Klientin grinst]

THERAPEUTIN: Mit so was sollte man gar nicht anfangen in unserem Alter. Auf jeden Fall hatte der dann Computerspiele, die waren auf Japanisch und wahnsinnig kompliziert, und der hat, ohne die Anleitung lesen zu können, begriffen, was man machen muss, um da zu gewinnen, um sich gegenseitig zu fressen uns so.

KLIENTIN: Ja, ich weiß, ich sehe das ja beim Nintento oder wie sich das nennt, aber schau mal, wenn ich dir ein Beispiel sage: Ich habe ein Handy, so aus dem allerletzten Jahrhundert, weil es ganz einfach ist.

Die Klientin lacht. Das zeigt, dass sie bereits anfängt, sich über ihre selbst auferlegte Beschränkung lustig zu machen.

Therapeutin: Also mit besonders großen Tasten.
Klientin: Nein, leider nicht.
Therapeutin: Das solltest du dir mal anschaffen.
Klientin: Ja, ja. Aber meine Kinder habe ich gebeten: »Bitte erklärt mir das, SMS zu schreiben, Nachrichten abzuhören ...«
Therapeutin [völlig überrascht]: Du kannst SMS schreiben?
Klientin: Ja, das habe ich noch gelernt.
Therapeutin [von den Socken]: Echt? Aber das war die letzte Großtat in diesem Leben.

Es ist angebracht, immer wieder dieselbe Sache durchzukauen. Solange die Klientin zu wenig Widerstand gegen ihre eigene fixe Idee zeigt, kann und sollte man dieselbe Kuh melken. Die meisten provokativen Anfänger setzen einmal an und denken: Das muss reichen, ich habe es einmal gesagt, der Klient hat es gehört und jetzt brauche ich eine neue Idee. Dadurch verpuffen viele gute Ansätze, weil der Klient ausweichen kann, bevor er richtig in die Zange genommen wurde. Außerdem ist der Stress, den sich die Therapeuten durch die permanente Suche nach tollen Einfällen machen, vorprogrammiert.

Klientin: Ja, aber weißt du, meine Kinder haben gesagt: »Mama, es ist genug. Wir haben genug Geduld gehabt, du kapierst es nicht. Nein, wir sagen nichts mehr.« So, dann bin ich beim Friseur gewesen und da meinte meine Friseurin ... die hat es mir Punkt für Punkt aufgeschrieben und seither kann ich das.
Therapeutin [völlig überrascht]: Mach keinen Scheiß. Echt?
Klientin: Ja.
Therapeutin: Wie alt warst du da, als du das gelernt hast?
Klientin: Das liegt schon lange zurück.
Therapeutin [erleichtert]: Das ist der Grund!!!
Klientin: Eben.
Therapeutin [trötet in dasselbe Horn]: Jetzt bist du zu alt. Damals ging das noch. Und damals hat es sogar deine Friseurin kapiert, und da hast du dir gedacht: »Wenn die das kann ...«
Klientin: Die war jung.
Therapeutin: Das war der Grund! Ich habe zum Beispiel für meinen Computer »Depperl-Anweisungen«. Weißt du, ich habe einen Apple. Und der Apple-Computer ist dadurch gekennzeichnet, dass man nichts verstehen muss. Besser noch als jedes Handy, du brauchst eigentlich gar nichts können, der macht das alles.

Klientin: Das sagen meine Freunde immer.

Therapeutin: Ja, aber die haben nicht begriffen, dass du selbst dafür zu alt bist.

Klientin [grinst]: Ja, das sehe ich auch so.

Therapeutin: Und diese Zeit, die man da verschwendet. Stell dir mal vor, du würdest ins Internet gehen. Ich kauf inzwischen meine ganzen Bücher bei Amazon, da musst du ins Internet gehen ... und das müsstest du dir glatt auf so einer »Depperl-Instruktion« aufschreiben ... [nachsichtig, wie zu einem Kleinkind] Also, da machst du dir so ein Buchzeichen, da drückst du einmal drauf, da kommt »Amazon« und dann drückst du mit so einer Maus, da weißt du schon, was das ist?

Klientin: Das weiß ich.

Therapeutin [platt]: Echt? Woher?

Klientin: Das habe ich mal gesehen.

Therapeutin: Das hast du gesehen, soso!

Klientin: Ja, das habe ich mal gesehen.

Therapeutin: Bis du gelernt hast, mit dieser Maus umzugehen, da vergehen ja Jahrzehnte.

Klientin: Eben.

Therapeutin: Dann bist du gestorben.

Klientin [lacht]: Du verstehst mich ja vollkommen.

Vor der Erwähnung des nahen Ablebens, speziell bei einem alten Klienten, schrecken viele Therapeuten zurück. Da die Klientin gut gelaunt ist und mit mir völlig konform geht, darf ich solche Sachen sagen. Ihr Lachen zeigt, dass ihr Widerstand gegen die fixe Idee »Ich bin zu alt« bereits provoziert wurde.

Therapeutin: Ja, total. Weißt du, das Schöne ist, was sollst du denn noch ... Ich hab zum Beispiel einen Bruder, der ist Psychiater und der hat gesagt, es ist hochinteressant, die Alten, wenn die dement werden, entscheiden sie irgendwann: »Ich brauche bestimme Hirnteile nicht mehr.« Das ist wirklich nicht von mir erfunden, mein Bruder ist Mediziner, und der forscht gründlich, und er sagt: »Du wirst es nicht für möglich halten, wenn man den Dementen ein Motiv gibt, warum die ihr Hirn noch brauchen sollten, dann können die das wieder reaktivieren.« Das hat mich unglaublich beeindruckt.

KLIENTIN: Heißt das, dass das bei mir noch möglich ist?
THERAPEUTIN: Nee, nee, bei dir nicht. Nur bei den Dementen.
[Beide lachen]

Wenn man solche Dinge sagt, ist es ungemein wichtig, dass der Klient den Schalk im Auge wahrnehmen kann. Ich hatte einmal einen Kollegen, der wunderbare provokative Einfälle hatte, aber sie so ernst mit steinern unbewegtem Gesicht vorbrachte, dass die Klienten dachten, es sei ernst gemeint. Er wurde prompt von einer Klientin wegen Beleidigung verklagt und hat daraufhin leider, aber verständlicherweise auf die provokative Vorgehensweise verzichtet.

THERAPEUTIN: Nein, wenn du weiter peu à peu dein Gehirn schrumpfen lässt und einfach bestimmte Bereiche aussparst, dann hast du irgendwann ... wie alt möchtest du werden?
KLIENTIN: Ich möchte, sagen wir mal 80 ...
THERAPEUTIN: 80. Dann sitzt du mit 80 vielleicht im Rollstuhl und sabberst so ein bisschen vor dich hin, und dich stört das ja nicht, du hast dann einfach beschlossen, ab 60 anzufangen, wahrscheinlich schon viel früher, zu denken: »Das brauche ich alles nicht mehr.«
[zunehmend begeistert] Das ist doch klasse, du brauchst dich dann auch nicht mehr mit irgendwas zu beschäftigen, was bloß mühsam ist.
KLIENTIN: Ja, aber jetzt stell dir mal vor, wenn das dann wirklich mal eintritt, das mit den 80 und dass ich da jetzt noch einen Computer kaufe ...
THERAPEUTIN: Eben, das ist doch Geldverschwendung, wenn du mit 80 sowieso verblödest.
KLIENTIN: Ja, eben!
THERAPEUTIN: Das ist auch so ein bisschen symptomatisch für so eine Lebenshaltung, die sehr gemütlich ist.
KLIENTIN: Ja, also, da muss ich dir recht geben ...
THERAPEUTIN [strahlend]: Ich freue mich, dass du mir so viel Recht gibst.
KLIENTIN: Ja, ich bin ein bisschen bequem.
THERAPEUTIN: Ein bisschen? Das ist die Untertreibung des Jahres.
[Beide lachen]
KLIENTIN: Nein, ich fürchte, durch den Computer sitze ich dann da, anstatt dass ich etwas Effektives mache.

THERAPEUTIN [definitiv feststellend]: Was du sowieso nicht machst! Aber es wäre immerhin, du sitzt dann die Zeit da ab ...
KLIENTIN: Ich mach schon was Sinnvolles.
THERAPEUTIN [ungläubig]: Echt? Ach ja?
KLIENTIN: Natürlich.
THERAPEUTIN [skeptisch]: Und zwar?

Wenn der Klient anfängt, sich zu verteidigen, könnte man als Therapeut in Gefahr geraten, ihn begeistert zu unterstützen. Der provokative Therapeut bezweifelt (verbal) prinzipiell die positiven Selbstaussagen, um den Widerstand des Klienten gegen seine Selbstschädigung zu stärken. An dieser Stelle möchte ich daran erinnern, dass der Therapeut vollkommen von den Fähigkeiten des Klienten, sich zu ändern, überzeugt sein muss. Wenn diese Überzeugung echt ist, kommt sie zwingend nonverbal zum Ausdruck.

KLIENTIN: Als erstes Mal habe ich meinen großen Schatz, dann habe ich ...
THERAPEUTIN: Den kannst du bald abstreichen, deinen großen Schatz, denn wenn du nicht internetfähig oder so bist, dann findet der das fad, der sagt dann auch, wie deine Freunde: »Das kapiert die Oma nicht mehr.« Das ist so ein Punkt, wo man dann aufs Altengleis geschoben wird.
KLIENTIN: Ja. Den Satz habe ich auch schon von meinem Enkel gehört: »Oma, da biste halt alt.«
THERAPEUTIN: Siehst du? Das heißt übersetzt – soll ich es dir übersetzen?
KLIENTIN: Ja.
THERAPEUTIN: Der sagt übersetzt: »Dazu bist du zu deppert.« Mit seinen gleichaltrigen Freunden kann der das alles wunderbar besprechen. Ich habe mir gedacht, die Jugend, die haben irgendwie noch ein Gen mehr als wir.
KLIENTIN [nachdenklich]: Hm.
THERAPEUTIN: Das ist unglaublich, wie die mit dieser Elektronik umgehen. Ich trau mich zum Beispiel auch nicht, bei meinem Computer irgendwas selbstständig zu verändern, weil der dann bestimmt abstürzt. Mein Sohn, der geht hin und macht schung schung schung, und da sage ich ängstlich: »Ahhhh, lass ihn in Ruhe.« Und er antwortet: »Wieso, das mache ich wieder rückgängig.« Ich kann das alles nicht.

Ich setze mich mit der Klientin ins gleiche Boot und erzähle aus meinen Erfahrungen. Die implizite Botschaft an die Klientin ist: Ich bin auch kein Technik-Freak und mache es trotzdem. Ich habe in meinen zahlreichen Zusatzausbildungen gelernt, dass man sich als Therapeut mit privaten, eigenen Geschichten zurückhalten und als Berater nichts Persönliches erzählen sollte. Im Provokativen Stil hält man sich nicht bedeckt, sondern darf wieder ein Mensch sein, auch wenn man therapeutisch arbeitet, deshalb erzähle ich gerne auch von mir. Das zeigt dem Klienten, dass ich mich in der Materie auskenne, und stärkt den guten Draht.

KLIENTIN: Ja schau mal, da sind wir wieder bei dem Punkt. Wenn mir so was passiert, dann stehe ich da ...

THERAPEUTIN: Dann bist du total aufgeschmissen.

KLIENTIN: Ja. Dann rufe ich meinen Sohn an und meine Tochter, und die sagen: »Ich habe keine Zeit.«

THERAPEUTIN: So isses.

KLIENTIN: Und dann steht der Computer zwei, drei Tage ...

THERAPEUTIN [verträumt]: Der Enkel würde vielleicht kommen.

KLIENTIN: Der käme vielleicht. Aber noch ist er nicht so weit, das muss er erst noch lernen.

THERAPEUTIN: Aber wenn du wartest, bis er so weit ist, dann bist du wirklich zu alt, um das noch anzufangen.

KLIENTIN: Ja.

THERAPEUTIN: Aber das Schöne ist, dass die Alten einfach beschließen: »Das kann ich nicht mehr.« Das heißt, dass alle anderen sagen: »Ja, das sieht man ja, die vertrocknen gerade an jeder Stelle ihres Körpers ... [schmunzelnde Pause] ... und dann wird man irgendwann so richtig schön beiseitegeschoben, und da du es dann ja nicht mehr merkst, weil dein Hirn schon eingetrocknet ist, spielt das auch keine Rolle. Du merkst ja dann nicht, dass die alle dich sowieso für doof halten, weil du ja wirklich doof geworden bist.

KLIENTIN: Du meinst, ich könnte dann in den Augen meines Enkels ... [nachdenklich] wir haben eine ganz besondere Beziehung. Meinst du, dass ich dann noch ...

THERAPEUTIN: Das kannst du ihm nicht zumuten. Dem fällt die Kinnlade runter, der sagt: »Was machst du, Oma? Ehrlich?« Diese Beweglichkeit traut der dir nie im Leben zu.

KLIENTIN: Meinst du?

Das provokative »Gegengift« beginnt zu wirken. Die Klientin fängt an, Widerstand zu spüren. Und es wird deutlicher: Der Enkel ist ein hervorragender Ansatzpunkt.

THERAPEUTIN: Du *könntest* ihn schwer beeindrucken, aber weißt du, du *solltest* ihn nicht so beeindrucken. Vielleicht kriegt der einen Schock fürs Leben. »Meine Oma holt sich noch einen Computer.« Der geht dann hin zu seinem Freund und der sagt zu deinem Enkel: »Weißte was, die sagen, meine Oma ist so was von doof.« Und dein Enkel antwortet: »Ha, meine nicht.«
[Therapeutin lacht]
THERAPEUTIN: Nee, aber das ist zu viel.
KLIENTIN: Das wäre ein Argument, was mich überzeugt.
[Beide lachen]

Hier ist es für den Therapeuten wieder sehr verlockend, das zarte Pflänzchen des Umdenkens, das sich bei der Klientin regt, ordentlich zu gießen und Unterstützendes von sich zu geben. Stattdessen rate ich dringend ab, um den beginnenden Widerstand gegen die selbst gesetzten Grenzen zu stärken.

THERAPEUTIN [abwiegelnd]: Weißt du, so lang im Voraus zu planen ..., der fängt ja auch erst gerade an.
KLIENTIN: Ja, ja, ja!
THERAPEUTIN: Und dann kommt der Frust: Wenn der anfängt, hat der dich innerhalb einer Woche so weit überflügelt, da kommst du nie im Leben hinterher.
KLIENTIN: Er hat mich zum Beispiel ... dieses Nintento, da hat er gesagt: »Komm, Oma schau, ich erkläre es dir.« Da habe ich mir gesagt, okay, ich setz mich hin. [düster] Ich kapier es nicht!
THERAPEUTIN: Eben, du bist ja auch blond.
KLIENTIN: Noch.
THERAPEUTIN: Zumindest mental blond.
[Beide lachen]

Ich schütte weiter Kohlen ins Feuer, indem ich ein Zukunftsszenario entwerfe, das der Klientin nicht gefallen kann.

KLIENTIN: Das überzeugt mich eigentlich schon, dass er sagen würde, unter Umständen ... oder dass er zu seinem Freund sagen würde: »Also meine Oma kann das.«

THERAPEUTIN [abwiegelnd]: Ja, ja ... Jetzt sagt er: »Die ist zu doof.« Der sagt: »Die ist halt, wie Omas sind. Die werden so ...« Graduelle Verblödung, weißt du. In zehn Jahren, da bist du 80, und da ist er 18 und dann sagt er: »Naja, mit Omas kann man halt auch nichts anfangen.«

KLIENTIN: Hm.

THERAPEUTIN: Mit 18 ... nehmen wir mal an, heutzutage gehen die ja alle ins Ausland, nach Amerika oder so, und du hast keine E-Mail, vergiss es!

KLIENTIN: Also, das muss ich ehrlich sagen, wäre mir furchtbar, wenn wir dann keinen Kontakt mehr haben könnten.

THERAPEUTIN: Fakten sind Fakten! Am besten, du stimmst dich jetzt schon mal drauf ein und sagst: »Okay, da ich jetzt keine E-Mails schreiben kann und will und selbst für ne E-Mail zu blöd bin ...« Noch würde dein schon stark geschrumpftes Gehirn es wahrscheinlich schaffen, eine E-Mail zu schreiben. Das ist wie eine Schreibmaschine.

KLIENTIN: Ja, das kann ich ja.

THERAPEUTIN [überrascht und ungläubig]: Was?

KLIENTIN: Das war mein früherer Beruf, das kann ich.

THERAPEUTIN: Du kannst E-Mails schreiben?

KLIENTIN: Naja, E-Mails nicht, aber auf der Tastatur.

THERAPEUTIN [von den Socken]: Echt?

KLIENTIN: Natürlich.

THERAPEUTIN [nicht überzeugt]: Mach kein Scheiß! Ja, aber da kommt jetzt die Schwierigkeit hinzu, wenn man eine Mail schreibt, du müsstest dir erst so einen Account einrichten, das würde dir wahrscheinlich dein Enkel in zwei Minuten machen, aber immerhin. Und dann müsstest du, wenn du eine Mail schickst, auf einen Knopf drücken, der heißt »Senden«.

KLIENTIN: Ja, das steht auch beim Handy, das weiß ich.

THERAPEUTIN [total platt]: Das kriegst du auch noch hin?

KLIENTIN: Ja, am Handy steht »SMS senden«. Ja, das kann ich.

THERAPEUTIN [extrem überrascht]: Heeey!

KLIENTIN: Ja, ja, das kann ich.

THERAPEUTIN: Mann!!!

Klientin: Aber was tu ich jetzt wirklich, ganz ernst ... ganz ernst ... wenn er abstürzt, der Computer. Ich habe überhaupt keine Hilfe.
Therapeutin: Da geht die Welt unter.
Klientin: Nee, da stehe ich da tagelang, bis irgendwer mal Zeit hat.
Therapeutin: Genau, bis dein Enkel vielleicht vorbeikommt und sagt: »Oma, ich helf dir.«
Klientin: Aber weißt du, wenn ich mir jetzt den Computer anschaffe, dann ist er aber noch nicht so weit und dann passiert das morgen oder übermorgen, dann steht der wochenlang herum.

Jetzt hole ich die implizit geäußerten Ängste ans Licht, begeistere mich dafür. Sofort differenziert die Klientin und beschränkt ihre Unfähigkeit auf den Computer.

Therapeutin [begeistert]: Das ist eine super Art, die Dinge anzugehen. Ich merke, dein reicher Erfahrungsschatz in deinem Leben hat dich gelehrt, dass man alle Katastrophenszenarien, die passieren könnten, vorwegnimmt. Das ist doch super. Damit bist du gerüstet.
Klientin: Das ist ja eigentlich was, was ich normalerweise nicht mache, das betrifft nur den Computer.
Therapeutin: Eben. Du hast einen Bereich ...
Klientin: Technik.
Therapeutin: Technik. Und Technik, hast du ein für alle Mal beschlossen, ...
Klientin: Ja.
Therapeutin: ... ist nichts für dich. Also ich bin auch technisch sehr unbegabt, ich hab so einen Freak, das ist so ein Student, und wenn mir was abstürzt, dann rufe ich den an, und entweder sagt er es mir am Telefon oder er kommt vorbei. Und das Gemeine ist, ich sitze den ganzen Nachmittag und plage mich mit dem Ding rum, und der kommt, und das dauert 30 Sekunden, und das Ding läuft wieder.
Klientin: Ich habe ja ganz reizende Angebote von Freunden von mir, aber ich kann die doch dann nicht ständig belästigen, weil ...
Therapeutin [definitiv]: Auf gar keinen Fall. Das ist wirklich unmöglich.
Klientin: Ja.

Damit war unser Gespräch zu Ende, weil der Zeitnehmer »Stopp« rief. Etwa acht Wochen später bekam ich von der Klientin eine E-Mail, die erste von weiteren begeisterten Mails. Sie schrieb: »liebe noni, nun ist es soweit: erinnerst du dich noch an das erfolgreiche und höchst interessante wochenende in X. ich bin die 70-jährige oma mit 8-jährigem enkel, die sich mit händen und füßen gewehrt hat und nichts mit dem computer zu tun haben wollte. jedoch dein provokativer gesprächsstil, den du mit mir ausprobiert hast, macht mich nun zu einer computerbesitzerin mit unendlicher freude und leichten ansätzen einer suchtgefahr. es mag kommen, was wolle, diesen computer, sollten auch schwierigkeiten auftauchen, den gebe ich niemals mehr her. Ich bin ganz fleißig beim lernen, werde vielleicht die groß- und kleinschreibung vergessen, aber was solls. mein enkel meinte gestern zu mir: »oma, du bist schon ein bißchen alt, aber cool.« gibt es etwas schöneres zu hören? ich danke dir tausend mal, meine gehirnzellen erneuern sich und ich bin einfach nur glücklich. alles liebe und weiterhin viel erfolg, deine K.«

Fall 2: Meine Chefin ist ein Ekel

Ich bin aufgewachsen in den Fünfziger- und Sechzigerjahren des vorigen Jahrhunderts, und das Frauenbild unterschied sich – nicht nur, was die Emanzipation betrifft – gewaltig vom heutigen. Das begann schon mit Äußerlichkeiten. Das Ziel jeder Frau war ein möglichst gewaltiger Busen und ansonsten eine schmale Eieruhrfigur mit Wespentaille. Auf allen Illustrierten prangten Damen wie Jayne Mansfield, Brigitte Bardot, Anita Ekberg usw., deren Oberweite einen unwillkürlich fragen ließ, wie es ihnen gelang, ihre Rückenmuskulatur so zu trainieren und die Wirbelsäule so zu versteifen, dass sie nicht vornüberfielen. Zu allem Überfluss waren meine zwei besten Freundinnen wahre Busenfreundinnen, die bereits mit 13 einen BH mit C-Körbchen brauchten, während meine zaghaft sprossenden Brüstchen wie zwei Erbsen auf einem Brett aussahen. Außer dem Busen standen damals auf meiner langen Wunschliste ein längerer Hals, eine schmalere Taille, kräftigere Waden und vor allem mindestens fünfmal so viele Haare. Kurzum, ich fand mich rein äußerlich sehr verbesserungsbedürftig, um nicht zu sagen: ziemlich minderwertig, verglichen mit den Hollywood-Sexbomben. Einer der besten Effekte höheren Alters liegt darin, dass sich diese Wunschlisten im

Laufe des Lebens weitgehend verflüchtigen und proportional dazu das Selbstwertgefühl zunimmt.

Ich bin noch nie auf einen Menschen getroffen, der mit sich hundertprozentig zufrieden war – zumindest auf keine Frau. Männer sind da ein bisschen andersgeartet. Sie finden sich auch mit Bierbauch und meterlangen, verschwitzten Achselhaaren unwiderstehlich. Manchmal ist es jedoch höchst verblüffend, was Frauen an sich selbst schön finden und was nicht. Fragen Sie sich einmal selbst, was Ihnen an sich rein äußerlich besonders gut gefällt und was nicht. Und dann fragen Sie eine nahestehende Person Ihres Vertrauens, was diese an Ihnen besonders schön findet. Sie werden Überraschungen erleben! In meine Praxis kam zum Beispiel einmal eine Klientin, die ein paar spärliche hellblonde Flusen auf dem Kopf hatte. Ich wollte gerade eine Bemerkung über diesen Flaum loslassen, als sie mir verkündete, wirklich stolz sei sie nur auf ihre Haare. Vor Überraschung konnte ich gar nichts mehr sagen.

Sie erfahren sehr viel über einen Menschen, wenn Sie auf seine Außenwirkung eingehen. Menschen finden nicht nur Dinge an sich bemerkenswert, die andere gar nicht wahrnehmen, sondern haben auch häufig einen blinden Fleck, was ihre wahre Außenwirkung angeht. Ich habe auch viele Jahre gebraucht, um zu verstehen, warum mich wildfremde Menschen fragten, weshalb ich so übellaunig sei, während ich gerade sehr entspannt und friedlich über etwas nachdachte. Wenn ich Kinderbilder von mir betrachte, muss ich feststellen, dass meine Mundwinkel bereits im zarten Alter von drei Jahren eine fatale Tendenz hatten, nach unten zu hängen, wenn ich sie nicht bewusst und konzentriert mit Gewalt nach oben ziehe, was sich für mich wie ein Clownsgrinsen anfühlt. Im Laufe der Jahre ist das nicht besser geworden. Und das Schlimmste daran ist, dass sich dieser trostlose Gesichtsausdruck mit meiner schon zum Naiven tendierenden positiven und fröhlichen emotionalen Grundstimmung überhaupt nicht in Einklang bringen lässt.

Als M. in mein Sprechzimmer kam, sprang mir ihr verbitterter, griesgrämiger Gesichtsausdruck als Erstes ins Auge. Sie war Therapeutin wie ich und kam zur Supervision, eine hübsche junge Frau mit einer beeindruckenden blonden Lockenmähne, aber dem beleidigten Gesicht eines Basset-Hundes, dem man seinen Knochen weggenommen hat. Der schnellste Weg, um Klienten möglichst schnell an einem Gespräch zu interessieren und zu erreichen, dass sie emotional beteiligt sind, ist das Ansprechen von Merkmalen, die unmittelbar ins Auge stechen.

M. war überrascht, dass sie auf mich diesen niederschmetternden Eindruck machte, denn eigentlich war ihr Problem ein ganz anderes: Sie hatte Ärger mit ihrer Chefin. Im ganzen Gespräch beziehe ich mich immer wieder auf die Wirkung dieses Gesichtsausdrucks und stelle eine Verbindung zwischen ihrer Ausstrahlung und ihrem Problem her.

THERAPEUTIN: Du hast gesagt, du hast Bauchweh.

KLIENTIN: Ja.

THERAPEUTIN: Hast du deine Tage?

KLIENTIN: Nee, das ist momentan nicht der Fall, aber ich trage ein Problem mit mir rum, was mich bei der Arbeit richtig belastet. Ich hab erkannt, dass meine Klienten – ich arbeite mit schwer chronisch psychisch kranken Klienten ...

THERAPEUTIN: Das scheint irgendwie abzufärben, [Klientin lacht kurz] denn du siehst dermaßen verzweifelt aus, [beide lachen] als ob du dich hier eingefunden hast in einem so grässlichen Jammertal.

[Klientin lacht]

THERAPEUTIN: Jetzt nicht mehr, aber wenn du so ernst guckst.

KLIENTIN: Ja.

THERAPEUTIN: Oder hast du das gleiche Problem wie ich mit meiner Mundform?

KLIENTIN: Vielleicht meine Augen, scheinbar.

THERAPEUTIN: Also irgendwie siehst du aus, als wärst du total desolat todtraurig die ganze Zeit. Verzweifelt, frustriert ...

KLIENTIN: Eigentlich das Gegenteil.

THERAPEUTIN: Na, siehst du, du arme Sau, also hast du dasselbe Problem wie ich.

[Klientin lacht]

KLIENTIN: Ja. Mein Problem ist, dass meine Chefin, die aus einem anderen Bereich kommt und noch nicht mit psychisch Kranken gearbeitet hat, schon dreimal die Situation pekziert hat ...

THERAPEUTIN: Was ist »pekziert«?

KLIENTIN: Sie hat die Situation hervorgezaubert, inszeniert, dass eine Klientin oder ein Klient kam und gelabert hat: »Die Frau M., alles scheiße«, und so weiter.

THERAPEUTIN: Die beschweren sich über dich!

KLIENTIN: Die beschweren sich über mich!

THERAPEUTIN: Das ist aber wirklich unfair. Du reißt dir den Arsch auf und die beschweren sich über dich.

KLIENTIN: Das ist nicht mein Problem.

THERAPEUTIN [überrascht]: Auch nicht?

KLIENTIN: Nee, das Problem ist, dass meine Chefin hingegangen ist und hat sich das angehört und hat das relativ eins zu eins übernommen, was die gesagt haben ...

THERAPEUTIN: Sie hat es geglaubt.

KLIENTIN: Sie hat es geglaubt und ist nicht hergegangen, wie ich das gemacht hätte und hätte gesagt: »Hier, Frau M., wie sieht denn die Sache aus, das und das habe ich gehört, was sagen Sie dazu?« Nee ...

THERAPEUTIN: Die hat wohl gedacht, wenn jemand so einen verzweifelten Gesichtsausdruck hat wie die M., dann muss das stimmen, was die Klienten gesagt haben.

KLIENTIN: Ich lass mich operieren.

THERAPEUTIN [lacht]: Ja, irgendwas stimmt mit den Augen nicht, du schaust so wahnsinnig verzweifelt. Nee, es ist mehr der Mund, find ich.

KLIENTIN: Ja?

THERAPEUTIN: Ja.

KLIENTIN: Okay.

THERAPEUTIN: Okay. Also die sagt, wenn die verzweifelte Frau M. zu den Klienten kommt, dann verschlimmern sich die Symptome. Und das bei dir, wo du die Mutter Theresa der Patienten bist.

KLIENTIN: Nicht unbedingt.

THERAPEUTIN: Doch, du bist doch diejenige, die wirklich dafür sorgt, dass es den armen, armen, armen, den Ärmsten der Armen wieder ein bisschen besser geht.

[Pause]

KLIENTIN: Das Problem ist einfach, dass sie eine Dreierkombination, ein Dreiergespräch anberaumt hat, ohne mit mir vorher zu sprechen, was überhaupt Sache ist.

THERAPEUTIN: Zwischen den Klienten und dir?

KLIENTIN: Genau. Ich werde da konfrontiert mit einer Situation, von der ich nichts weiß ...

THERAPEUTIN: ... und der du absolut nicht gewachsen bist.

KLIENTIN: Bin ich auch nicht, weil die Klienten blubbern irgendwas, sie hat sich schon eine Meinung gebildet, ohne die andere Seite zu kennen.

THERAPEUTIN: Du bist unvorbereitet.

KLIENTIN [leicht aufbrausend]: Ich bin einfach nur noch der Arsch.

THERAPEUTIN: Was ist denn das für eine unmögliche Frau?

[Pause]

THERAPEUTIN: Du bist ja vom Schicksal geschlagen. Erstens mit deinem Gesichtsausdruck ...

[Klientin lacht]

THERAPEUTIN: ... zweitens mit einer Chefin, die dich wirklich zur Schnecke macht ...

KLIENTIN: Ja.

THERAPEUTIN: ... und drittens mit deinem Antreiber, wo du es allen recht machen willst. Sicher auch dieser unmöglichen Chefin.

KLIENTIN: Hm.

THERAPEUTIN: Du musst die Arbeitsstelle wechseln. Du brauchst eine Chefin, die sich nicht abschrecken lässt von deinem Gesichtsausdruck, und Klienten, die dich nicht so fordern mit deiner absolut hilfsbereiten nährenden Mutterbrust, die du sofort im Anschlag hast.

KLIENTIN: Also mit Wechseln tu ich mich schwer. Ich habe schon überlegt ...

THERAPEUTIN: Will dich sonst keiner?

KLIENTIN: Das ist nicht so einfach, in unserem Bereich was Gescheites zu kriegen, und wenn man da schon lange ist, hat man eine Position, und ich mache es auch gerne, aber ...

THERAPEUTIN: Bist du kündbar?

KLIENTIN: Jeder ist kündbar.

THERAPEUTIN: Oh, nicht unbedingt, also heutzutage ist es unheimlich schwer; man wird Mieter nicht mehr los und man wird Mitarbeiter nicht los.

[Klientin schmunzelt]

THERAPEUTIN: Also. Wenn du nicht silberne Löffel stiehlst ...

KLIENTIN: Goldene.

THERAPEUTIN: Goldene. Naja, aber weißt du, du könntest dich ja auf deinem Hintern ausruhen und sagen: »Soll die mir doch an den Karren fahren, soviel die will.« [Resigniert] Das geht aber nicht, weil dann dein Helfersyndrom so verletzt wird.

Klientin: Hm.

Therapeutin: Du musst ja auch der Chefin gefallen.

Klientin [seufzt]: Ich will ihr ja gar nicht gefallen …

Therapeutin: Doch, das ist die Lüge des Jahres. Natürlich willst du ihr gefallen. Sie soll sagen: »Frau M. ist meine beste Kraft. Frau Schulz, ich stehe hinter Frau M. Hören sie auf, so einen Blödsinn zu erzählen.«

[Klientin lacht leise]

Therapeutin: So was, das wäre doch toll.

Klientin: Also, dahinterstehen, hinter ihren Mitarbeitern stehen, das fände ich gut.

Therapeutin: Ja.

Klientin: Und erst mal hören, was Sache ist, und sich das zumindest mal anhören und sich dann aus zwei Punkten ein Bild machen, um zu sagen, hier, wie sieht die Sache aus, wie können wir das lösen? Das fände ich klasse.

Therapeutin: Na klar wäre das klasse, aber die hat eben ein gepflegtes Vorurteil gegen dich. Die kann dich nicht leiden.

Klientin: Vielleicht hat da irgendeine Übertragung stattgefunden …

Therapeutin: Die findet dich zum Kotzen.

Klientin: Die hat was mit mir, das stimmt schon.

Therapeutin: Ja siehst du!

Klientin: Aber ich habe ja auch was mit ihr.

Therapeutin: Eben. Du kannst sie nicht leiden und sie kann dich nicht leiden. Aber sie sitzt am längeren Hebel.

Klientin: Das ist ja die Scheiße.

Therapeutin: Mist!

[Beide lachen]

Klientin: Ich habe mir überlegt, dass ich eigentlich nur was an meiner Einstellung ihr gegenüber ändern kann. Dass ich versuche, mir zu sagen: »Okay, ich mache meine Arbeit gut, die soll mich mal am Popo lecken. «

Therapeutin: Ja, ja. Ganz im Gegenteil. *Du* sollst sie am Popo lecken.

Klientin: Nee.

Therapeutin: Doch, du musst. Dieser riesige gigantische Chefinnenarsch … Morgen ist Montag. Montag früh, zu Hause bereits, formierst du dich …

[Therapeutin macht sich dünn, streckt die Arme nach oben und schlupft imaginär in ein Loch an der Decke]

THERAPEUTIN: ... damit du dann reinsteigen kannst.
KLIENTIN [lacht]: Nee.
THERAPEUTIN: Man gewöhnt sich auch an den Geruch und alles.
KLIENTIN: Nee, ich glaub es nicht. Das ist auch das, was mir unheimlich schwerfällt, ihr so positiv entgegenzukommen.
THERAPEUTIN: Ja, nicht nur positiv. Chefinnenärsche wollen gekitzelt und gestreichelt und reingekrochen werden.
KLIENTIN: Wahrscheinlich ist das das Problem, weil ich das nicht kann.
THERAPEUTIN: Übe, übe. Am Anfang ist es ein bisschen gewöhnungsbedürftig, aber dann kannst du ihr sagen: »Frau S., haben sie gestern Abend Brokkoli gegessen?«
[Klientin lacht laut]
THERAPEUTIN: Leute, die weiterkommen wollen oder die in Ruhe gelassen werden wollen, die sind Weltmeister darin, mindestens einmal die Woche, besser noch täglich, sich morgens zu formieren, zu schütteln und dann ...
[Therapeutin schlüpft wieder in das imaginäre Loch]
KLIENTIN [lacht]: Das ist nicht meins.
THERAPEUTIN: Dann sehe ich leider keine Möglichkeit, dass du jemals mit Frau S. klarkommst. Wahrscheinlich hast du dauernd gesagt: »Leck mich am Arsch«, und sie hat gesagt: »Hey, Frau M., Sie bringen da was durcheinander.«
[Pause]
THERAPEUTIN: »Das geht andersrum.«
KLIENTIN: Hm.
THERAPEUTIN: »Kiss my ass« sagen die Amerikaner.
[Pause]
KLIENTIN: Okay.
THERAPEUTIN: Für dich ist das nicht okay.
KLIENTIN: Nee.

Wir sind nun bei einem Problem, das sehr häufig hinter Beschwerden von Mitarbeitern und Mitarbeiterinnen ihren Chefs gegenüber auftritt: Der Mitarbeiter hält sich für kompetenter als den Chef und glaubt, er würde es in der Chefposition deutlich besser machen. Wer seinem Chef so etwas signalisiert (und das lässt sich nicht verbergen, auch wenn es nicht ausgesprochen wird), bekommt über kurz oder lang massive Schwierigkeiten. Es geht hier um Über- und Unterordnung unter Gegebenheiten, die sich nicht ändern lassen. In unzähligen Coachings habe ich erlebt, dass gera-

de dynamische, junge Mitarbeiter und Mitarbeiterinnen Probleme mit der Unterordnung unter altgediente Bosse haben. Sie stürmen wie ein Stier mit gesenkten Hörnern nach vorne und vergessen in ihrem dynamischen Vorwärtsdrang leider, dass jeder Chef, und sei er auch noch so unfähig, momentan leider am längeren Hebel sitzt. Er hört den Stier im angreifenden Galopp und tritt elegant einen Schritt zur Seite. Da Stiere beim Angriff die Augen geschlossen haben, rasen sie direkt gegen die nächste Wand. Wenn ich so etwas wittere, stelle ich Behauptungen auf, ich ziehe also die Flagge am Fahnenmast empor und prüfe, ob die Klientin salutiert. Falls sie anbeißt, halte ich zäh an meinen Behauptungen und Unterstellungen fest, wie ein Straßenköter an einem soeben ergatterten Leckerbissen.

THERAPEUTIN: Also gut, da die beste Methode, die ich dir vorschlagen kann, für dich nicht infrage kommt, musst du damit leben, dass Frau S. dich in die Pfanne haut.

[Pause]

THERAPEUTIN: Und dann wird wahrscheinlich dein verzweifelter Gesichtsausdruck im Laufe deines Lebens immer verzweifelter werden.

[Klientin lacht]

THERAPEUTIN: Wenn du so lachst, ist es weg.

KLIENTIN: Ja.

THERAPEUTIN: Ja, aber du lachst wahrscheinlich ganz selten.

KLIENTIN: Nee, das stimmt nicht.

THERAPEUTIN: Das Lachen ist dir vergangen ...

KLIENTIN [laut und heftig]: Wenn ich sie sehe, dann lache ich nicht.

THERAPEUTIN: Eben. Frau S. kennt nur dein miesepetriges, verzweifeltes, total desolates Gesicht.

KLIENTIN: Hm.

THERAPEUTIN: Die denkt: »Oh Gott, die Patienten müssen recht haben, wenn die so daherkommt; so beladen vom Schicksal und vom Leben, die kann ja nichts sein.« Hast du jemals gelächelt in ihrer Gegenwart?

KLIENTIN: Nee.

THERAPEUTIN: Weder dass du das anvisierst, noch dass du wirklich lächelst.

[Pause]

THERAPEUTIN: Man kann lächelnd da reinkriechen.

[Therapeutin macht wieder die Schlüpfbewegung]

[Beide lachen]

KLIENTIN: Nein,, wirklich nicht.

THERAPEUTIN: Du kannst ja nicht mal lächeln, geschweige denn reinkriechen.

[Klientin schüttelt den Kopf]

THERAPEUTIN: Na siehst du, so ist das eben. Aber ich würde sagen, für dich ist es wichtig, dass du bei deinem Leisten bleibst, dass du deinem Charakter nicht untreu wirst. Es wird nicht gelächelt in Gegenwart von Frau S., geschweige denn ... stell dir vor, dieser riesige Chefinnenarsch hängt an der Decke. Und der wartet drauf, dass die Mitarbeiter sich formieren und dann da reinkriechen [Therapeutin macht es vor].

KLIENTIN: Ich fürchte, wenn ich sie das nächste Mal sehe, habe ich dieses Bild vor Augen.

THERAPEUTIN: Das wirst du nicht mehr los.

[Klientin lacht]

KLIENTIN: Da muss ich dann lachen.

THERAPEUTIN: Das geht aber nicht. Du darfst in Gegenwart von Frau S. nicht lachen. Du verrätst ja deine ganzen Prinzipien.

KLIENTIN: Hm.

THERAPEUTIN: Ihre ganze Grundsatzablehnung ist beim Teufel, die könnte ja auf die Idee kommen, dass du sie nett findest, das geht überhaupt nicht.

KLIENTIN: Hm.

THERAPEUTIN: Eben. Deswegen darfst du in ihrer Gegenwart unter gar keinen Umständen lachen.

[Pause]

THERAPEUTIN: Du kannst doch nicht deine ganzen Grundsätze, deine Glaubenssätze, deine Werte verraten.

[Pause]

THERAPEUTIN: Lächeln ist der erste Schritt zum Reinkriechen.

KLIENTIN: Ich kann auch herzhaft lachen, ohne reinzukriechen.

THERAPEUTIN: Aber nicht in Gegenwart von Frau S. Bei Frau S. erstirbt dir alles.

[Pause]

KLIENTIN: Schaun wir mal.

THERAPEUTIN [abfällig]: Schaun wir mal! Und wenn du dann gelacht hast, bist du den ganzen Tag verzweifelt und guckst den ganzen

Tag noch viel verzweifelter, als du es eh schon tust, weil du sagst: »Ich habe mich verraten.«

KLIENTIN [leise]: Ich weiß nicht. Ich glaube, dieses Bild ist sehr einprägsam.

THERAPEUTIN: Naja, es ist wahrscheinlich auch gar nicht so leicht, das wieder loszuwerden.

Je deftiger und bildhafter meine Sprache ist, umso stärker die Wirkung. Viele Berater scheuen sich, immer wieder auf dasselbe Bild zurückzugreifen, aber wenn ein Bild vom Klienten so angenommen wird wie hier von M., sollte man es nicht so schnell verlassen. Es ist auch sinnvoll, in diesem Fall immer wieder Pausen einzulegen. Man kann förmlich sehen, wie sich die Klientin das deftige Bild vom Chefinnenarsch einprägt.

KLIENTIN [lachend]: Nein.

[Beide lachen]

KLIENTIN: Aber es könnte mir helfen.

THERAPEUTIN: Man könnte da Arschtypologien dranhängen. Manche Arschlöcher haben kleine Haare da drum herum. Und die Frau S., so wie die geartet ist, hat das bestimmt.

KLIENTIN: Also, Haare auf den Zähnen hat sie auf jeden Fall.

THERAPEUTIN: Eben. Und das ist ja nur die zweite Öffnung mit Schleimhäuten. Die hängen ja gewissermaßen zusammen. Haare auf den Zähnen und Haare am Arschloch.

KLIENTIN: Hm.

[Pause]

THERAPEUTIN: Und du kannst nicht in Gegenwart eines haarigen Arschlochs lachen.

[Pause]

KLIENTIN: Ich glaub, ich werde an nichts anderes mehr denken können.

[Beide lachen]

KLIENTIN [lachend]: Hervorragend.

Wenn ich das Gefühl habe, beim Klienten beginnt der Groschen zu fallen, beginne ich keineswegs mit positiv verstärkenden Sätzen wie »Ich glaube, jetzt haben Sie es geschafft«, sondern bezweifle die Einsichten und benenne möglichst Situationen, in denen die neu gewonnenen Einsichten versagen werden. Das festigt sie ungemein.

THERAPEUTIN: Das sagst du jetzt so, aber warte ab, nächsten Montag kommt sie wieder und dann hat sie wieder irgendwas an dir auszusetzen, und schon hast du dein zerknittertes Gesicht wieder auf.

[Pause]

KLIENTIN: Hm.

THERAPEUTIN: Hm.

[Pause]

THERAPEUTIN: Abgesehen davon, das muss ich noch mal wiederholen, du verrätst dich doch, dich und deine Werte, wenn du plötzlich in Gegenwart von Frau S. freundlich lächelnd und aufgeschlossen bist. Die kommt womöglich auf die Idee bzw. zieht den völlig falschen Schluss. Die denkt erstens, die M. ist heut gut drauf, und das sehe ich zum ersten Mal – Überraschung!!! Und zweitens denkt sie womöglich, dass du sie auch nur ansatzweise sympathisch finden könntest. Das darf nicht passieren!

KLIENTIN: Hm.

[Pause]

THERAPEUTIN: Das wäre schrecklich. Überleg mal, die zieht total falsche Schlüsse. Die hat ja aus deinem zerknitterten Gesicht auch schon den falschen Schluss gezogen.

[Pause]

THERAPEUTIN: Die bezieht das auf sich. Die denkt nicht, dass du an ihr haariges Arschloch denkst, sondern die denkt, die mag mich womöglich. Das kannst du nicht bringen.

KLIENTIN: Warum nicht?

THERAPEUTIN: Na, weil sie einfach unmöglich ist. Die ist furchtbar, die Frau.

KLIENTIN: Ja, aber sie sitzt am längeren Hebel.

THERAPEUTIN: Das weiß ich ja, aber das ändert doch nichts dran, dass sie widerlich ist, einen schrecklichen Charakter hat, absolut unfähig ist, Mitarbeiter zu führen. Die kann ja überhaupt nichts! Das ist ja eine schreckliche Person.

Ich übernehme pro forma die subjektive Sichtweise der Situation, die M. mir direkt oder indirekt mitteilt, oder die ich bei M. vermute, und übertreibe sie möglichst ausschweifend. Ich mache die Chefin also so schlecht wie möglich und rate M. ausdrücklich dazu, auf keinen Fall auch nur einen Millimeter von ihren Glaubenssätzen abzurücken. M. hat einen hohen

Anspruch und sehr feste Grundsätze sowohl hinsichtlich ihrer eigenen Perfektion als auch der Perfektion ihrer Chefin, was zwingend zu Konflikten mit dieser geführt hat. Sie hält die Chefin im Grunde ihres Herzens für eine unfähige Person, jedenfalls für unfähiger als sich selbst. Je globaler ich werde, umso mehr gerät die Klientin ins Nachdenken und Differenzieren. Und nun widerspricht sie mir sogar.

KLIENTIN: So würde ich das nicht sehen.

THERAPEUTIN [überrascht]: Du würdest das nicht so sehen?

KLIENTIN: Nein. Sie macht Fehler, aber sie ist auch nur ein Mensch. Es ist nur ...

THERAPEUTIN: Aber ein schrecklicher Mensch. Es gibt nette Menschen und es gibt scheußliche und abscheuliche. Und in diese Kategorie gehört sie eindeutig.

[Pause]

THERAPEUTIN: Die ist nicht auszuhalten, diese Frau. Wahrscheinlich hat die sich nach oben geschlafen oder so.

[Pause]

THERAPEUTIN: Irgendwas muss sie gemacht haben. Jemand, der so furchtbar unfähig ist ... ich weiß, die konnte sehr gut ...

[macht Schlüpfbewegung zur Decke in ein Loch]

KLIENTIN [lacht]: Ich werde es trotzdem nicht können.

THERAPEUTIN: Na, du wirst auch nie zu was kommen. Ich meine, du wirst immer auf der Stufe bleiben, auf der du bist, oder du wirst degradiert, aber das ist der Preis dafür, dass man zu seinen Werten steht und konsequent dabei bleibt, seine Identität zu wahren.

KLIENTIN: Hm.

THERAPEUTIN: Deine Identität ist in Gegenwart solcher widerlichen Chefs oder Chefinnen die zerknitterte, frustriert guckende, unzufriedene Identität.

[Pause]

THERAPEUTIN: Was machen deine Bauchschmerzen?

KLIENTIN: Die haben sich aufgelöst.

THERAPEUTIN [ungläubig]: Ach was!

KLIENTIN [lacht]: Ich werde dieses Bild vor Augen haben und wenn ich sie am Mittwoch im Team sehe, werde ich sie anlächeln, und sie wird sich wundern.

M. war während unseres Gesprächs emotional sehr beteiligt. Im Weggehen sagte sie: »Es geht so vieles in mir herum, das kann ich jetzt gar nicht alles fassen und aussprechen, aber irgendwie finde ich das sehr positiv, und es hat einfach auch eine sehr lustige Seite. Die habe ich vorher nicht gesehen.« Ich traf sie einige Monate danach wieder. Sie sah viel fröhlicher aus und übergab mir ein kleines Geschenk. »Du hast mich und meinen Job gerettet!«, sagte sie strahlend und ohne jeglichen Griesgram im Gesicht. »Mein Verhältnis zu meiner Chefin ist jetzt vollkommen unproblematisch. Ich habe diesen dicken Chefinnenarsch nie vergessen können.«

Fall 3: Eine Paarberatung: Mein Mann dominiert mich

Als ich vor mehreren Jahrzehnten mit der Paarberatung anfing, damals noch ganz geradlinig und unprovokativ, hatte ich meistens ein schlechtes Gewissen, weil ich gelernt hatte, dass man Paare nur zu zweit beraten darf, um jede Parteinahme auszuschließen. Als ich anfing, mit Paaren provokativ zu arbeiten, erzählte ich Frank Farrelly von meinen Bedenken, und er sagte nur: »Ja, ganz richtig, Babytherapeuten brauchen einen Ko-Therapeuten. Wenn Du erwachsen geworden bist, so wie ich, ist das nicht mehr erforderlich!« Damit hatte er mich! Bei der provokativen Beratung von mehreren Personen wechselt der Berater stets die Fronten, sodass sich keiner der Beteiligten jemals in Sicherheit wiegen und dauerhaft glauben kann, ich sei ausschließlich auf seiner Seite.

Das folgende Gespräch mit einem Paar zeigt viele typische Muster, die in Paarbeziehungen zu Problemen führen können. Sie wollte ihr Problem besprechen, und er wurde – für ihn überraschend – dazugebeten. Die beiden sind Anfang 40. Sie ist lebhaft, zierlich, sehr attraktiv und hat ein breites Lachen, er ist sehr viel ruhiger und eher unauffällig.

Auch wenn Klienten kommen, die ich noch nie gesehen habe, geht die Beratung so los wie diese. Das ist für die meisten, die schon mal eine Paarberatung gemacht haben, eine Überraschung. Denn gerade bei Paaren fängt man üblicherweise mit anamnestischen Fragen an (»Wie lange haben Sie dieses Problem?«, »In welchen Situationen ist es besonders brisant?« usw.). Nach meiner Einschätzung ist das nicht erforderlich, denn man bekommt im Laufe des Gesprächs fast nebenbei viele Informationen und körpersprachlich sehr viele

Signale. Die Grundüberlegung ist: Das Verhalten, das die Klienten in meiner Praxis zeigen, unterscheidet sich nicht von ihrem Verhalten »in freier Wildbahn«, besonders nach den ersten provokativen Interventionen, die das Spontanverhalten fördern und verhindern, dass vorgefertigte Konzepte zum Einsatz kommen.[62]

THERAPEUTIN: Also, es ist wie im richtigen Leben, du schleppst ihn her, er weiß davon nichts und er weiß noch nicht mal, welches Problem. Und das ist sicher wahrscheinlich auch schon ein Teil des Problems, dass du sicher schon eine ganze Liste an Problemen hast, von denen er überhaupt nichts weiß.

[Kurze Pause]

THERAPEUTIN: Sag Ja!

[Alle lachen]

FRAU: Ich glaube, die Liste ist auf beiden Seiten ausgewogen.

THERAPEUTIN: Sie ist ausgewogen? Nein, das glaube ich nicht.

FRAU: Ob es viele Überschneidungen gibt, das ist die Frage, aber Themen haben wir, glaube ich, jeder auf der Liste.

THERAPEUTIN: Und jeder ausreichend? Und du denkst, sie wäre ausgewogen, aber du weißt ja, bei Männern ... Frauen stehen kurz vor der Scheidung und der Mann sagt: »Ist irgendwas?«

[Frau lacht]

THERAPEUTIN: Ich habe übrigens auch schon erlebt, ich warne dich, dass ich mal ein Pärchen hatte, die waren beide im Einvernehmen gekommen, und die haben sich hinterher scheiden lassen. Aber da ihr ja nicht verheiratet seid ...

FRAU: ... kann das nicht passieren.

THERAPEUTIN: Also, wie lange seid ihr zusammen?

FRAU: Ähm, im Februar werden es vier Jahre.

THERAPEUTIN: Vier Jahre. Okay. Also die erste Verliebtheit ist vorbei und der Alltag hat begonnen.

[Frau lacht]

THERAPEUTIN: Ja, genau. [Zum Mann:] Und du hast nicht den Hauch einer Ahnung, was sie jetzt bemängeln will. Also, du weißt schon, was es an dir zu bemängeln gibt, aber was sie jetzt gerade am Köcheln hat, das weißt du nicht.

62 Ein Klient hat einmal zu Frank Farrelly gesagt: »Mich verwirrt nicht so sehr, dass ich nicht weiß, was Sie als Nächstes sagen werden. Mich verwirrt viel mehr, dass ich nicht weiß, was *ich* als Nächstes sagen werde!«

MANN: Nee, das weiß ich nicht.

THERAPEUTIN: Das weißt du nicht. Möchtest du sie fragen, oder möchtest du es gar nicht wissen?

MANN [lässig]: Ach, wir fragen sie mal.

THERAPEUTIN: Ja? Du bist schon ein bisschen neugierig?

MANN: Hm, ja.

THERAPEUTIN [zur Frau]: Du wirst ja jetzt nicht das schlimmste Problem nehmen, sondern das, was am sozial verträglichsten ist ...

[Frau lacht]

THERAPEUTIN: ... und vorgebracht werden kann.

[Frau atmet tief durch, und alle fangen an zu lachen]

THERAPEUTIN: Hast du dir das gut überlegt? Also nimm ein kleineres, ein Minimalproblem. Ein Problemchen, damit der Abend heut auch noch nett wird.

FRAU: Wir sind ja nun so mitten ins kalte Wasser ... und wissen auch nicht ...

THERAPEUTIN: Nein, nein. Und Minimalprobleme fallen dir keine ein.

FRAU: Genau.

THERAPEUTIN: Das sind alles richtige Hammer. Okay, dann nimm dir meinetwegen ein ganz schlimmes.

[Pause]

FRAU: Naja, es gibt natürlich viele, viele kleine Probleme ...

THERAPEUTIN: Ja.

FRAU: ... und die münden aber aus meiner Perspektive immer in ein großes.

THERAPEUTIN: Okay. Und das wäre?

FRAU: Das wäre, dass ich mich sehr dominiert fühle.

THERAPEUTIN: Von ihm?

FRAU: Ja.

[Frau lacht kurz]

Was man in einem Transkript nicht sehen kann: Die Klientin ist zwar sehr zierlich, hat Augen wie ein Reh und einen tollen Augenaufschlag, aber sie wirkt auf mich keineswegs schwach und unterwürfig, sondern strahlt eine starke Willenskraft und Zähigkeit aus.

THERAPEUTIN: Naja, okay. Aber weißt du, es gibt immer einen, der dominiert, und einen, der dominiert wird. Das ist ein göttliches Gesetz.

Frau: Genau.

Therapeutin: Und das wäre ja völlig unmöglich, wenn du ihn dominieren würdest.

Frau: Ja.

Therapeutin: Ich bitte dich. Schau ihn dir doch mal an. Er sitzt da, kann kein Wässerchen trüben und macht das auf die heimliche Still-und-leise-Tour, dass er dich unter Druck setzt.

[Pause]

Therapeutin: Außerdem, wenn er dich nicht dominieren würde, würde ja nie irgendwas vorangehen.

Frau: Hm. [ironisch] Da wäre ich hilflos ...

Therapeutin: Eben.

Frau [ironisch]: Mein Leben würde den Bach runtergehen.

Therapeutin: So ist es.

Frau [ironisch]: Ich würde gar nichts geregelt kriegen.

Therapeutin: Nein.

Frau [ironisch]: Weil Menschen wie ich, die kriegen gar nichts geregelt.

Therapeutin: Genau. Du siehst auch schon so aus, als ob du schutzbedürftig bist. Männer und Frauen ... [zum Mann:] du greifst dir dann in den Schritt und sagst: »Ich richte das schon.«

[Mann und Frau lachen]

Therapeutin: Bevor sie überhaupt wollte, dass du irgendwas richtest.

Mann: Naja, ich finde das gar nicht so mit dem ...

Therapeutin: Nein. Natürlich nicht.

Frau [zum Mann, ironisch]: Und außerdem fahre ich ja sehr gut damit, dass du es richtest.

Mann: Ah ja. Wenn ich an unseren Anfang denke, ich wurde ja ausgesucht.

Therapeutin: Von ihr?

Mann: Ja. Sie hat einfach zugegriffen.

[Frau lacht]

Therapeutin [zum Mann]: Aber sie hat dir die Illusion gelassen, dass du ein kleines Mitspracherecht hast.

Mann: Ja.

Therapeutin: Ja.

Mann: Ich habe aber ein bisschen gebraucht, bis ich es kapiert hatte.

Therapeutin: Das ist auch normal. Weißt du, es ist ein Wunder, dass du es nach vier Jahren schon begriffen hast. Manche Männer brauchen ihr ganzes Leben lang, bis sie begreifen, dass sie ausgesucht wurden, dass die Frau sämtliche Weichen stellt, aber dieses kleine süße Frauchen, die kleine zarte Person, engelsgleich, [Frau fängt an zu lachen], weißt du, die fühlt sich von dir einfach unterjocht.

[Mann schnauft]

MANN: Hm, ja.

THERAPEUTIN: Aber du kannst nicht anders. Das ist deine natürliche Autorität, die da durchkommt gegenüber dieser kleinen und unbedeutenden, absolut nichtssagenden Person.

FRAU: Ja, weil, ich brauche eine starke Führungskraft ...

THERAPEUTIN: So ist es.

FRAU: Das hat *er* mal gesagt.

[Mann lacht kurz]

MANN [zur Therapeutin]: Wenn du sie kennen würdest, würdest du ganz anders reden.

THERAPEUTIN: Ich weiß, dass sie ihre Mittelchen hat. Da, wo die Haare am kürzesten sind, da hat sie dich fest im Griff.

[Mann und Frau lachen]

MANN: Ja.

THERAPEUTIN: Klar. Aber du musst ihr die Illusion geben, als ob du der Unterlegene bist.

MANN: Ja.

THERAPEUTIN: Ja, aber Männer können keine Illusionen geben. [Zur Frau:] Wusstest du nicht, dass Männer nicht so tun können als ob?

[Kleine Pause]

THERAPEUTIN: Das geht schon beim Sex los.

FRAU [lachend]: Ja.

THERAPEUTIN: Na also. Das zieht sich durch das gesamte männlich-weibliche ...

[Frau lacht]

THERAPEUTIN: Ja.

FRAU: Ich habe es noch nicht so gesehen.

THERAPEUTIN: Was hast du noch nicht so gesehen?

FRAU: Naja, dass er nicht so tun kann, als ob er unterlegen wäre, aber ich glaube ...

THERAPEUTIN: Na, hör mal, wenn wir mal das bildhafte Beispiel nehmen, wenn er dann sagt: »Schau an, das sieht hier aus wie ein

Diamantenschneider.« Und da hängt so eine weich gekochte Nudel, das ist doch ... der kann nicht so tun als ob.
[Mann und Frau lachen]
THERAPEUTIN [zum Mann]: Wie alt bist du?
MANN: 43.
THERAPEUTIN: 43. [zur Frau:] Und du?
FRAU: 41.
THERAPEUTIN: Also, er sieht ja dramatisch älter aus als du.
[Frau lacht]
THERAPEUTIN: Wenn man euch beide so sieht, hätte ich gesagt, sie hat sich einen älteren, gesetzten und in sich ruhenden Menschen genommen, der dich flatterhafte junge Elfe in ...
FRAU: ... in geordnete Bahnen ...
THERAPEUTIN: Genau! Aber eigentlich hat er dir an deine Flügel ein dickes Seil gebunden und in den Boden genagelt.
FRAU: Das ist ein schönes Bild.
THERAPEUTIN: Ja, ja. Genau. Jetzt sagst du, du kannst dich selber behaupten.
FRAU: Naja, was heißt ...
THERAPEUTIN: Nee, vergiss es.
[Mann lacht]
FRAU: Naja ...
THERAPEUTIN: Was heißt naja? Wenn du ihn nicht hättest, wärst du völlig verloren und aufgeschmissen ... glaubt er.
FRAU [ironisch]: Ich würde immer noch so ein furchtbares Leben führen, wie das Leben, was ich hatte, bevor ...
THERAPEUTIN: Eben.
FRAU: Genau. Ich arme Socke.
THERAPEUTIN: Ja. Seit du ihn hast, ist Ruhe, Ordnung und Stabilität ...
FRAU [lauter]: Ja, ganz genau.
THERAPEUTIN: Sagt *er*.
FRAU: Ja. Muss ich dankbar sein.
THERAPEUTIN: Auf jeden Fall.
FRAU: Weil ich jetzt endlich zur Ruhe gekommen bin.
THERAPEUTIN: Guck mal, wie gut du begriffen hast, welche Botschaft ... kaum vier Jahre, obwohl du blond bist, hast du nach vier Jahren begriffen, was deine ...
FRAU: ... was mir guttut.

Therapeutin: ... Beziehung zusammenhält.

Frau: Ruhe, Beständigkeit.

Therapeutin: Genau. Weißt du, aber insgeheim wünschst du dir doch einen sanften Poeten.

[Frau und Mann lachen]

Frau: Ja. Hab ich ja vorhin gesagt, so einen lieben ...

Therapeutin: Ja. So einen Lieben. So was zum Kuscheln. Was zum ...

Frau: Ja.

Therapeutin: Und dann hast du das da zu Hause [Frau fängt an zu lachen], und nix ist mit Kuscheln.

Frau: Genau. Da ist mit Kuschen und nicht mit Kuscheln.

Therapeutin: Du sollst kuschen?

Frau: Ja, genau.

Therapeutin: Wenn du dir jetzt vorstellst, du hättest so einen sanften, soften, so einen modernen Mann, der weinen kann und wo du absolut die Hosen anhast, wo du definierst: »Heinrich, jetzt hör mit dem Geplärre auf.«

[Frau lacht]

Therapeutin: Das wäre es doch. Den könntest du dir doch als nächsten nehmen, das ist schließlich auch nicht dein erster, sondern der wievielte?

Frau [lachend]: Ach Gott!

Therapeutin [entsetzt]: Ach du liebe Zeit! Also da kommt es doch auf einen mehr oder weniger nicht mehr an.

Frau: Nee.

Therapeutin: Also, jetzt hast du vier Jahre den Macho ausprobiert und als nächsten nimmst du so einen Softie, Poeten, der dir sagt, deine Augen sind wie Bergseen, solche Sachen. Sagt er so was manchmal?

Frau: Nein.

Therapeutin: Nee. [zum Mann:] Du hast ja auch nicht den Hauch einer Ahnung. Ist sie deine Erste?

[Mann schüttelt den Kopf]

Therapeutin: Hast du immer deine Frauen so behandelt, dass du so pragmatisch gesagt hast: »Ist das Essen fertig?« und »Hopp hopp, mach dich schon mal frei«?

[Mann und Frau lachen]

Frau: Ja.

Mann: Nee. Nicht wirklich.

THERAPEUTIN: Irgendwas an ihr ist dran, dass sie dich zwingt, sie zu unterdrücken.

MANN: Also, ich erlebe das irgendwie zum ersten Mal, dass jemand das Gefühl hat, er wird von mir dominiert. Ich bin ja eher so ein Sanfter.

[Frau lacht]

THERAPEUTIN [feststellend, zum Mann]: Eben, das liegt nicht an dir, das liegt ausschließlich an ihr, weil sie so ein unterwürfiger Niedrigstatustyp ist.

[Pause]

Nach meiner Einschätzung ist die Klientin mindestens so stark wie ihr Partner, aber sie hat unglaubliche Vorteile, da sie aussieht wie eine Elfe. Ich glaube nicht, dass der Mann sie wirklich so unterdrückt, sondern ich glaube, dass ihr Selbstbild das Problem ist. Sie ist überzeugt: »Ich bin jemand, der leicht zu unterdrücken ist.« Mit diesem Selbstbild sendet man Hilflosigkeitssignale, auf die Männer in aller Regel sofort anspringen: »Ich helfe dir, Schatz!« Die Frau bekommt damit so viel Verstärkung dieses hilflosen Verhaltens, dass es für sie wenig Sinn ergibt, es aufzugeben. Das heißt, diese sogenannten hilflosen Frauen haben viele Machtmittel, die ihnen wahrscheinlich gar nicht direkt bewusst sind. Der Nachteil ist, dass man wie mit einem Rabattmarkenbuch eine ganze Latte von Groll ansammelt, wenn man in der Partnerschaft immer nur nach Auslösern sucht: »Da hat er mich schon wieder unterdrückt, und da schon wieder, und da schon wieder ...«

Es kann natürlich völlig falsch sein, was ich den beiden unterstelle, deshalb schieße ich zur Klärung weiter in diesen Busch, und warte, ob ein Hase herausspringt. Ich weiß, dass die Paare mich korrigieren, wenn ich falsch liege. Für den Berater ist es unerlässlich, nicht auf den eigenen Hypothesen zu beharren, sondern für Alternativen offen zu bleiben.

THERAPEUTIN: Du hast dich wahrscheinlich als Kontrastprogramm für die Bavarias, die du bisher hattest, so was ganz Mitleiderregendes rausgesucht.

MANN: Sie ist aber nicht sanft und elfig.

THERAPEUTIN: Sie sieht aber so aus.

FRAU: Wo er mich kennengelernt hat, nicht.

THERAPEUTIN: Nein, also hat er dich dazu gebracht, dass du sanft und elfig geworden bist?

FRAU [haucht]: Ja.

THERAPEUTIN [haucht auch]: Ja. [wieder in normalem Tonfall zum Mann:] Guck mal, wie sie das sagt [gehaucht]: »Ja.«

MANN: Ja.

FRAU [sarkastisch]: Das waren die zarten Worte: »Du bist einfach zu fett.«

THERAPEUTIN: Das hat er zu dir gesagt?

FRAU: Ja.

THERAPEUTIN [erschüttert]: Was? Und dann? Hast du drei Jahre nichts gegessen oder wie?

FRAU: Ja, dann ...

[Therapeutin lacht]

FRAU: ... danach habe ich ...

THERAPEUTIN: Also, deine fantastische Figur verdankst du ihm?

MANN: Ja.

FRAU: Genau.

MANN: Dann ist sie in einen Abnehmwahn eingestiegen und seitdem ist sie zehn Kilo leichter und ...

THERAPEUTIN: Magersüchtig.

[Frau lacht kurz]

MANN: ... und ihr Leben wird von der Waage dominiert.

THERAPEUTIN: Nicht von dir, sondern nur von der Waage.

MANN: Nur von der Waage. Am Tag fünf Waagenbesuche.

THERAPEUTIN: Aber du hast das ausgelöst, das ist dir schon klar?

MANN: Ich befürchte, ja.

THERAPEUTIN: Wenn du gesagt hättest »Ich liebe jedes Kilogramm an dir« ...

MANN: Das sag ich ja, aber ich sag ja ständig: »Nehm zu, bitte.«

FRAU [sarkastisch]: Also, er ist da schon großzügig. Mein Gewicht darf sich bewegen zwischen 57 und 58 Kilo.

THERAPEUTIN: Wie groß bist du?

FRAU: 1,68. Drüber zu fett und drunter: »Du siehst eingefallen aus, deine Brüste hängen schlaff an dir runter und du siehst aus wie aus Äthiopien.«

THERAPEUTIN: Das ist ja furchtbar. Der ist dermaßen fixiert auf dein Äußerliches, anstatt dass er deine Werte, dein Inneres, deine Seele sieht.

FRAU [sarkastisch]: Meinen genialen Geist.

THERAPEUTIN: Deinen genialen Geist. Anstatt dass er dir in das Herz schaut, guckt er dir auf den Busen. Wie finde ich denn das?

MANN [fröhlich]: Ja, so einer bin ich.

THERAPEUTIN: So einer bist du!! Und dann sagst du: »Ich habe nur ganz harmlos gesagt, du bist zu fett.«

[Frau lacht leise]

THERAPEUTIN: Weißt du nicht, was das für ein Erdbeben ist, wenn du zu einer Frau sagst »Du bist zu fett«?

[Mann lacht laut]

MANN: Na gut, da wusste ich ja nicht, was ich da auslöse.

[Mann lacht]

THERAPEUTIN: Du scheinst ja wohl von nichts eine Ahnung zu haben. Das ist ja furchtbar. Du darfst nie zu einer Frau – und wenn sie wie Claudia Schiffer aussieht – du darfst trotzdem nie zu einer Frau sagen: »Du bist zu fett.« Das glaubt jede Frau. Sofort.

MANN: Nee, das war mir gar nicht klar, was ich damit auslöse.

THERAPEUTIN: Ja. [zur Frau:] Aber was ich faszinierend finde, ist, dass er mit so einer Bemerkung so wahnsinnig viel auslösen kann bei dir. Das ist doch genial, ich meine, da sehe ich schon, wie er dich im Griff hat.

FRAU [leise]: Ja.

THERAPEUTIN: Wenn er jetzt zum Beispiel sagt »Deine Nase ist zu lang«, dann gehst du hin und lässt sie dir zusammensäbeln.

[Frau lacht ein wenig]

THERAPEUTIN: Außerdem hast du ja doppelt so viel Zähne wie jeder andere Mensch, [Frau lacht] also wenn er sagt: »Hör mal, deine Zähne, und wenn du lachst, ist das wie die Cheshire Cat ...« Kennst du die Cheshire Cat?

FRAU: Nee.

THERAPEUTIN: Das ist bei Alice im Wunderland.

FRAU: Aha.

THERAPEUTIN: Also, so nennt mich mein Mann immer und er sagt, wenn er uns drei, also mich und unsere beiden Kinder, lachen sieht, dann sieht er drei Cheshire Cats. Das ist so eine ganz große dicke Tigerkatze, die sitzt im Baum und verschwindet, aber dieses riesige Grinsen bleibt. Wenn er das bemängeln würde zum Beispiel, dann müsstest du dir die Mundwinkel irgendwie zunähen lassen.

FRAU: Ja, also da hat er viele Ideen, was ich noch alles optimieren könnte.

THERAPEUTIN: Ja. Welche drei fallen dir denn als Erstes ein?

FRAU: Naja, ich könnte meine Augenlider etwas straffen lassen, mein Bauch etwas, weil der so faltig ist, auch noch, und ähm ...

[Mann lacht]

THERAPEUTIN: Okay, okay. Verstehe. [zum Mann:] Also du hast sehr ausgefeilte und hoch anspruchsvolle Ideen, was die Verbesserung ihres Körpers angeht.

MANN: Das sieht so aus.

THERAPEUTIN [zögerlich]: Darf ich mal ganz schüchtern nachfragen, was du dem entgegenzusetzen hast?

MANN: Diesen drei Ideen, meinst du?

THERAPEUTIN: Nein, ich meine überhaupt dieser perfekten Frau? Jetzt kommt sie daher und sie hat ja jetzt ein knuspriges Figürchen, und ich könnt mir einige Männer vorstellen, die bei ihrem Anblick sagen: »Wenn ich das mit meiner Alten zu Hause vergleiche ...« Ja, und jetzt kommst du daher und rein optisch bist du ja nicht gerade wie Arnold Schwarzenegger.

[Frau lacht]

MANN: Ja, seitdem bin ich ja ganz schön angeschmiert und das erlebe ich ja immer wieder, denn sie hat ja so einen Charisma-Schock erlebt ...

THERAPEUTIN: Charisma-Schock? Wegen deinem Charisma?

MANN: Nein, nein, sie hat diesen Charisma-Schock aufgrund ihres Abnehmens entwickelt ...

THERAPEUTIN: Ach so.

MANN: ... weil sie sich seitdem vor ihrem lebensgroßen Spiegel selbst bewundert ...

[Frau lacht]

THERAPEUTIN [weise]: Ja, ja, ja.

MANN: ... und ...

THERAPEUTIN: Wenn ich so eine Figur hätte, würde ich mich auch andauernd im Spiegel bewundern. Und andere Männer beobachten sie ja sicher auch, wenn sie irgendwo reingestöckelt kommt.

MANN: Ja.

THERAPEUTIN: Die fangen zu sabbern an.

MANN: Sie starrt ja sowieso jeden Fremden an.

THERAPEUTIN: So isses.

MANN: So isses.

THERAPEUTIN: Du hättest sie vielleicht lieber dick lassen sollen.

MANN: Das habe ich mir dann danach auch gedacht.
FRAU: Jetzt mache ich nicht mehr mit, jetzt bin ich auch noch bockig und will nicht mehr zunehmen.
THERAPEUTIN [entsetzt]: Auch das noch.
FRAU: Er füttert mich zwar immer, aber ...
THERAPEUTIN: Nee, das geht nicht. Die Geister, die ich rief ... Jetzt hast du eine Hübsche, wo andere Männer hinterhersabbern und sich fragen: »Wie kommt die Frau zu dem Kerl?«
[Frau lacht]
MANN: Ja, da ist was Wahres dran.
THERAPEUTIN: Und sie hat dich ausgesucht, als sie noch nach nix aussah, und jetzt ... [dreht sich zur Frau] ... schau mal, bist du mit dem Gnom immer noch zusammen. Kannst du ihn nicht mal austauschen gegen irgendwas Attraktiveres? So was Brad-Pitt-Artiges?
FRAU: Ähm ... mir ist das ja nicht so wichtig.
THERAPEUTIN: Wie er aussieht?
FRAU: So Äußerlichkeiten, mir ist das echt nicht so wichtig.
THERAPEUTIN: Das ist doch nicht zu fassen. Du bist ja mit wenig zufriedenzustellen.
FRAU: Bei mir zählen so Geist, Verstand ...
THERAPEUTIN: Geist? [Blickt zum Mann] Ähm ...
FRAU: Doof ist er nicht.
THERAPEUTIN: Okay.

Je schlechter ich ihn mache, umso eher nimmt sie ihn in Schutz und geht mental auf die Suche nach seinen starken Seiten. All diese Dinge darf ich nur sagen, wenn ich innerlich neutral bleibe. Mir persönlich ist es wirklich völlig schnuppe, wie die beiden aussehen, ich stelle nur Vermutungen an, die aufgrund der unterschiedlichen Attraktivität der beiden ins Auge springen, und übertreibe so lange, bis die Klienten anfangen zu sortieren.

FRAU: Er sieht zwar nicht aus wie Arnold Schwarzenegger, aber doof ist er nicht.
THERAPEUTIN: Verstand hat er.
FRAU: Ja.
THERAPEUTIN: Tja, das ist natürlich ein Dilemma.
[Pause]

THERAPEUTIN: Jetzt hast du eine doofe hübsche Frau und du hast einen intelligenten und nicht so attraktiven Mann. Das ist 'ne Basis für eine Beziehung.

[Frau lacht]

THERAPEUTIN: Passt fantastisch zusammen. Aber deine Sorge ist, dass er noch mehr an dir rummacht.

[Frau seufzt]

[Pause]

THERAPEUTIN: Hast du dir nicht mal überlegt, dass du ihm dankbar sein solltest, dass du aussiehst, wie du aussiehst? Also, weil er dich auf den Pfad des attraktiven Äußeren gebracht hat? Du musst ja vorher ein richtiger Besen gewesen sein?

[Pause]

FRAU: Ja, ja, die eine Sache ist ja mein Äußerliches, da versuche ich ja natürlich: »Mach es recht, mach es noch mehr recht.« Also, ich mache es ihm immer rechter.

THERAPEUTIN: Ihm zuliebe? Oder inzwischen ...

FRAU: Ja ...

THERAPEUTIN: So was verselbstständigt sich ja auch.

FRAU: Nee, nee, das habe ich schon durch in meinem Leben. Nein, nur für ihn.

THERAPEUTIN [ungläubig]: Nur für ihn?

FRAU: Nur für ihn.

THERAPEUTIN: Ich meine, Streicheleinheiten von den anderen sabbernden Kerlen sind ja auch nicht schlecht, oder?

FRAU: Nee, meinem eigenen Selbstwertgefühl ...

THERAPEUTIN: ... tut das schon gut ...

FRAU: ... tut das schon gut. Ich mache es auch für ihn zum großen Teil.

THERAPEUTIN: Ja und?

[Pause]

FRAU [ironisch]: Aber er führt mich ja auch in anderen Lebensbereichen, was meine berufliche Entwicklung angeht, was meine persönliche Entwicklung ... auch da führt er mich auf den Weg der Tugend.

THERAPEUTIN: Ja, stell dir mal vor, was aus dir alles noch werden könnte.

FRAU: Genau, was aus mir alles wird. Also, das ist fantastisch, aber ...

Therapeutin: Unglaublich. Wenn du da genauso folgsam bist, wie bei deinem Fettschwabbel, den du losgeworden bist, überleg mal. [Dreht sich zum Mann] Aber du musst aufpassen, irgendwann überholt sie dich.

[Pause]

Jede Beziehung braucht ein Machtgleichgewicht. Sobald sich die Waage zu sehr nach einer Seite neigt, gibt es Probleme. Dieses Machtgefüge ist kein objektiver Tatbestand, sondern wird von den Beteiligten subjektiv empfunden. Die beiden fechten einen Machtkampf aus, und wenn einer das Gefühl hat, dass das nicht ausgeglichen ist, dann kommt es zum Crash. Die Klientin hat die Aura einer Elfe, und dahinter steckt ein stählerner Schmetterling. Trotzdem fühlt sie sich unterlegen, auch wenn sie attraktiver und nicht dümmer ist als er, und er fühlt sich intellektuell augenscheinlich überlegen, auch wenn er so tut, als hätte er das bisher nicht beabsichtigt oder wirklich bemerkt. Bisher hat das leidlich funktioniert. Sollte sie ihn nun auf seinem persönlichen Feld schlagen, gäbe es mit Sicherheit einen neuen Kriegsschauplatz. Im Folgenden versuche ich, die Positionen der beiden bewusster zu machen.

Therapeutin [zum Mann]: Oder glaubst du, dass Mister Superhirn persönlich nicht einholbar ist?

Mann: Nee, dafür bin ich zu faul.

Therapeutin: Zu faul?

Mann: Nicht so ... ja, wie soll ich das sagen, ... ähm ... nicht so karrierebewusst.

Therapeutin: Karrieremäßig könnte sie dich überholen?

Mann: Ja. Da ist sie schon dabei.

Therapeutin: Ja gut, aber von der schieren nackten Intelligenz her, wenn du die Straße entlanggehst, dann hinterlässt du doch IQ-Punkte.

[Alle lachen]

Frau: Wer schreibt denn das mal für mich auf?

[Frau lacht]

Mann: Alles ist möglich.

Therapeutin: Du meinst, die kleine blonde Elfe wäre in der Lage, deine Eierkopf-Intelligenz irgendwann auch nur ansatzweise einzuholen?

Mann: Nee.

THERAPEUTIN [erleichtert]: Gott sei Dank, ich dacht schon, wie lang braucht er denn noch, bis er es endlich zugibt. Also gut, ...

THERAPEUTIN [zur Frau]: Du kannst dich anstrengen, wie du willst, du wirst nie an seine geistige Klasse rankommen.

FRAU [mit ironischem Unterton, der das Gegenteil meint]: Nee, und deswegen muss ich das noch so lange ausnutzen, dass er mir sagt, was gut für mich ist. Kann ich nur von profitieren.

THERAPEUTIN: Das meine ich, was heißt so lang, für den Rest deines Lebens ist er dein Mentor und geistiger Führer.

FRAU: Ja.

Die Klientin fühlt sich vor allem deshalb unterdrückt, weil der Mann sich – auch jetzt in unserem Gespräch – gelassen gibt wie Buddha persönlich und ausstrahlt: »Jetzt reg dich doch nicht so auf!« Dadurch wird ihr Anliegen zu einem Problemchen degradiert, sie fühlt sich nicht ernst genommen und ist noch mehr am Strampeln. Ein Teil des Problems ist also, dass sie die Botschaft vermittelt »Nimm mich zur Kenntnis und nimm mich ernster!« und er das nicht sehen kann. Bei geradlinigerer Vorgehensweise würde man das herausarbeiten und würde sagen: »Ihr müsst an eurer Beziehung arbeiten, damit sie sich ernster genommen fühlt.« Und dann hat er einen Wecker in der Hosentasche, der stündlich piepst und ihn daran erinnert: »Ich muss jetzt was Positives sagen, damit sie sich aufgewertet fühlt.« Provokativ reite ich lieber darauf herum, dass sie sich zu Recht so klein fühlt, weil er so groß ist, und hoffe auf Widerstand.

THERAPEUTIN [zur Frau]: Und alles, was für dich jetzt bleibt, ist: Du schwenkst die weiße Fahne: »Okay, ich gebe auf, Liebling.«

FRAU: Ja.

THERAPEUTIN: Also, was ist das Problem? Du brauchst dich nur zu fügen, seiner kundigen Führung, und alles ist in Ordnung.

[Lange Pause]

FRAU: Das ist mit Konflikten verbunden, wenn ich ...

THERAPEUTIN: Nur weil du so renitent bist.

FRAU: Ja.

[Pause]

FRAU: Ich bin einfach noch nicht so fügsam.

THERAPEUTIN: Nee.

FRAU: Ich sehe aus wie Bambi, benehme mich aber nicht so, ich benehme mich wie ein Platzhirsch oder so.

THERAPEUTIN: Nee, nicht wirklich, eher wie Bambi, das mit dem Fuß stampft.

[Mann und Therapeutin lachen]

[Pause]

THERAPEUTIN: Hast du den Film Bambi gesehen?

Wenn der Klient ein Bild anbietet, lässt sich das hervorragend ausbauen. Wir können davon ausgehen, dass dieses Bild den Klienten bei der nächsten Auseinandersetzung in den Sinn kommen wird und die Situation entschärfen kann.

FRAU: Hm.

THERAPEUTIN: So wie Bambi auf dem Eis. Erinnerst du dich an die Szene?

FRAU: Der rutscht so.

THERAPEUTIN: Ja, der kommt nicht so richtig zum Stehen. Er bemüht sich genauso wie der Klopfer. Der Klopfer ist der Hase. Erinnerst du dich an Klopfer?

FRAU: Hm.

THERAPEUTIN: Und der Klopfer geht aufs Eis und dann fetzt der mit einem Affenzahn quer übers Eis und sagt: »Komm, komm, das macht Spaß.« Und dann kommt Bambi mit seinen vier Stacksfüßen und kriegt keinen Halt. Also er [zeigt auf den Mann] ist gewissermaßen Klopfer und du bist Bambi.

[Pause]

THERAPEUTIN: Also, du kannst es vergessen. Bambi liegt dann mit allen Vieren gespreizt flach auf dem Eis, und Klopfer hilft ihm wieder auf und ist unheimlich hilfreich. Ja, das ist er [zeigt auf den Mann] sicher auch. Weil du keine echte Konkurrenz bist.

[Lange Pause]

THERAPEUTIN: Vergiss es.

FRAU: Ich ...

THERAPEUTIN: Such dir einen doofen Poeten.

[Frau kichert]

THERAPEUTIN: Dann hast du deine Ruhe, ein für alle Mal. Es wird unheimlich friedlich bei dir. [An den Mann gewandt] Und du kannst das nächste hilflose Opfer ...

FRAU: ... aufbauen.

THERAPEUTIN: ... mentorenartig, nimm dir wieder eine Fette ...

[Mann lacht]

THERAPEUTIN: Ja, stell dir mal vor, was du für ein Segen wärst für das übergewichtige Deutschland.

[Frau lacht]

THERAPEUTIN: Du kannst nicht zu lange bei einer bleiben. Nach einem Jahr, wenn sie dann abgespeckt hat, musst du sagen: »Schatz, andere Frauen brauchen mich auch.«

[Mann lacht]

THERAPEUTIN: Gut, wir haben die Lösung. Dann hören wir jetzt hier auf.

Im Seminar frage ich die Beteiligten aus Lehrzwecken nach unserem Gespräch nach ihrer Reaktion. In meiner Privatpraxis mache ich das nicht, denn ich habe die Reaktion ja gesehen und glaube, dass mit der Rückkehr zu Erklärungen und kognitiven Fragen die Wirkung der Provokationen abgeschwächt wird. Da die beiden ja Seminarteilnehmer waren, hier noch ein paar abschließende Bemerkungen:

THERAPEUTIN: Kurze Reaktionen von eurer Seite?

[Lange Pause]

MANN: Das Bild mit der Schnur und dem ...

THERAPEUTIN: Schmetterling?

MANN: Ja, der festgetackert ist am Boden, das war für mich ein Bild.

THERAPEUTIN: Ein treffendes, nehme ich an.

MANN: Ja, genau.

THERAPEUTIN: Okay.

FRAU: Ich muss mich noch ein bisschen sortieren. Ich hab nur grad den Bambi und den Klopfer und denke, wie oft ich ihm hinterherrenne mit meinen hohen Schuhen und nicht hinterherkomme, und denke mir, ja, das trifft's.

THERAPEUTIN: Ja, und der Klopfer ist noch so nervtötend fröhlich dabei.

[Mann lacht]

FRAU [zum Mann]: Meine Frage an dich: Kamst du dir zurückgesetzt vor oder angegriffen?

MANN: Nee, nicht von Noni. Sondern, du hattest ja Material angeboten: »Der will, dass ich das und das mache.« ... ja, puh. Also ich habe da eine komplett andere Wahrnehmung.

THERAPEUTIN: Das denke ich mir.

MANN [zur Frau]: Also, ich hab mich jetzt nicht von dir sozusagen zurückgesetzt gefühlt, dass ich noch mal deutlicher hätte markieren müssen, ich will widersprechen, ähm ... ich fand, deine Vorwürfe waren an sich schon so absurd, dass es gar nicht mehr notwendig war. Also, wenn noch mehr gekommen wäre, hätte ich wahrscheinlich schon mal gesagt: »Hey, nee, hallo.«

THERAPEUTIN [zum Mann]: Was sie als Material angeboten hat. War das für dich plausibel?

MANN: Naja, das ist schon bekanntes Material ...

THERAPEUTIN: Das hast du schon öfter gehört.

MANN: Schon immer mal wieder gehört, ja, wobei ich zu vielem eine andere Position habe. Wo ich mir eigentlich denke »Hey, viel Wind um gar nix.« Aber ich lass den Wind wehen.

THERAPEUTIN: Du siehst zwar nicht aus wie ein Buddha, aber du sitzt da mit einer ... ja, so ... bffff ... was manche Frauen zum Wahnsinn treibt: »Der mit seiner Gelassenheit, ich könnte ihn würgen.«

[Frau lacht]

THERAPEUTIN: »Ich muss endlich einen Streit anfangen, damit ich diesen Buddha aus seiner Ruhe bringe.« Das macht Frauen fertig.

THERAPEUTIN [zur Frau]: Bei dir sah ich mehr die Widersprüche. Ich bekam eine Doppelbotschaft »Ich bin arm und klein und schwach« und gleichzeitig diese unglaubliche stählerne Power, die ich dahinter gespürt habe. Und wenn da so ein Widerspruch ist, dann ist das für mich ein Signal, dass da irgendwo was nicht im Gleichgewicht ist.

MANN: Das kann ich nachvollziehen.

THERAPEUTIN: Dass du ihr auf den Wecker fällst mit deiner Ruhe?

MANN: Das und auch dieses Doppelthema: »Ich bin klein und schwach und ich habe viel mehr Power als du.«

THERAPEUTIN: Hm.

MANN: Das nehme ich auch so wahr, dass sie mehr Power hat.

THERAPEUTIN: Aber das juckt dich nicht?

MANN: ... bffffff ... Naja, soll ich jetzt Spinat futtern, dass ich noch mehr Power kriege? Also, ich fühl mich jetzt nicht so powerlos. Hey, mein Leben ist okay.

THERAPEUTIN: Klar, und jetzt steigt sie auf den Baum, weil er das schon wieder so rational abhandelt: »Reg dich doch einmal auf wenigstens.« [Zur Frau:] Wäre schön, was?

[Alle lachen]

THERAPEUTIN: Okay, wir stoppen jetzt hier, ihr seht, man könnte noch ewig weitermachen. Vielen Dank ...

Fall 4: Mein pubertierender Sohn ist unflätig

Eine anständige Ausdrucksweise ist den meisten Eltern sehr wichtig. Wie wir wissen, gefällt Pubertierenden eine Begriffswelt, die die Erwachsenen möglichst vollständig vor den Kopf stößt, am besten. Manchmal ist die Provokation nicht mal beabsichtigt, aber nichtsdestotrotz für die Teenies sehr vergnüglich. Unser Sohn Nigel fuhr beispielsweise als Zehnjähriger mit seinem Freund Max in der Münchner U-Bahn. Sie unterhielten sich lautstark über ihren Schulvormittag. Nigel: »Mann, die Lateinstunde heute war wieder mal ätzend, aber Kunst war geil!« Max: »Obergeil, das find ich auch!« Nigel: »Noch geiler finde ich allerdings Sport, der XY macht das wirklich endgeil!« Max: »Aber am geilsten ist es, wenn man gar keine Schule hat, oder?« Und so weiter, wobei in jedem Satz mindestens einmal das Wort »geil« vorkam. Den beiden Knaben gegenüber saß eine ältere, sehr distinguierte Dame mit Hut, Handschuhen und Perlenkette. Nach ein paar Minuten riss ihr der Geduldsfaden: »Was fällt euch ein, euch so ordinär auszudrücken! Diese Gossensprache ist wirklich unwürdig, eine Unhöflichkeit sondergleichen!« Und sie murmelte noch ein paar Dinge über die verlotterte Jugend von heute. Nigel und Max schauten sich verblüfft an und verließen an der nächsten Station mit mühsam unterdrücktem Prusten den Waggon. Als er nach Hause kam, musste ich unseren Sohn erst einmal über die ursprüngliche Bedeutung des Wortes »geil« aufklären.

Auch meine Klientin C., eine Frau mit zarten, madonnenhaften Gesichtszügen, hatte sehr genaue Vorstellungen davon, wie ihre Kinder sich wann zu verhalten hatten. Das Hauptproblem war ihr 14-jähriger Sohn, der mit ihr auf Konfrontationskurs ging. Die Zusammenstöße wurden häufiger und heftiger, und der Knabe drückte sich dabei, C.s Meinung nach, auch noch unerträglich unflätig aus. Da kannte die zarte C. kein Pardon, und es überrascht nicht, dass sie sich bei ihrem pubertierenden Sohn mit ihren diesbezüglichen Vorhaltungen die Zähne ausbiss.

Dieses Beispiel zeigt deutlich den zentralen Anteil, den der Humor im Provokativen Stil hat. Da es C. gelang, sich über ihre Situation zu amüsieren, lief sie nicht schreiend davon, sondern blieb bei der Stange und sah sich auch Aspekte ihres Verhaltens näher an, die sie sonst lieber vermied, weil sie eher schmerzlich waren. Dadurch wurde ihr der Eigenanteil am Problem klar. Sie erkannte, wie starr ihre Vorstellungen über die genau richtige Kommunikation zwischen Eltern und Kindern waren, und dass sie ihren auf Abgrenzung erpichten Knaben durch ihre heftige Reaktion erst richtig anstachelte.

Das Lachen über die eigenen Unzulänglichkeiten ist eines der Hauptziele der provokativen Vorgehensweise. Lachen über sich selbst in einer Sackgasse bewirkt Entspannung und ist nicht vereinbar mit Angst oder Wut. Situationen, in denen kalter Angstschweiß hinabrinnt oder Rauch aus den Ohren quillt und Schaum vor dem Mund steht, erlauben nur sehr eingeschränkte Reaktionsmöglichkeiten, nämlich Flucht oder Gegenangriff. Wenn C. und ihr Sohn Michael sich das nächste Mal wie die Kampfhähne gegenüberstehen, steigt die Wahrscheinlichkeit für neue Verhaltensmöglichkeiten, weil C. sich entspannen und damit die Angriffslust ein Stück herausnehmen kann.

Therapeutin: Was ist dein Problem?

Klientin: Ah ... [Lachen, Pause], also, es ist so ein Klassiker. Mein Mann und ich, wir haben drei Kinder.

Therapeutin: Ja super!

Klientin: ... und der Älteste wird jetzt grad 14, und wir haben ein unterschiedliches Verständnis, was der an Grenzen braucht, und ich bin so in der Rolle des »Bad Guy«.

Therapeutin: Ach ja, du setzt die Grenzen, und dein Mann, der hebt sie wieder auf und erlaubt ihm alles, was du gerade verboten hast.

Klientin: Also, zumindest schon mal mehr, und er zieht halt an manchen Stellen nicht mit.

Therapeutin: Weißt du, das ist so typisch, diese Männer – der überlässt dir die Kärrnerarbeit, die Fron an der Alltagsfront, und er ist dann der Freizeitpapa, der dann denkt, komm, nimm die Alte nicht so ernst, ist nicht so wichtig.

Klientin: So ist es nicht.

Therapeutin: So ist es nicht?

Klientin: Nee, so ist es definitiv nicht. Er hat sicher auch so seinen Teil, wo er die Grenzen setzt, er ist auch nicht so der Freizeitpapa, er ist so richtig viel da, aber das macht die Sache auch nicht einfacher.

THERAPEUTIN: Nee!

KLIENTIN: Aber wir wechseln uns ab, und wenn er dann da war, und ich komm wieder, und er ist dann weg, krieg ich ständig zu hören, warum bist du eigentlich da.

THERAPEUTIN: Ja, eben!

KLIENTIN: Und der Papa soll wiederkommen.

THERAPEUTIN: Beim Papa ist es viel entspannter als bei dir. Eben. Wie alt sind die anderen beiden? Sind das alles Buben?

KLIENTIN: Ein Mädchen zum Glück.

THERAPEUTIN: Mädchen sind viel, viel einfacher in der Erziehung. Bei Kleinen merkst du das schon, bei Zweijährigen, ich seh's jetzt bei meinem Enkel, die Mädchen sitzen da und fädeln Perlen auf und so was, und die Buben zerlegen das Wohnzimmer.

[Beide lachen]

KLIENTIN: Also, das kann ich auch nicht so ganz bestätigen, aber du wolltest wissen, wie alt die anderen sind: elf und fünf.

THERAPEUTIN: Und welches ist das Mädchen?

KLIENTIN: Die Elfjährige.

THERAPEUTIN: Die Elfjährige!

KLIENTIN: Und die kann auch schon ganz schön ausflippen und spinnen und ...

THERAPEUTIN: Also, das muss irgendwie genetisch sein, dass deine Kinder alle drei nicht ganz bei Trost sind [lacht]. Also, du hast wahrscheinlich auch ganz besonders schwierige Kinder, die wahrscheinlich alle das genetische Material von deinem Mann geerbt haben.

KLIENTIN: Also, das finde ich überhaupt nicht.

THERAPEUTIN [überrascht]: Das findest du überhaupt nicht?

KLIENTIN [lacht]: Ich fühl mich im Moment auch nicht so ganz ernst genommen.

THERAPEUTIN: Ich habe ja auch zwei Kinder, und Enkel und alles, und ich habe einen Mann, immer noch, seit 40 Jahren, und ich weiß genau, da muss man sich manchmal im Teppich verbeißen, aus lauter Ärger über dieses Ganze, was die machen. Ich hab vollstes Verständnis, dass du sagst, mein Mann, der ärgert mich, weil er einfach nicht mit mir an einem Strang zieht.

[Kleine Pause]

THERAPEUTIN: Das ist doch einfach unsäglich, was die Kerle treiben. Nun ist der ja viel da, sagst du auch noch, ihr halbiert euch das.

KLIENTIN: Ja, wir sind beide selbstständig, und entweder ist der eine oder der andere da, und manchmal sind wir auch beide da, was teils ganz schön ist, sehr schön sogar, wenn die Kinder nicht wären.

THERAPEUTIN: Wenn die Kinder nicht wären, dann wäre es so richtig schön. Zu zweit.

[Beide lachen]

KLIENTIN: Nee – da lach ich jetzt so drüber ...

Mütter, die Ärger mit ihren Kindern haben, konzentrieren sich im Lauf der Zeit nur noch auf das, was sie ärgert, und sehen die guten Seiten an ihren Kindern nicht mehr, getreu dem Seufzer eines Kindes: »Ich wüsste gar nicht, worüber wir reden würden, wenn ich mich nicht so dreckig machen würde!« Ich übernehme jetzt die geheimen Gedanken von C. und übertreibe sie möglichst ausführlich. Das hilft ihr, sich wieder auf die positiven Seiten ihrer Kinder zu konzentrieren. Je mehr ich ihre Kinder als Monster darstelle, umso mehr verteidigt sie sie.

THERAPEUTIN: Aber das ist überhaupt nicht komisch! Nee, finde ich auch. Nee, und Kinder, die haben einen Spürsinn, wo sie da reinhauen können, wo sie die Eltern auch zum Wahnsinn treiben können, Kinder sind da unsäglich.

KLIENTIN: Tja, sehr intelligent.

THERAPEUTIN [ungläubig lachend]: Du meinst, deine Kinder seien intelligent? Echt, wie kommst du auf die Idee?

KLIENTIN: Also ich brauch nur beobachten, wie die jede Ritze ...

THERAPEUTIN: Ah ja, super, es kann ja auch sein, dass sie besonders bösartig sind, verstehst du!

KLIENTIN: Zwischenzeitlich denk ich das auch mal. Aber dann denk ich wieder ...

THERAPEUTIN: Natürlich! Es gibt keine Mutter, die sie nicht gelegentlich auf den Mond wünschte, ihre Kinder. Das ist einfach normal.

KLIENTIN: Zum Fenster raus!

THERAPEUTIN [überzeugt]: Zum Fenster raus, ja! Aber du scheinst ja auch besondere Sorten zu haben, die ganz besonders raffiniert sind, sagen wir das mal so.

KLIENTIN: Die Sorgen?

THERAPEUTIN: Nein, deine Kinder. Besondere Sorten, Kindersorten, die besonders raffiniert sind.

KLIENTIN: Find ich nicht!

THERAPEUTIN [ungläubig]: Findest du nicht?

KLIENTIN: Nee find ich nicht. Ich finde, die sind ganz normal und ...

THERAPEUTIN [keinen Widerspruch duldend]: Nein! Sie sind hochintelligent, das darf man nicht aus den Augen verlieren. Ja. Hochintelligent, und ich finde schon, die wissen ganz genau, wie sie euch auch gegeneinander ausspielen können und sich damit mehr Freiraum verschaffen. Vielleicht ... [zögernd] ... es ist ja so, also heutzutage, da gibt es ja so viele Paare, die keine Kinder haben, du könntest sie doch, zumindest die besonders lästigen, zur Adoption freigeben.

[Beide lachen]

THERAPEUTIN: Ja, manchmal wäre man sie gerne los, aber doch eher seltener. [Beschwörend] Aber die machen doch so wahnsinnig viel Ärger! Weil die treiben Keile zwischen dich und deinen Mann, ihr hättet sonst die harmonischste Beziehung der Welt, wenn diese drei Anarchisten nicht wären ...

KLIENTIN: Na ja, ich wüsste dann schon, wo wir uns weiter noch streiten könnten ...

THERAPEUTIN: Du würdest noch was finden, okay

KLIENTIN: Ja.

THERAPEUTIN: Also, du bist auch so ein Streithammel, wie deine Kinder.

KLIENTIN: Ja, da hast du recht!

THERAPEUTIN: Tja, also haben die das von dir.

KLIENTIN: Also, tendenziell schon mal.

THERAPEUTIN: Ja, dein Mann ist der friedlichste Mensch der Welt. Was sagt der denn? Der ist geschlagen mit einer Frau und drei Kindern, die alle drei streitlustig sind!

KLIENTIN: Nee, es sind ja nicht alle drei streitlustig!

THERAPEUTIN: Nee, das Mädchen nicht.

KLIENTIN: Nee, doch, der Jüngste.

THERAPEUTIN: Der Jüngste. Die Jüngsten halten sich meistens raus, die schauen, wie die anderen sich den Schädel einschlagen, und amüsieren sich dabei.

KLIENTIN: Also, insofern die beiden Älteren. Ja, da hat es mein Mann auch nicht leicht. Er ist sehr verzweifelt, wenn er den Michael und mich ...

THERAPEUTIN: Das ist der Älteste?

KLIENTIN: Ja, wenn wir zwei so richtig fürs Bilderbuch Eskalation vorspielen.

THERAPEUTIN [überzeugt]: Ihr sorgt für Family-Entertainment! Die Familienunterhaltung ist gewährleistet, Mama und Michael geraten wieder aneinander.

KLIENTIN: Das stimmt.

THERAPEUTIN: Und die anderen sitzen da und gucken zu und sagen: Wow, wie gut, dass wir da jetzt nicht drinsitzen.

KLIENTIN: Der Kleine sagt: »Jetzt hört endlich auf!«

THERAPEUTIN: Ja eben!

KLIENTIN: Und das tut mir dann schon leid.

THERAPEUTIN [mitleidig]: Armer, armer Kleiner! Aber der hat ja sonst nichts, was ihn amüsiert. Ich meine, überleg doch mal, wenn das wegfiele, wo wäre denn dann euer Familienunterhaltungsprogramm, ihr braucht kein Fernsehen.

KLIENTIN [lacht]: Wir haben auch keines!

THERAPEUTIN: Na also, dann sag doch nächstes Mal, wenn das wieder losgeht, setzt euch alle da hin, auf das Sofa, es geht wieder los, und dann gehst du auf den Michael los und er auf dich und die anderen haben ihr Samstagabend-Programm, auch sogar am Freitagnachmittag um zwei.

KLIENTIN: Das ist eine gute Idee!

THERAPEUTIN: Ja, du sagst, wir zeigen jetzt mal richtig, was 'ne Harke ist. Und er scheint ja, so wie du es gerade geschildert hast, so hab ich es rausgehört, genauso zu sein wie du.

KLIENTIN: Ja, ich glaube.

THERAPEUTIN: Ihr seid euch sehr ähnlich. Ihr habt also beide das Streit-Gen und ihr geratet dann aneinander. Und jetzt rate mal, wer da auf Dauer der Stärkere ist [lacht]. Hast du das schon mal überlegt. Noch ist er erst 14, versteht du, aber ...

KLIENTIN: Ja, ja!

THERAPEUTIN: Ja, ja, aber ...

KLIENTIN [unterbricht]: Ja, ja, das ist mir vor einem halben Jahr auch schon sehr deutlich geworden.

THERAPEUTIN: Ist er schon größer als du?

KLIENTIN: Noch nicht.

THERAPEUTIN: Aber bald! Du kannst ihn noch festhalten, okay,

KLIENTIN: Aber da war mir klar, das geht nicht mehr lange.

THERAPEUTIN: Ja, und vor allem, du gehst ja ein bisschen zartfühlend mit ihm um, du denkst ja an seine Zukunft, du trittst ihm nicht in die Eier oder so. Du passt schon auf. Wobei er wahrscheinlich egal wohin tritt. Der ist dann nicht so zartfühlend.

KLIENTIN: Verbal zumindest nicht.

THERAPEUTIN: Verbal nicht?

KLIENTIN: Nee!

THERAPEUTIN: Sonst schont er schon deine Weichteile!

KLIENTIN: Bisher ja. Ich hoffe, dass es nicht irgendwann noch mal so weit kommt!

THERAPEUTIN [entrüstet]: Ja hör mal, ich finde, also, das ist ja schon RTL2! Hast du mal diese Sendungen gesehen?

KLIENTIN: Wir haben ja keinen Fernseher!

THERAPEUTIN: Ach so, stimmt. Aber du hast davon gehört. Da engagieren sie Leute, die sollen aufeinander losgehen und sich beschimpfen. Zum Beispiel gibt's so eine, die macht so eine Psychosendung, da sind Schauspieler der mindersten Sorte, die kriegen 50 Euro pro Sendung, und entsprechend ist die Qualität. Die werden vorher gebrieft, ihr müsst euch anschreien: »Du Fotze!« ... Seid ihr auch so gut in solchen Schimpfworten? [Überzeugt] Nee!

KLIENTIN: Hmmmm ...

THERAPEUTIN: Sagt er »Fotze« zu dir?

KLIENTIN: Nee, nee, so nicht. Also mir reicht schon, was er sagt.

THERAPEUTIN [abwiegelnd]: Ihr seid ja Amateure! Was sagt er denn? Der kann noch viel lernen. Ich meine, wenn er zu mir käme, ich könnt ihm ein paar Begriffe sagen, wo er dich so richtig auf 180 bringt.

KLIENTIN: Ja, das reicht schon, was er ...

THERAPEUTIN: Das reicht schon?

KLIENTIN: Mir reicht das.

THERAPEUTIN: Dir reicht das! Ja, aber du bist ja auch zartfühlend und offensichtlich mental schon sehr weit entwickelt, verstehst du. Also deswegen ...

KLIENTIN: Aber ich behalt die Ansprüche deswegen trotzdem!

THERAPEUTIN [im Brustton der Überzeugung]: Das ist ja das Problem!

KLIENTIN: Hm ...

THERAPEUTIN: Aber du bist so leicht zu kränken, da muss der gar nicht viel machen.

[Klientin nickt]

THERAPEUTIN: Eben, und dann kannst du so madonnengleich verletzt gucken, nehme ich an, wahrscheinlich weiß der ganz genau: Ich hab sie wieder!

KLIENTIN: Hm.

THERAPEUTIN [begeistert]: Geil!

KLIENTIN: Hm.

THERAPEUTIN: Ja, ja, ich meine, der ist wirklich nicht ganz doof. Nee, der schafft das. Also, wenn er hier wäre, würde ich ihm lauter Tipps geben, wie er dich noch mehr auf 180 bringt und deinen anderen, dem Rest der Familie, du kannst ihnen sagen, wenn es das nächste Mal losgeht, ich hab ein paar Tipps gekriegt.

KLIENTIN: Hm.

THERAPEUTIN: Hast du schon mal zu ihm gesagt »Du blöder Wichser« oder so? Nee, so was kommt dir nicht über die Lippen! »Du blödes Arschloch«? Auch nicht? Das vielleicht schon.

KLIENTIN: Doch, ich glaub schon.

THERAPEUTIN: »Arschloch« schon!

KLIENTIN: Ich weiß nicht, wie laut, aber ...

THERAPEUTIN: Ja genau [lacht]. Wahrscheinlich lässt der nicht locker, bis du endlich mal »Arschloch« und »Wichser« zu ihm gesagt hast!

KLIENTIN: Also, »Scheißkerl« hat er schon mal gesagt.

THERAPEUTIN: »Scheißkerl« ist ja dermaßen harmlos. Das sag ich zu meinem Mann täglich [lacht].

KLIENTIN [lacht]: Habt ihr auch keinen Fernseher?

THERAPEUTIN: Wir haben einen, aber wir sehen selten fern. Ich sehe schon, euer Familienumgangston ist normalerweise so gepflegt und so anständig und vornehm, dass dieser 14-Jährige da einfach ein bisschen Leben in die Bude bringt. Und der weiß genau, welchen Knopf er bei Mama drücken muss.

KLIENTIN: Ja, alle, überall, er kennt sie alle!

THERAPEUTIN: Alle, von oben bis unten. Eben. Und ich merk schon, dass ich mich in deiner Gegenwart zurückhalte, was Kraftausdrücke angeht, wenn ich nur mal so probeweise »Wichser« sage, dann zuckst du ja schon zusammen.

KLIENTIN: Hm.

THERAPEUTIN [lacht]: Ja, das muss ein Paradies für den 14-Jährigen sein!

KLIENTIN: Man braucht nur so in die kleine Kiste greifen und schon geht's los.

THERAPEUTIN: Wunderbar, und dann noch zwei Choleriker, die gerne streiten, die da aufeinandertreffen, also du und dein Sohn, meine ich jetzt.

KLIENTIN: Hm.

THERAPEUTIN: Geil. Die anderen scheinen mehr oder weniger Statisten zu sein.

KLIENTIN: In den Situationen schon! Die kommen dann an anderen Stellen.

THERAPEUTIN: Ja, ja, genau!

KLIENTIN: Aber in den Situationen auch.

THERAPEUTIN: Aber das ist das Drama, wenn Familien so ausgesprochen, wie kann man das sagen, ähm, ... eine gewählte Wortwahl haben, wo es ein bisschen ... nicht so ... nicht so ordinär zugeht, ja!

KLIENTIN: Hm.

THERAPEUTIN: Du hast ja auch so was Ziseliertes, weißt du, also, so vom Typ her, und dann auch noch dieses Madonnenhafte und so, und da soll es zu Hause anständig zugehen, und wir sind eine Familie und wir lieben uns, und es soll gesittet zugehen und nicht so wie bei Zilles und so weiter. Und dann kommen diese pubertierenden Mistviecher daher, und man hat ja keine Waffen gegen diese schrecklichen Typen. Was glaubst du, wie vornehm, gesittet und anständig, geistig hochstehend es zuginge, wenn diese drei kleinen Anarchisten nicht da wären. Hast du nicht eine unverheiratete kleine Schwester, die gerne Kinder hätte, da kommen sie in gute Hände!

KLIENTIN: Na ja, einen Bruder.

THERAPEUTIN: Einen Bruder. Würde der sie nehmen? Oder ist der genauso feinfühlig wie du?

KLIENTIN: Ich glaub, das ist er schon.

THERAPEUTIN [erschüttert]: Oh Gott! Ich meine, Entschuldigung!

[Beide lachen]

KLIENTIN: Tja, es wäre nicht schlecht, dass die mal so richtig Leben erleben und ...

THERAPEUTIN: Ich meine, dass ihr wieder eure Ruhe habt. Die kommen dann, wenn ihr die in eine sogenannte Prekariatsfamilie gebt, die schon zum Frühstück »Du Wichser« sagen, »Gib mir mal den Toast rüber, du Wichser«, oder sie greifen gleich danach, »Geh aus dem Weg, du Wichser«, so was, die kommen ja mit ihrem Minirepertoire, das sie bei dir gelernt haben, gar nicht richtig weiter.

Klientin: Äh, aber das eignen sie sich dann, glaube ich, ziemlich schnell an.

Therapeutin: Das glaub ich auch, aber weißt du, für die wäre das 'ne echte ..., vielleicht sehnen die sich dann zurück nach ihrer fein ziselierten Mama.

Klientin: Ja.

Therapeutin: Ja.

Klientin: Da hab ich manchmal schon gedacht. Also ...

Therapeutin: ... also denen mal so richtig so ...

Klientin: ... zeigen, wie's anders wird, oder das erleben lassen – dieses auch haben können.

Therapeutin: Dieses auch haben können, die wissen gar nicht, wie wohlgesittet sie es zu Hause haben, und sie können es vor allem nicht schätzen, diese Scheißke..., ich meine, diese ...

Klientin [lacht]: Letzteres eher.

Therapeutin: Wenn die wüssten, was sie da fürs Leben lernen, wie man anständig, gesittet und wohlüberlegt miteinander umgeht ...

Klientin: Schrecklich!

Therapeutin [lacht]: Wieso? Ich beschreibe doch gerade dein Familienleben.

Klientin [lacht]: Ja.

Therapeutin [lacht]: Kann ich was dafür, dass du noch nie »Wichser« zu dem gesagt hast?

Klientin: Nee, ich glaub, ich werd's auch nicht unbedingt tun, aber ...

Therapeutin [entsetzt]: Niemals! Bist du wahnsinnig, das klingt aus deinem Mund ja völlig deplatziert ...

Klientin [lacht]: Es würden wahrscheinlich alle nur loslachen!

Therapeutin [abwägend]: Das wäre ein Experiment! Du kommst heute Abend nach Haus ...

Klientin: Das finde ich schon gut als Experiment. Ich würde mir vielleicht ein anders Wort ...

Therapeutin: Ja, was könnt man noch sagen?

Klientin [nachdenkend nach kurzer Pause]: »Wichser« ist schon nicht schlecht!

THERAPEUTIN: »Wichser« ist schon nicht schlecht! Es gehört noch zum Amateurvokabular, aber verglichen, was sonst bei euch gesprochen wird, ist das ja schon der Hammer, gell?

KLIENTIN: Ja, ja, aber dann würde ich die Woche drauf das ein paar Mal von ihm hören, nachdem ... das ist wie freigegeben.

THERAPEUTIN: Genau!

KLIENTIN: Da hab ich keine Lust!

THERAPEUTIN: Und nun kommen wir zu einem ganz wichtigen Punkt, den ich sehr gerne mit dir ausgeführt hätte jetzt, wenn wir etwas mehr Zeit gehabt hätten, nämlich dass nur Worte gesprochen werden dürfen, die freigegeben sind. Von dir!

KLIENTIN [lacht]: Hm

THERAPEUTIN: Tja, ich finde, der liebe Gott hat das nicht richtig eingerichtet, dass Mütter so eine Anstrengung machen müssen, damit aus ihren Söhnen, vor allem denen, was Anständiges wird und sie die Verantwortung für die Freigabe von bestimmten Äußerungen haben.

KLIENTIN [lacht]: Okay, ist angekommen!

Hier ging es vor allem um das Bewusstmachen von fixen Ideen (»Wir sind zivilisierte Menschen mit hochanständigem Wortschatz«) und dem daraus folgenden Machtkampf – nicht nur mit dem pubertierenden Sohn Michael. In der Rückmeldung nach unserem Gespräch sagte C., dass sie es anstrengend fand, gedanklich ständig zu sortieren, was ich ernst meine und was nicht und was sie weiterbringen könnte und was nicht. Sie befand sich in einem permanenten inneren Suchprozess. Ihre bisherigen festen Überzeugungen und Bewertungen standen ständig auf dem Prüfstand. Im Verlauf des Gesprächs korrigierte C. mich und meine verzerrten Behauptungen über ihre Familie ständig, wobei sie auch ihre »missratenen« Kinder wiederholt gegen meine Angriffe in Schutz nahm. Das steht im amüsanten Kontrast zu ihren Klagereden über die grässliche Brut! So reagieren Klienten mit fast hundertprozentiger Vorhersagbarkeit in der psychotherapeutischen Alltagspraxis.

Gleichzeitig, so gab sie zu, wurde sie ungeduldig mit mir, ganz ähnlich wie mit ihrem Sohn. Aber auch wenn sie meine Provokationen intellektuell anstrengend und herausfordernd fand, war sie doch so gefesselt, dass sie das Gespräch nicht hätte abbrechen wollen, da sie es zum Schmunzeln fand und gleichzeitig eine innere Stimme hörte, die sagte: »Sie hat ja recht!«

In unserem kurzen Rückmeldungsgespräch sagte C.:

KLIENTIN: Dann hatte es einfach auch etwas Amüsantes, dieses Grinsen über mich selbst. Das fand ich jetzt stark, und deswegen bin ich unter anderem dann auch gern dabei geblieben. Und so ein paar Ideen: Wenn wir schon keinen Fernseher haben, dann die Show. Da waren Sachen dabei, wo ich mir gedacht hab, die kann ich auch echt mit in die Situation mitnehmen, die kommen mir dann wieder in Erinnerung. Das sind Bilder, und ich habe die Hoffnung, dass ich die vor Augen habe, wenn wir wieder mal am Tisch sitzen, und wenn es dann losgeht. Das ist sehr hilfreich, wenn ich dann in dem Moment, trotz gedrücktem Knopf und Stress und allem, dann wieder – plopp – das andere Bild vor Augen habe. Also, insofern kann ich mir vorstellen, dass es wirklich auch sehr wirksam ist, über das hinaus, was ich jetzt vor Augen habe: dass ich jetzt klar vorgebe, was sein darf und was nicht sein darf.

THERAPEUTIN: Das ist deine Aufgabe, sonst wird nichts aus denen!

KLIENTIN [lacht im Sinne von »Ich hab's kapiert!«]: Jaaa!!!

[Pause]

KLIENTIN [ernst]: An der Stelle tut es auch schon ein bisschen weh, weil ... das ist schon richtiger Herzschmerz, der dahinter steckt ...

THERAPEUTIN [ruhig]: Das glaube ich dir! [Wieder mit Schalk im Auge] Und wenn du nicht darauf achtest, enden die unter den Brücken, das ist absolut sicher.

KLIENTIN [grinsend]: Da nicht, aber ...

THERAPEUTIN: Oder irgendwo noch Schlimmeres. Da muss man frühzeitig stützen!

[Beide lachen]

Im weiteren Verlauf des Seminars entspannte sich die Klientin zusehends und sagte mehrfach unter Gelächter »der Wichser«, wenn sie von ihrem Sohn sprach.

Fall 5: Ich bin ein Kopfmensch

S. ist ein Mensch, der sich selbst als Denkmenschen bezeichnet, der Gefühle weder zeigen kann noch will. Er ist Berater und gerät mit dieser Haltung bei seinen Beratungen an seine Grenzen.

Bei rationalen Klienten gerät der Berater in Gefahr, sich in eine Debatte verwickeln zu lassen, die nichts bringt, denn diese Klienten können stundenlang über ihr Problem reden, ohne dass sich eine emotionale Beteiligung einstellt. Auch gutes Zureden wird vom Klienten problemlos zerpflückt. Bei S. habe ich deshalb viele Bilder verwendet, denn Bilder richten sich viel stärker an die Gefühle als an den Verstand. Ich setze zum Beispiel den Beratungsprozess mit einem Vampirbefall und seine unkontrollierbaren Gefühle mit grässlichen Durchfällen gleich. Ich werde dabei sehr drastisch, denn eine vornehme Ausdrucksweise wäre in diesem Fall weniger wirkungsvoll.

Es hilft auch, immer wieder etwas Überraschendes zu sagen, mit dem der Klient nicht rechnet, um ihn aus seinem wohlbalancierten und kontrollierten Rationalmodus zu werfen. Ich versuche das gleich zu Beginn.

THERAPEUTIN: Also, S., was ist dein Problem?
KLIENT: Mein Problem ist, dass ich ein sehr starker Kopfmensch bin und dass ...
THERAPEUTIN: Vielleicht stehen dir deswegen die Haare zu Berge.
KLIENT: Nö, das ist nur das Äußere ...
THERAPEUTIN: ... Design, aha. Der gute Eindruck, meinst du? Weißt du, was da ältere Herrschaften zu dieser Frisur sagen?
[Therapeutin lacht]
KLIENT: Die denken, man ist jünger.
THERAPEUTIN [sachlich]: Du bist also ein Kopfmensch.
KLIENT: Kopfmensch in der Arbeit und auch privat, wo ich halt alles recht ideal mache, und fast alles hundertprozentig und ...
THERAPEUTIN: Nicht fast hundertprozentig. Mindestens hundertfünfzigprozentig.
KLIENT: Ich habe jetzt untertrieben, also 110 soll's sein.
THERAPEUTIN: Privat und im Beruf möchtest du ...
KLIENT: ... bestmöglich ...
THERAPEUTIN: Bestmöglich, ja. Und dann kratzt du dein bisschen Hirn zusammen, dass das halbwegs funktioniert.

KLIENT: Ja, das, was da ist ...
THERAPEUTIN: Das, was da ist.
KLIENT: Was möglich ist.
THERAPEUTIN: Ja, ja.
KLIENT [schmunzelnd und pro forma bescheiden]: Und da nur ganz wenig da ist, sag ich mal übertrieben jetzt, äh, ist es sehr anstrengend, das bisschen zusammenzukratzen.
THERAPEUTIN: Ja, eben, wenn du jetzt Einstein wärst, würdest du dich ganz locker zurücklehnen mit deinem überragenden Verstand, und dann würdest du alles mit links lösen. Aber da du S. bist, ist es wahnsinnig anstrengend.
KLIENT: Das ist richtig.
THERAPEUTIN: Genau.
KLIENT: Das ist der Punkt, das macht es mir so schwer ...

An dieser Stelle würde man normalerweise einhaken und dem Klienten versichern, er habe das notwendige Potenzial, er könne alles erreichen, wenn er nur wolle usw. Das würde vom Klienten umgehend auseinandergenommen und wegdiskutiert werden. Provokativ läuft es ein bisschen anders: Ich gebe ihm recht, und er leistet Widerstand in die gewünschte Richtung.

THERAPEUTIN: Was heißt, das macht es dir so schwer, du kannst es nicht anders hinkriegen, denn du hast nur soundso viel Verstand mitgekriegt. Und der reicht leider Gottes nicht aus.
KLIENT: Doch, der reicht aus, deswegen komme ich ja drauf, dass ich feststelle, ich möchte mehr Ausgleich, ich möchte mehr fühlen und nicht nur denken.
THERAPEUTIN [entrüstet]: Fühlen? Hör mal, du bist ein Mann, bist du verrückt?
KLIENT: Ja ...
THERAPEUTIN: Männer haben nur starke Gefühle beim Fußball, beim Autorennen und so. Wo möchtest du denn noch fühlen?
KLIENT: Klassischer Mensch, äh, also klassischer Mann ist nicht so meine Rolle.
THERAPEUTIN [überrascht]: Ist nicht deine Rolle?
KLIENT: Nö, Mann und Frau sind jetzt nicht so weit unterschiedlich.
THERAPEUTIN [laut und empört]: Was?! Du hast doch keine Ahnung! Wie alt bist du?

KLIENT: 29.

THERAPEUTIN: 29. Du musst noch viel lernen! Mann und Frau sind wahnsinnig unterschiedlich. Hast du eine Frau, die dich belästigt?

KLIENT: Eine Freundin, ja.

THERAPEUTIN: Eine Freundin.

KLIENT: Die belästigt mich nicht.

THERAPEUTIN: Die belästigt dich nicht, nee. Sie möchte auch, dass du mehr Gefühl zeigst.

KLIENT: Wahrlich. Das ist ja der Anstoß, unter anderen. Nicht nur meine Klienten, auch meine Freundin.

THERAPEUTIN: Eben! [Schwülstig] »Zeig doch mal Gefühl.«

KLIENT: Das ist schwierig.

THERAPEUTIN: Es ist sauschwierig.

KLIENT: Gefühle sind nicht kontrollierbar. Wenn man denkt, das ist kontrollierbar.

THERAPEUTIN: Das sag ich doch. Männer haben deshalb so viel Angst vor Gefühlen, weil dann plötzlich die Kontrolle weg ist. Ich habe das schon oft erlebt, die Frauen sagen dann gewissermaßen: »Leg deine Weichteile auf den Tisch.« So beschreiben es mir die Männer. Dann packen sie ihren wertvollsten Körperteil aus, und dann wird es abgehackt.

[Kleine Pause]

THERAPEUTIN: Oder die Frauen kauen drauf rum [Therapeutin fasst sich mit schmerzverzerrtem Gesicht in den Schritt], und die Männer sagen: »Uähhh, hätte ich doch bloß keine Gefühle gezeigt.« Es ist sehr klug von dir, dass du in deinem Bunker bleibst, denn dann kann dir nichts passieren. Hast du schon mal versucht, Gefühle zu zeigen, und deine Freundin hat es ausgenutzt? Immer wieder aufs Brot geschmiert?

KLIENT: Nein, also in den drei Jahren wird's immer besser.

THERAPEUTIN: Weil du deine Gefühle nicht zeigst?

KLIENT: Doch, wunderbar. Es verändert sich zwar, aber es soll sich noch mehr verändern.

THERAPEUTIN: Gibst du nicht zu viel preis, S., das ist hochgefährlich, und wenn du dann noch Gefühle zeigst, privat und im Job, wird es furchtbar enden. Überleg mal, was dann für schreckliche Sachen passieren können. Wenn deine ganzen Klienten darauf rumkauen ... [Therapeutin fasst sich wieder in den Schritt] boah.

KLIENT: Wobei es ja von den Gefühlen her nicht so dramatisch ist. Das Problem ist, dass ich zu viel mit dem Kopf denke. Und das Gefühl würde ich gerne mit reinnehmen, wenn ich einen Klienten sehe, dass ich nicht nur mit dem Kopf denke [zählt auf] so, so, so, sondern ...

THERAPEUTIN: Naja, weißt du, du hast zwar nicht viel Verstand, aber das bisschen kannst du ja noch zusammenkratzen. Aber das Gefühl, was soll denn da schon groß kommen? Ich meine, wo soll es denn ...

KLIENT: Da ist genug vorhanden.

THERAPEUTIN: Vorhanden! Hast du mal deine Freundin gefragt? Die sagt doch bestimmt, dass das dürftig ist. Dürftigst.

KLIENT: Da ist mehr, das weiß ich. Ich bin zu selbstbewusst, zum Teil.

THERAPEUTIN: Du bist zu selbstbewusst? Was deine Gefühle angeht?

KLIENT: Nee, das, was ich kann und was ich nicht kann.

THERAPEUTIN: Gefühle gehören aber nicht zu den Sachen, die du kannst.

KLIENT: Das mag sein.

THERAPEUTIN: Eben, dann bleib bei den Sachen, die du wenigstens rudimentär beherrschst.

KLIENT: Das möchte ich ja nicht. Ich möchte auch mehr können. Mich entwickeln.

THERAPEUTIN [schnaubt]: Das ist ja furchtbar!

KLIENT: Das sehe ich genauso. Furchtbar. Anstrengend zeitweise.

THERAPEUTIN: Das wollte ich eben sagen, ein sehr anstrengendes Leben liegt vor dir. Du willst lauter Sachen machen, die du einfach nicht kannst. Die dir nicht zur Verfügung stehen. Wahrscheinlich bist du genetisch schon so programmiert, ... die erforschen ja heute schon alles, mit den Genen und so ...

KLIENT: Nee, ich weiß, dass ich das hinkriege. Ich kann mich verändern, ich weiß nur noch nicht genau, wie. Also zumindest fällt mir das nicht so leicht.

THERAPEUTIN: Wie wäre es denn mit einer Geschlechtsumwandlung?

KLIENT: Das würde vermutlich funktionieren. Dann hätte ich wieder das eine 100 Prozent und das andere kaum.

THERAPEUTIN: Das ist der Mist, verstehst du? Die Frauen, die sind gefühlsgeschüttelt und haben kein Hirn.

KLIENT [lacht]: Das habe ich so nicht gesagt.

THERAPEUTIN: Ja, aber dann wäre es umgekehrt. Jetzt hast du ein bisschen Hirn und kein Gefühl, und dann hättest du plötzlich Gefühl, du hättest dann Titten und keinen Bartwuchs mehr, und dann schneiden Sie dir den Schwanz ab, aber du hast Gefühl. Unendlich tiefes, reiches ...

KLIENT: Na, so viel will ich gar nicht haben.

THERAPEUTIN: Was?

KLIENT: Na, zu viel Gefühl auch nicht.

THERAPEUTIN: Zu viel Gefühl auch nicht, okay. Also, es muss wohldosiert sein.

KLIENT: Ja. Auf jeden Fall. Vor allem dann ein Punkt weiter vielleicht, ich lenke zwar jetzt ab von meinem Problem, aber mit den Klienten besser arbeiten zu können und nicht alles zu 100 Prozent machen zu müssen und alles auszudenken: Wenn ich jetzt das mache, dann passiert das, und wenn ich das nicht mache, dann könnte er so denken ...

THERAPEUTIN: Hey, hey, aber dann verlierst du vollkommen die Kontrolle über die Situation. Stell dir mal vor ...

KLIENT: Das nicht, aber es ist sehr anstrengend.

THERAPEUTIN: Natürlich ist das anstrengend.

KLIENT [lauter]: Ich fühl mich dann so ausgelutscht, wenn ich aus dem Gespräch rausgehe.

THERAPEUTIN: Ja, aber du hast noch immer die Kontrolle. Jetzt stell dir doch mal vor, du machst das jetzt so und lässt mal spontan was raus, und machst mal dies und mal jenes, und dann hat der Klient plötzlich die Kontrolle. Der zieht dir einen Ring durch die Nase und macht mit dir, was er will, und du stehst hilflos da und denkst, wäre ich doch bloß bei meinem bisschen Verstand geblieben.

KLIENT: Na ja, gut, aber den Menschen geht es vermutlich dann schlechter, und ich möchte nicht, dass es ihnen schlechter geht, sondern dass es ihnen besser geht.

THERAPEUTIN [begeistert]: Ja, das ist süß. Das ist schön. Weißt du, es gibt so viele Therapeuten, die sagen: »Ich mache meinen Job, und es ist mir egal, wie es ihm nachher geht.« Aber du bist wirklich interessiert dran, dass die Klienten auch was von dir haben.

KLIENT: Ja.

THERAPEUTIN: Und die hängen sich an dich wie Vampire, sie hacken ihre Zähne in deinen Hals.

Klient: Die lutschen nicht einfach nur. Die saugen.

Therapeutin: Ja, so siehst du das. Wo saugen die denn? Ich dachte, die saugen hier [zeigt auf seinen Hals].

Klient: Die versuchen ... die saugen trotzdem. Die möchten etwas erfahren und dass ich ihnen was gebe, und dann saugen die, saugen die, saugen die!

Therapeutin: Und du bist danach wirklich wie vom Vampir angefallen. Hast du mal solche Opfer von Vampiren gesehen? Die sind bleich und total angestrengt, denen ist die Lebenskraft ausgesaugt, und das machen die Klienten mit dir jetzt schon. Wenn du jetzt noch deine Gefühle aktivierst ... hey ... du bist doch eh schon so dürr, wo soll denn das hinführen? Stell dir das mal vor ... Mann!

[Klient kichert leise]

Klient: Na, das mag sein.

Therapeutin: Na also.

Klient: Dennoch kann ich es nicht abstellen. Ich kann es einfach nicht abstellen, es geht einfach nicht.

Therapeutin: Was kannst du nicht abstellen?

Klient: Das zu kontrollieren.

Therapeutin: Das sage ich doch. Deswegen hältst du dich fern von Gefühlen. Gefühle kann man nicht kontrollieren. Hast du schon mal einen Orgasmus gehabt?

Klient: Ja.

Therapeutin: Na also. Kann man den kontrollieren? Ich meine, im Orgasmus ist man dermaßen wehrlos.

Klient: Den selber nicht. Aber vorher und nachher.

Therapeutin: Davor und danach, genau. Ich wundere mich, dass du schon einen gehabt hast. Wenn man so kontrolliert rangeht, kriegt man meistens keinen.

Klient: Aber dann kann man es doch bestimmen, letztendlich.

Therapeutin: Du musst dir das bildlich vorstellen. Wenn du jetzt deine Gefühle rauslässt, während des Therapieprozesses zum Beispiel oder während du mit deiner Freundin schläfst, das ist wie mitten im Orgasmus, wo du es nicht mehr kontrollieren kannst. Und es gibt ja nichts Schlimmeres, als die Kontrolle über die Situation zu verlieren.

Klient: In dem Fall ja nicht, da ist es ja eher angenehmer, aber in dem anderen Fall weiß ich ja nicht, was bei rauskommt, und das muss ich ja kontrollieren können.

THERAPEUTIN: Eben, eben.

KLIENT: Ich muss wissen, was dabei rauskommt.

THERAPEUTIN: So ist es. Und deswegen sage ich, bleib bei dem Verstand. Da kann man es viel besser kontrollieren.

KLIENT: Aber das ist so anstrengend.

THERAPEUTIN [ungeduldig]: Ja mein Gott, jetzt sei doch nicht so gierig. Du kannst doch nicht alles haben, verstehst du. Dafür hast du die Kontrolle. Kontrolle ist immer anstrengend.

KLIENT: Aber es ist ja genug zum Denken da, da kann ich doch eine Strategie finden.

THERAPEUTIN: Ja, vielleicht, wenn du mal 60 bist, da könnte es sein, dass du gelernt hast, Sachen auch einfach mal laufen zu lassen.

KLIENT: Vorher. Ich möchte nicht bis 60 warten, dann bin ich vermutlich ausgebrannt.

THERAPEUTIN [Therapeutin ist über 60, protestiert mit Nachdruck und lacht]: 60 ist nicht so alt!

KLIENT: Das ist viel zu alt – puhhhh. Das ist viel zu alt, um noch mal ...

THERAPEUTIN: Für dich schon!

KLIENT: ... von vorne anzufangen.

THERAPEUTIN: Eben, na klar. Dazu braucht man auch eine ganz andere Persönlichkeit, als du sie hast, verstehst du? Die Kontrollierten, das ist wie ein zusammengequetschtes Arschloch. Kennst du das, es gibt Leute, die haben ein Anus-soundso. Da gibt es einen Fachausdruck dafür. Die nix rauslassen können.

KLIENT: Hm.

THERAPEUTIN: Also, die Analytiker nennen das anal fixiert. Das sind die, die über jeden kleinen Scheißhaufen, den sie rauslassen, die Kontrolle haben müssen.

KLIENT: Okay.

THERAPEUTIN: Eben! Was glaubst du, wie schmerzhaft das sein muss. Ich meine, uhhh ...

KLIENT: Und das jetzt auf den Kopf bezogen, da weißt du ja, was ich meine. Es ist anstrengend. Aber man weiß, dass es funktioniert und man möchte ein bisschen mehr Entspannung.

THERAPEUTIN: Ja, aber du kannst doch nicht plötzlich loslassen, und dann kommt auf einmal ein Riesenhaufen Durchfall raus. Du weißt doch gar nicht, was kommt.

KLIENT: Das ist ja das Problem, deswegen mache ich es ja nicht.

THERAPEUTIN: Sag ich doch!

KLIENT: Und das will ich ja verändern, und deswegen komme ich ja zu dir.

THERAPEUTIN: Das ist nett, ich bin nämlich tausend Mal schlauer als du, und deswegen ist das auch gut. Das symbolisiert so, da wo ich stehe und da wo du bist.

KLIENT: Ich bin einen Kopf größer, fast.

THERAPEUTIN: Länger!

KLIENT: Länger.

THERAPEUTIN: Genau. Wo waren wir stehen geblieben? Bei deinem Durchfall.

KLIENT: Nee, einfach nur Gedanken im Kopf, verkrampft, du hast es auf die Analfixierung geschoben. Ich sage nicht im Analbereich, sondern im Kopf.

THERAPEUTIN: Das ist doch das Gleiche, ich meine, der Mechanismus ist derselbe. Der mentale Durchfall, den du im Kopf hast, würde dann rauskommen, und du bedeckst dann deine Klienten mit unkontrollierten Mengen von Scheiße.

[Klient lacht]

THERAPEUTIN: Das ist doch genau das, was du fürchtest.

KLIENT: Das ist schon richtig.

THERAPEUTIN: Wenn du es kontrollierst, dann kommt so ein kleiner Hasenknödel, den kannst du kontrollieren. Hast du schon mal gesehen, wie Hasen kacken? So, plopp plopp plopp plopp.

[Klient lacht]

THERAPEUTIN: Die sind geformt, die sind ordentlich, die stinken nicht sonderlich. Wenn du plötzlich dieses Arschloch loslässt, das wird ja furchtbar. Eine Lawine von uhhhhh ... Sei froh, dass du nicht plötzlich anfängst, das loszulassen. Menschen wie du brauchen diesen zusammengezogenen Muskel.

KLIENT [lachend]: Nee.

[Therapeutin lacht]

KLIENT: Das muss sich lösen, das will ich ja.

THERAPEUTIN: Aber du gehst daran wie dein zusammengezogener Arschmuskel: »Das muss ich jetzt lösen, ich muss jetzt ganz entspannt sein!« Das ist eine gute Voraussetzung.

KLIENT: Ja, wie sonst ... gut ... okay.

THERAPEUTIN: Ja eben, wie sonst. Ich sag ja, dir steht kein anderes Verhalten zur Verfügung ...

KLIENT [leise]: Doch.

THERAPEUTIN [befehlend]: Deswegen mach das, was du am besten kannst!

KLIENT: Doch, ich schau mich schon um ...

THERAPEUTIN: Mach es richtig, mach dich mit Anstrengung locker.

KLIENT: Ja, da muss man halt schauen, wie man ein bisschen lockerer wird.

THERAPEUTIN: Was sollte das »man«? Es gibt Leute, die schaffen das, verstehst du, aber dann gibt es eben dich.

KLIENT: Ja. Das ist richtig.

THERAPEUTIN: Genau. Und deine Freundin ist doch sicher begeistert, dass du dich 150%ig, ihr zuliebe, ein bisschen entspannen willst.

KLIENT: Deswegen sag ich ja, da klappt es bestimmt ...

THERAPEUTIN: Später mal, in 30 Jahren.

KLIENT: Jetzt schon, aber da besser als in der Arbeit.

THERAPEUTIN: Na klar. Obwohl, das ist auch nicht ganz ohne. Wenn du über die plötzlich deine mentale Scheiße ausleerst, vielleicht erwartet die Blümchen und Rosen und was kommt dann, uhhhhh. Hättest du doch lieber die Klappe gehalten.

KLIENT [weicht aus]: Was erwarten die ... dass die dann ein Problem mehr haben, oder nicht die Lösung eines Problems bekommen, wenn sie zu einer Beratung gehen ...

THERAPEUTIN: Ich habe gerade von deiner Freundin gesprochen.

KLIENT: Das ist richtig.

THERAPEUTIN: Und du machst jetzt wieder einen Sprung.

KLIENT: Ja, ich bin wieder bei der Arbeit, da ist das größte Problem.

THERAPEUTIN: Also, ich kann mich nicht so schnell umstellen. Ich bin älter, ich brauche ein bisschen Zeit.

KLIENT: Okay.

THERAPEUTIN: Ich war jetzt bei deiner Freundin, die vielleicht deinen mentalen Durchfall nicht haben will.

KLIENT: Da kriege ich es einigermaßen hin, dosiert, immer mehr.

THERAPEUTIN: Dosiert?

KLIENT: Korrekt, aber bei der Arbeit weiß ich immer nicht, was bei rauskommt. Wie die Patienten dann rausgehen ...

THERAPEUTIN: Sag ich doch! Stell dir mal vor, die gehen raus und sagen: »Also Herr S., vorher ging es mir aber deutlich besser. Seit ich bei Ihnen bin, geht es mir richtig schlecht.« Huaaahhh, das würde dich ja umbringen.

KLIENT: Na umbringen nicht, aber ...

Therapeutin: Doch.

Klient: ... mein Ego ankratzen bestimmt.

Therapeutin: Kratzen, na hör mal, das ist eine richtige Furche. Das ist ja schrecklich, das kannst du nicht riskieren. Deswegen, durchdenke es mit deinem Verstand. Der ist nicht sonderlich scharf, aber ...

Klient: Doch, der ist scharf genug, weil ich da hundertprozentige Zuverlässigkeit habe.

Therapeutin: Wer hat dir gesagt, dass du einen scharfen Verstand hättest?

Klient: Ich mir selber.

Therapeutin: Du dir selber? [Vorwurfsvoll] Du hörst doch auch sonst nicht auf dich, also bitte!

Klient: Warum höre ich sonst nicht auf mich? Doch, ich höre den ganzen Tag ...

Therapeutin: Ja, aber du sagst dir jetzt schon seit Jahren: »Ich muss lockerer werden.« Bringt das was? Nee.

Klient: Ach so.

Therapeutin: Eben. »Ich habe einen scharfen Verstand«, das scheinst du dir zu glauben, aber warum eigentlich? Hat deine Mami gesagt, du hast einen scharfen Verstand?

[Klient lacht]

Klient: Nee, auch nicht.

Therapeutin: Auch nicht? Nicht mal die? Mütter müssen so was sagen.

Klient: Nö.

Therapeutin [zitiert Mami]: »Scheißegal, was die anderen Kinder sagen, wie doof du bist, du bist ein kluger kleiner Bursche.«

Klient: Das ist ein interessanter Punkt. Vielleicht ist es von früher, das kann sein. Aber dennoch bringt mir das keine Veränderung.

Therapeutin: Nee, natürlich nicht. Wenn man so ein zusammengezogenes ... Du solltest keinerlei Risiko eingehen. Null, denn dein Ego ist nicht so stabil, dass es das aushält. Dass zum Beispiel Klienten sagen: »Der S. ist das Letzte! Wirklich, da geh ich nicht noch einmal hin. Ich möchte das nächste Mal einen anderen ...« Wie nennst du dich? Therapeut, Berater, Coach?

Klient: Berater.

Therapeutin: Berater. »Ich will das nächste Mal einen anderen Berater. Der war so gemein zu mir.«

KLIENT: Da sollte man mal drüber nachdenken, das stimmt.
THERAPEUTIN [betont]: *Man* sollte drüber nachdenken, aber nicht *du*. [Therapeutin lacht]
KLIENT: Gut, [mit Nachdruck] *ich* werde drüber nachdenken.

Unsere Gesprächszeit war zu Ende und wir hatten, wie immer im Seminarsetting, ein kurzes Rückmeldegespräch:

THERAPEUTIN: Was für Emotionen hattest du mir gegenüber?
KLIENT: Ja, zwischenzeitlich habe ich gedacht, du kriegst mich nicht, weil ich das einfach so doll durchdacht habe, da kann sie gar keine Lösung finden.
THERAPEUTIN: Auf keinen Fall.
KLIENT: Das geht nicht, blubb, blubb, blubb. Sofort habe ich ein anderes Thema gefunden oder wieder umgeschwenkt, wo du ...
THERAPEUTIN: Dein Verstand ist so geübt, zu entwischen und es so hinzudrehen, wie du das haben willst, da wäre es ein Jammer, wenn du das einzige Werkzeug, was du zur Verfügung hast, auch noch aus der Hand gibst.
KLIENT: Genau, ich wollte es kontrollieren, korrekt. Jetzt habe ich den roten Faden verloren. Wie war noch mal die Frage?
THERAPEUTIN [lacht]: Was du für Gefühle hattest, aber das ist ja bei dir eine völlig blöde Frage.
KLIENT: Nein, da war natürlich was da. Ich kann ja so gut kontrollieren, aber ich kann ja auch loslassen, weil hier passiert mir ja eh nichts, das ist ein geschützter Rahmen, du bist ja da, und wenn wirklich was mistig läuft, bist du ja da.
THERAPEUTIN: Eben.
KLIENT: Du hast es geschafft, dass ich drüber nachdenke, wie meine Kopf- und Bauchvariante den Einklang finden, um den Klienten bestmöglich zu helfen, aber dennoch auch mal was auszuprobieren und sagen zu können: »Nein, da mache ich heut mal Mist, aber trotzdem bin ich ein Stück weitergekommen, auch mit mir selber.« Auch mit mir selber besser im Reinen zu sein, um dann besser mit den Klienten arbeiten zu können.

Fall 6: Ich habe Angst vor meiner Mutter

Die Klientin ist eine sehr aparte und, wie ich sie einschätze, eigenwillige junge Frau. Sie ist erfolgreich im Beruf und hat gerade geheiratet. Sie setzt sich sehr selbstbewusst neben mich, und ich bin einigermaßen überrascht über das Problem, das sie mir anbietet, obwohl es weitverbreitet ist: Sobald sie mit ihrer Mutter zu tun hat, fühlt sie sich wieder wie ein Kleinkind und wird völlig wehrlos, was im eklatanten Kontrast dazu steht, wie sie ihr sonstiges Leben ohne die Mutter meistert. Wenn Klienten ein Problem vorbringen, das für viele Menschen ein Standardproblem darstellt, ist es nützlich, sofort allerlei Stereotype zum Thema auszuschmücken und Dinge zu behaupten, die man eigentlich gar nicht wissen kann. Das lockert die Atmosphäre auf, und der Berater erfährt aus der Klientenreaktion meist schnell und zuverlässig, worum es eigentlich geht.

Im Folgenden ziehe ich verschiedene emotionale Register (»betrübt, empört, entsetzt« usw.). Es ist wichtig, sich nochmals zu vergegenwärtigen, dass diese gezeigten Reaktionen meinerseits keineswegs meiner tatsächlichen Gemütslage entsprechen, sondern entweder die vermuteten Reaktionen der Klientin widerspiegeln oder sie provozieren sollen, ihre Gemütslage zu sortieren und zu differenzieren. Der Schalk im Auge darf bei solchen Manövern auf keinen Fall fehlen!

THERAPEUTIN: Was ist dein Problem?
KLIENTIN [zögerlich]: Ähm ... ich habe Angst vor meiner Mutter.
THERAPEUTIN: Ouu! Aus gutem Grund, nehme ich an.

Die Reaktion »aus gutem Grund« passt für sehr viele vorgebrachte Probleme – vor allem, wenn die Klienten als Erstes ein Gefühl nennen (»Ich habe Angst ...«).

[Klientin nickt]
THERAPEUTIN: Ja, die ist so ein richtiger Drachen. Und du bist klein und schwach und hast nicht das kleinste Werkzeug gegen sie zur Verfügung.
[Klientin nickt]
THERAPEUTIN: Eben. Die ist einfach besser als du ... Schicksal! ... Wie macht sie dir denn das Leben zur Hölle? Ich meine, Mütter haben viele Möglichkeiten, ihre Töchter wirklich zur Sau zu machen.

Klientin: Ich finde sie sehr verletzend.

Therapeutin: Ja, wie macht sie das? Mit Liebesentzug?

Klientin: Zum Beispiel mit Worten, Liebesentzug und Behauptungen, Intoleranz ...

Therapeutin: Behauptungen, also über dich, wie unmöglich du dich benimmst ...

Klientin: Eeehm ..., ja.

Therapeutin: Ja!

Klientin: Vor allem wird nicht toleriert, was Andreas [Anm.: ihr Mann] oder ich in diesem Fall möchten. Oder mein Vater, das ist das Gleiche in grün.

Therapeutin: Also, sie hat wirklich das Nudelholz in der Hand für die ganze Familie.

Klientin: Irgendwie, immer.

Therapeutin: Immer, ja, das ist nicht schwierig, gerade für solche Mütter. Wie viele Geschwister hast du? Hast du welche?

Klientin: Null.

Therapeutin: Null! Du bist der einzige Augenstern, oder solltest du sein, für deine Mutter.

Klientin: Wobei man wissen muss, die war noch mal schwanger nach mir und hat das Kind unfreiwillig abgetrieben, das hängt ihr wohl noch sehr nach.

Therapeutin: Wie, unfreiwillig abgetrieben? Ist sie gezwungen worden?

Klientin: Hat sich zwingen lassen.

Therapeutin: Von deinem Vater.

Klientin: Hm!

Therapeutin: Der hat gedacht, noch ein Kind möchte ich dieser Frau nicht zumuten.

Klientin [überrascht]: Auch eine gute Perspektive, da könnte ich sogar zustimmen!

Therapeutin: Genau [lacht]. Also kriegst du die volle Ladung von deiner Mutter ab.

Klientin: Ja, ohne Zweifel.

Therapeutin: Wahrscheinlich bist du auch schuld daran, dass sie abgetrieben hat, weil der Vater gesagt hat, ich halt das nicht aus, mit Kindern im Haus. Noch eins, dann lasse ich mich scheiden, so was.

Klientin: Das könnte sein.

Therapeutin: Das könnte sein. Also bist du schuld an ihrem Unglück.

Klientin: Sie hat mir zwar erzählt, Vater ist schuld, aber rein theoretisch ...

Therapeutin: Theoretisch, eben, ja, ja. Alle anderen sind schuld. Deine Mutter nicht. Deine Mutter ist das arme, bedauernswerte Opfer ihrer Familie.

Klientin: Das habe ich verstanden, wie alles funktioniert, aber wir anderen sind alle zu dämlich.

Therapeutin: Ja, sie ist klüger als ihr, mächtiger, hat die besseren Werkzeuge im Kasten. Genau. Wie alt bist du?

Klientin: 36

Therapeutin: 36!

Klientin: Aber wenn sie hier wäre, wär ich 5.

Therapeutin: Wollte ich gerade sagen, es gibt Frauen mit 36, die schaffen das, ihrer Mutter zu sagen, also hör zu, du bist biologisch meine Mutter, das ist ein Faktum, das kann man nicht diskutieren, aber ich bin jetzt erwachsen, und jetzt hast du mir nichts mehr zu sagen.

[Pause]

Therapeutin [definitiv feststellend]: Und dann gibt's solche wie dich!

Klientin: Genau. Ich warte immer noch darauf, dass ich endlich geliebt werde und die Absolution kriege.

Therapeutin: Genau. Und weil deine Mutter natürlich besser weiß, was für dich gut ist, würde ich sagen, mach, was sie dir vorschlägt. Was sagt sie denn, was du tun sollst, was du nicht tust – widerborstig, wie du bist?

Klientin: Ja, zum Beispiel hatte ich jetzt grad die Unverschämtheit zu heiraten, ohne sie beim Standesamt dabei zu haben.

Therapeutin [entsetzt]: Das ist ja der Hammer! Hör mal, wie kann man so grausam sein. Mütter *müssen* am Standesamt stehen und schluchzen. Hast du das nicht gewusst?

Klientin: Nee, ich wusste, dass ich gerne alleine mit meinem Mann den Tag verbringen würde.

Therapeutin: Also nicht mit deiner Mutter.

Klientin: Das hat mit meiner Mutter gar nichts zu tun.

Therapeutin: Ah so!

Klientin: Einfach nur wir zwei, nicht irgendwelche anderen.

THERAPEUTIN: Schon, schon, aber wenn du jemand dabei hättest haben wollen, dann mit Sicherheit nicht deine Mutter.

KLIENTIN: Stimmt!

THERAPEUTIN: Genau.

KLIENTIN [lacht]: Das hat ja einen guten Grund.

THERAPEUTIN [betrübt]: Nein! Wie kannst du ihr die Hauptfreude im Leben einer Mutter einfach vorenthalten?

KLIENTIN: Tja ...

THERAPEUTIN: Du bist heimgekommen und hast gesagt, ich bin verheiratet! Überraschung!!

KLIENTIN: Nein, ich habe sie vorher informiert.

THERAPEUTIN [entsetzt]: Was? Du hast sie vorher informiert: Ich werde heiraten, Mutti, aber du kommst nicht zu meiner Hochzeit, [im Kinder-Singsang:] nänänänänä! Also, kleine Rachefeldzüge kannst du offenbar starten. Die feuern dann zurück, die sind dann ein Rückschlag, weil sie dir das den Rest deines Lebens aufs Brot schmieren wird.

KLIENTIN [stöhnt]: Ahhh!!!

THERAPEUTIN [betrübt]: Wie konntest du nur so grausam sein?! [empört] Sie hat dich unter Schmerzen und unter Einsatz ihres Lebens geboren, vor 36 Jahren, und das ist der Dank! Du solltest dich wirklich schämen! Wie alt ist deine Mutter?

KLIENTIN: 62 ... weiß ich nicht so genau.

THERAPEUTIN [lacht]: Wie alt wird sie schon sein. Irgend so eine alte Kalesche.

KLIENTIN: 63.

THERAPEUTIN: 63, ach du Scheiße, die lebt wahrscheinlich noch mindestens 30 Jahre. Diese Drachen werden sehr alt meistens.

KLIENTIN: Ja, ich würde mich leichter fühlen, wenn sie einfach nicht mehr da wäre.

THERAPEUTIN: Kannst Du ihr nicht ein bisschen Gift ins Essen mischen, oder so?

KLIENTIN [lacht]: Nee, dafür in den Knast zu gehen, das ist sie mir auch nicht wert!

THERAPEUTIN [resigniert]: Das ist sie dir auch nicht wert. Ja, dann musst du damit leben, dass sie die nächsten 30 Jahre bestimmt, was gut ist für dich und was nicht gut ist für dich. Gut für dich wäre gewesen, eine große Hochzeit zu machen, weißt du! War das deine erste Ehe?

Klientin: Hm.

Therapeutin: Und dein Mann, ist es für den auch die erste oder hat der schon mehrere Ehen hinter sich? Der hatte dann überhaupt kein Interesse, ein großes Fest zu feiern.

Klientin: Hm, nee, das war jetzt nicht der Punkt, nee!

Therapeutin: Na ja, die meisten Männer, die schon mal gebrannt sind, weil sie schon was hinter sich haben, die sagen, okay, lass es uns schnell hinter uns bringen, ich bin nicht sonderlich interessiert.

Klientin: Wir haben hinterher ein großes Fest gemacht, aber meine Eltern haben ihre Teilnahme abgesagt.

Therapeutin [entzückt]: Ahh, ahh! Rache ist süß.

Klientin: Aber ich bin ja nicht schuld, dass sie den schönsten Tag nicht miterlebt hat.

Therapeutin: Natürlich nicht! [Zitiert:] »Dann kommen wir auch nicht zu eurem Fest!« Das hast du wahrscheinlich beabsichtigt.

Klientin: Nein.

Therapeutin [überrascht]: Nein? Da hättest du sie gerne dabei gehabt?

Klientin: Na klar!

Therapeutin [verständnislos]: Wie, na klar? Den alten Drachen, auf deiner Hochzeit, der dann alles zur Sau macht, weil er sagt, wie siehst du denn aus, hättest du nicht was Anständiges anziehen können, wenigstens an deinem Hochzeitsfest ... Also, eigentlich hast du doch erreicht, was du wolltest.

Klientin: Ja, eigentlich hab ich im Moment das erreicht, dass ich jeden Kontakt abgebrochen habe, aber panisch, sobald das Telefon klingelt, nicht rangehe, weil sie ja dran sein könnte. Was soll ich dann tun? Dann bin ich ja wieder 5!

Therapeutin: Ja, eben, du bist total hilflos, wenn sie dran ist. Das nenne ich wahre Macht. Sobald sie anruft, fängst du das Zittern an, weißt nicht mehr, was du sagen sollst, wie so ein Kleinkind, so trotzig wahrscheinlich, stampfst mit dem Fuß ...

Klientin: Nee!

Therapeutin: Nein, Mami! Ganz ängstlich!

Klientin: Ich hab pure Angst vor ihr, soweit ich denken kann.

Therapeutin [begeistert]: Klasse! Hat sie dich in den Keller gesperrt früher?

Klientin: Nee.

THERAPEUTIN: Nee, die ist einfach cleverer als du.

KLIENTIN: Sie hatte einen hohen Status und ich immer einen niedrigen.

THERAPEUTIN [dozierend]: Das war der dir von Gott zugewiesene Status, der richtig war. Deine Mutter oben, du ganz unten.

KLIENTIN: Genau.

THERAPEUTIN: Und deswegen, weil es gottgegeben ist, ist das wie die Zehn Gebote, das ist auch so festgelegt gewesen. Das ist genetisch verankert, dass deine Mutter den hohen Status hat und du den niedrigen. [Befriedigt] Ja!

KLIENTIN: Also lassen wir das einfach so.

THERAPEUTIN: Du fügst dich einfach, weißt du. Wenn sie auftaucht, wedelst du mit der weißen Fahne und sagst, huu, huu. Du wirst ja dann sowieso 5 und dann sagst du [in kindlichem Tonfall]: »Ich bin gerade wieder fühünf, ich bin auch warm angezogen, wenn ich rausgehe, hm, mach mir nicht so viel Angst, ich bin ganz lieb, bin die ganz liebe kleine L., hm ...« Kannst du das nicht, einfach aufgeben? Du wirkst so aufmüpfig, weißt du, ich finde, du hast noch viel zu viel Rebellion in dir!

KLIENTIN: Ja aber das ist eine Scheiße für mich!

THERAPEUTIN: Ja, aber du findest sie nicht nur Scheiße, du machst dir in die Hose. Du kannst ja, wenn sie anruft, mit der weißen Fahne wedeln, und dann [weinerlich in kindlichem Tonfall]: »Ich glaub, es ist schon wieder passiert! Wenn du anrufst, mach ich mir immer in die Hose.«

KLIENTIN [grinst]: Das ist wohl wahr.

THERAPEUTIN [zitiert weiter]: »Du musst mich wickeln kommen!« Es gibt Windeln für Frauen in deinem Alter, wusstest du das nicht?

KLIENTIN [lacht]: Ja.

THERAPEUTIN: Ja, meine Mutter hat zum Beispiel wieder Windeln.

KLIENTIN: Ist die auch 63?

THERAPEUTIN: Nein, die ist 87, aber die kackt nicht in die Hose, glaube ich, aber pieseln tut sie dauernd, und deswegen hat sie Windeln an. Das sind so riesige Windelhosen, ziemlich gigantisch, also unter so eine Jeans [Therapeutin zeigt auf die enge Jeans der Klientin] passt sie nicht! Aber macht ja nichts. Und dann sagst du: »Du wickelst mich jetzt!« Und zwar so lange, bis deine Mutter so weit ist, dass sie sich in die Hose pieselt und kackt! Und außerdem sagst du zu ihr: »Und dann, wenn du in 30 Jahren ... ich verspreche dir, dann wickele ich dich!« ...

KLIENTIN [lacht]: Ich komm gar nicht mehr mit!

Die Klientin ist verwirrt. Das ist beabsichtigt und gut und schafft Freiraum für neue Gefühle, für neues Denken und Verhalten. Es entspannt Situationen, in denen ein Klient Angst hat, wenn der Berater drastische und absurde Bilder entwirft. Eine Mutter, die man vor seinem geistigen Auge als hilfloses Wickelkind gesehen hat, macht keine Angst mehr. Bei der nächsten Begegnung mit der Mutter wird L. an diese Wickelsituation denken und möglicherweise innerlich lächeln, sodass sie gelassener reagieren kann. Um das zu festigen, schmücke ich das Bild noch ein wenig aus.

THERAPEUTIN: Stell dir mal vor, so ein riesiger, faltiger Altfrauenarsch, vollgeschissen. Bei einem Baby ist es schon schlimm genug. Es gibt Männer, die ihre Kinder wickeln müssen, denen wird richtig schlecht, und in dem Moment, wo die nicht mehr gestillt werden und nicht mehr nur Milch trinken, da stinkt es ja richtig, wie erwachsene Scheiße. Aber jetzt stell dir mal so einen riesigen, alten, faltigen Altfrauenarsch vor, dann sagst du: »Mami, tu die Beine hoch!« Hast du Kinder?

KLIENTIN: Stiefkinder.

THERAPEUTIN: Aber gewickelt hast du die nicht, die waren schon groß.

KLIENTIN: Ja, zumindest nicht mehr wickeln.

THERAPEUTIN: Aber ich erklär dir, wie das geht: Da hält man die Beine des Kindes hoch, so, also bei den Babybeinen kriegt man die beiden in eine Hand, weil wenn die ein bisschen größer sind, fangen die an zu zappeln und hauen dann mit den Hacken in die Scheiße, widerlich! Also hebst du das hoch, und dann hast du so Feuchttücher, und wischst das aus den Ritzen. Und manchmal, da kacken die bis zu den Haarspitzen hoch, das ist unglaublich, aber wenn ich mir vorstelle, so ein riesiger Scheißhaufen von so einer alten Mutter – [enthusiastisch] Mann, das bringt's! Das geht wirklich bis unter die Achseln!

KLIENTIN: Du meinst, ich sollte sie mal fragen, ob sie sich gerade auch in die Hosen scheißt, wenn sie mit mir spricht.

THERAPEUTIN: Nein, du sagst ihr, wenn sie dich jetzt wickelt, weil du ja jetzt in die Hosen scheißt, dann versprichst du ihr einen heiligen Eid [zitiert]: »Mami, ich verspreche, wenn du alt und dement bist und in die Hose scheißt, dann wickle ich dich auch. Aber du musst mich jetzt wickeln, weil ich jetzt in deiner Gegenwart in die Hose scheiße.« Scheißt dein Vater auch in die Hose, in Gegenwart deiner Mutter? Dann hat sie schon zwei Leute zum Wickeln ... Ich stelle es mir gerade vor ... Wie alt ist dein Vater?

Klientin: Auch 63.

Therapeutin: Du meine Güte, so einen 63-jährigen Männerarsch mit Windeln, wow! Männliche Babys, wenn die auf der Wickelkommode liegen, die pinkeln einen dann auch immer an, weißt du, dann kommt Frischluft und dann, äääh, lass das [fuchtelt mit den Armen und lacht]. Furchtbar! Aber so ein alter Sack, verstehst du, der könnte sich glatt rächen an deiner Mutter, immer wenn sie ihn wickelt, dann pschhhhhhhhh!

Klientin: Tut er aber nicht. Der lässt alles über sich ergehen.

Therapeutin: Aber irgendwie scheint der nicht ganz so zu zittern wie du. Du bist wie so ein kleines Mäuschen, und deine Mutter ist so wie die große dicke Katze. Da ist das Mauseloch.

Klientin: Das ist gut. Ich hab panische Angst vor Katzen.

Therapeutin: Siehst du. Aus gutem Grund! Da sitzt diese riesige Katze, und diese kleine Maus kommt aus dem Mauseloch, die kleine Maus mit so zitternden Schnurrhaaren, das ist die L. Und die große Katze kommt, nimmt die Maus und zermalmt sie jedes Mal genüsslich. [Befriedigt] Ja! Dein Vater, der ist mehr ... ja, vielleicht ist der mehr so eine Ratte, denn vor Ratten haben Katzen Respekt. Die haben solche Zähne! Hast du schon mal ein Rattengebiss gesehen?

Klientin: Der hat keinen Respekt, nee, der ist eher wie so ein großer Elefant.

Therapeutin: Wie so ein Elefant, na ja, Elefant und eine Katze ist auch nicht schlecht. Aber deine Mutter als Katze und dich als kleines zitterndes Mäuschen, das sich dann auch noch in die Hose kackt, stell dir mal vor, die kleine Maus kommt aus ihrem Mauseloch und hinter ihr so eine Spur von Knödelchen.

[Therapeutin lacht]

Klientin [schmunzelt]: Kein Wunder, es geht ja um ihr Leben, wenn eine Katze kommt!

Therapeutin: So ist es, genau! Kleine Maus mit der weißen Fahne, dann: »Mami, tu mir nichts!« [Begeistert] Ich finde das genial.

Du bist einfach sensibler als dein Vater. Hast du das schon mal gedacht? Sag Ja!

[Beide lachen]

THERAPEUTIN: Du bist ihr nicht gewachsen, und dein Vater ist ein Trampeltier. Aber das kennst du!

KLIENTIN: Also, was soll ich denn nun machen? Wenn sie nicht biologisch, wie du das nennst, da wäre, würde ich mich mit Menschen wie ihr nie an einen Tisch setzen.

THERAPEUTIN [doziert streng]: Weil es deine Mutter ist, musst du schauen, dass du im Laufe deines Lebens dich immer wieder mit ihr zusammensetzt, auch auf die Gefahr hin, dass du dann vollgeschissen bist. Das ist deine Pflicht als Tochter, verstehst du?

Dieses therapeutische Dozieren spiegelt die Gefühle, die ich bei der Klientin vermute, und regt sie an, darüber nachzudenken, ob diese Gefühle gerechtfertigt und zeitgemäß sind.

KLIENTIN [nachdenklich]: Hm.

THERAPEUTIN [doziert weiter]: Und außerdem steht in der Bibel, man soll seine Eltern lieben und ehren oder so was Ähnliches.

KLIENTIN: Hm, das fällt mir zu schwer.

THERAPEUTIN: Ja, aber das ist trotzdem ein göttliches Gesetz, weißt du! Du musst deine Eltern ehren und du musst lebenslang drum kämpfen, dass du endlich ihre Zuneigung kriegst!

KLIENTIN: Genau. Und da hab ich kein Bock mehr drauf.

THERAPEUTIN [tadelnd]: Wie, da hab ich kein Bock mehr drauf? Das *musst* du, vielleicht bist du so kurz davor [zeigt einen 2-cm-Abstand mit Daumen und Zeigefinger]. Du bemühst dich noch weitere 30 Jahre, und auf ihrem Sterbebett sagt sie: »L., ich wollt dir schon immer mal sagen, ganz so übel bist du nicht, wie ich immer dachte!« So was. Das könnte passieren, stell dir mal vor. Und wenn du jetzt aufgibst, vielleicht hörst du das dann nie von ihr, und dann, wenn sie dir nicht den Segen gibt, dann bist du total wertlos.

[Pause]

THERAPEUTIN: Wo sollst du denn deinen Selbstwert hernehmen, wenn du nicht den Segen deiner Mutter kriegst? »Kind, du bist gebenedeit, ich segne dich, ich finde, du hast das gut gemacht!« –

so was ... [beschwörend] Das kannst du doch nicht einfach wegschmeißen! Du sagst: »Wenn du nicht meine Mutter wärest, würde ich auch nichts mit dir zu tun haben wollen!« Das geht doch nicht, denn dann verspielst du die Chance, eventuell, unter Umständen, unter ganz bestimmten Bedingungen, vielleicht, gelegentlich, wenn's grad ganz gut läuft und sie gut drauf ist, so was Ähnliches zu hören wie: »Heute warst du nicht ganz scheiße!«

KLIENTIN: Es gab so Momente.

THERAPEUTIN [überrascht]: Echt?

KLIENTIN: Ich habe es nie hundertprozentig geglaubt, aber so ein bisschen war es schon da.

THERAPEUTIN: Also, es hängt vielleicht auch damit zusammen, selbst wenn sie es sagen würde, würdest du es nicht glauben. Dann muss es gelogen sein. Denn wenn man dir was Nettes sagt, dann muss das gelogen sein, wo soll das denn herkommen.

KLIENTIN: Ah, nee, ah ... Also du meinst, ich sollte einfach mal den Trennstrich ziehen?

Diese Frage zeigt, dass die Provokationen beginnen, bei L. Wirkung zu zeigen. Die Verführung ist groß, als Berater erleichtert aufzuseufzen und einen geradlinigen Plan zu entwerfen, wie sich L. abnabeln könnte. Es steht jedem frei, das zu tun, aber meine Erfahrung hat gezeigt, dass es wirkungsvoller ist, das neu erblühende schwache Pflänzchen der Klienteneinsicht zu stärken, indem man weitere Kohlen ins Feuer schüttet.

THERAPEUTIN [streng und bestimmt]: Auf keinen Fall! Es ist deine Pflicht als Tochter zu warten, bis du den Segen deiner Mutter kriegst. Sonst wirst du immer als unruhiger Geist herumirren und nie den Frieden finden, verstehst du? Es gibt natürlich Kinder, die können sich abnabeln und können sagen, du kannst mich mal, juhu, frei bin ich, und dann fängt die Mutter an, an der Tür zu kratzen.

[Kleine Pause]

THERAPEUTIN: Hast du die Absicht, noch Eier zu legen, also Kinder zu kriegen?

KLIENTIN: Wahrscheinlich nicht.

THERAPEUTIN: Wahrscheinlich nicht. Weil, da kommen die Alten meistens angekrochen, ich möchte mein Enkelkind sehen, und dann kannst du sagen: Nänänänänä! So ähnlich wie bei der Hochzeit.

Klientin [seufzt]: Jaaa ...

Therapeutin: Hörst du es denn, wenn dein Mann dir was Nettes sagt? Kannst du das akzeptieren?

Klientin: Jaaa!

Therapeutin: Das schon! Da glaubst du nicht, dass er lügt? Kannst mal sehen, wie schief man liegen kann!

Klientin: Sie hat ja im Herzen was Nettes. Sie hat ja auch Gründe, warum sie so ist.

Therapeutin [erschüttert]: Waaas? Aber die ist doch das Allerletzte, die Frau. [Schnaubend] Im Herzen was Nettes, ich glaub, gleich geht's los! Was denn, bitte? Jetzt übertreib mal nicht. Wenn die was Nettes zu dir sagt, ist es gelogen!

Klientin [stammelt]: Nee ... das gefällt mir nicht ... das ist immer so: Komm mal ... aber ...

Therapeutin: Ja, außerdem sollte sie es mindestens einmal täglich bis, sagen wir mal, einmal die Woche sagen und nicht nur alle paar Jahre, so wie sie es bei dir macht. Und dann deutlich: »L., du bist mein Augenstern. Ohne dich wäre das Leben für mich nicht so schön geworden, wie es geworden ist.« So was. Wäre schön, gell?

Klientin: Jaaa!

Therapeutin: Ja.

Klientin: Das sagt sie ja, aber das glaubt ihr keiner mehr.

Therapeutin [ungläubig]: Das sagt sie? Dir??

Klientin: Hm!

Therapeutin: Wie kommst du auf die Idee? Als du fünf warst!

Klientin [verwirrt]: Passt zwar nicht, die Antwort, da ist eine Inkongruenz.

Therapeutin: Ja, ja, genau, selbst wenn sie dir hinten reinkriechen würde, würdest du es ihr nicht glauben.

Klientin: Nee!

Therapeutin: Eben! Einfach, weil die Frau so unsäglich fürchterlich ist, ein schreckliches Weib. Hast du deine Gene von einer Tante fünften Grades? Sieht deine Mutter denn nach irgendwas aus, ich meine, du bist ja ganz hübsch. Ist sie auch hübsch, oder ist sie ein Besen?

Klientin: Optisch ein Besen? Nö!

Therapeutin: Taugt schon, nur leider hat sie einen Scheißcharakter.

Klientin: Ja, nun hast du aus dem Ding etwas anderes gemacht, als man auch machen könnte. Ich weiß nicht ...

THERAPEUTIN: Manche erfreuen sich, wenn sie andere piesacken können.

KLIENTIN: Genau.

THERAPEUTIN: Genau. Okay, du siehst, wir haben die Lösung gefunden, du unterwirfst dich, du sagst ihr, dass du in die Hose scheißt, dass sie dich wickelt, und du wartest lebenslang auf ihren Segen. Das ist die Lösung unseres Gesprächs. So was nennt man, den Sack zumachen. Wir haben jetzt ein Ergebnis, und das nimmst du dann mit nach Hause.

In unserem Rückmeldegespräch war die Klientin deutlich entspannt, und es wurde viel gelacht.

THERAPEUTIN: L., hattest du irgendwelche Gefühle ...

[Beide lachen]

KLIENTIN [lacht]: Was muss ich jetzt sagen? Ich verstehe deine Frage nicht, ich weiß gar nicht, wozu ...

THERAPEUTIN: Aha, so, okay. Ich verstehe langsam das Problem, das deine Mutter hat.

[Beide lachen]

THERAPEUTIN [unterwürfig]: Sage mir, was ich dir sagen soll, damit es deine Billigung findet ... Also, hattest du irgendwelche Gefühle in unserem Gespräch?

KLIENTIN: Ahhh!

[Beide lachen]

THERAPEUTIN: Das ist eine schwierige Frage, ich geb's zu.

KLIENTIN: Oh Gott! Ja klar, Wut oder so ...

THERAPEUTIN: Wut auf deine Mutter!

KLIENTIN: Das löst Verzweiflung aus.

THERAPEUTIN: Ja. Weißt du, leider ist unsere Zeit um. Sonst könnt ich dir jetzt die 100-Millionen-Dollar-Lösung geben. Dumm gelaufen. Der Zeitnehmer hat »Stopp« gesagt.

KLIENTIN [lacht]: Was soll ich jetzt machen?

THERAPEUTIN: Du kriegst diesen Mitschnitt. Spiel ihn deiner Mutter vor: »Du warst zwar nicht bei meiner Hochzeit, Mami; aber ich hab was für dich!«

[Beide lachen]

Ich mache – wie weiter oben bereits ausgeführt – von allen Sitzungen eine Tonaufzeichnung, sodass die Klienten eine CD mitnehmen und sie nochmals anhören können. Dieses Verfahren ist zwar ökonomisch nicht so ergiebig wie einige weitere Therapiestunden, aber es verkürzt die Beratung signifikant. Da Geduld nicht zu meinen hervorstechendsten Eigenschaften gehört, ist es eine Vorgehensweise, die ich seit Jahrzehnten mit Vergnügen praktiziere.

Fall 7: Ich verletze mich selbst

THERAPEUTIN: Okay F., was ist dein Problem?
KLIENTIN: Da bin ich schon lange dran.
THERAPEUTIN: Schon lange dran?
KLIENTIN: Ja!
THERAPEUTIN: Aha.
KLIENTIN: Einige kennen das auch schon.
THERAPEUTIN: Du hast das hier in allen Gruppenarbeiten gebracht, aber du bist keinen Millimeter weitergekommen!
KLIENTIN: So in etwa.
THERAPEUTIN: Also ist es ein sehr therapieresistentes Problem?
KLIENTIN: Absolut.
THERAPEUTIN: Und wahrscheinlich haben sich schon ganz viele Leute die Zähne daran ausgebissen.
KLIENTIN: Ja. Ich denke schon.
THERAPEUTIN: Und ich sehe ein bisschen Stolz in deinen Augen, dass man dieses Problem nicht wirklich knacken kann.
[Therapeutin lacht, Klientin lächelt]
KLIENTIN: Möglich, genau.
THERAPEUTIN: Bist du verheiratet?
KLIENTIN [entschieden!]: Damit hat das Problem aber nichts zu tun.
THERAPEUTIN: Ich wollte nur wissen, ob dein Mann schon versucht hat, dir zu helfen, dieses Problem zu lösen.
KLIENTIN: Jaaa.
[Klientin lacht]
THERAPEUTIN: Und wie lang bist du schon verheiratet? Oder wie lange seid ihr schon zusammen?
KLIENTIN: Zusammen sind wir seit sechs Jahren.
THERAPEUTIN [erschüttert]: Seit sechs Jahren. Also, er bemüht sich seit sechs Jahren und hat es auch nicht geschafft.

KLIENTIN: Ja.
THERAPEUTIN: Und du glaubst jetzt, ich soll das hier in einer Viertelstunde ...
KLIENTIN: Klar.
THERAPEUTIN: Ach du großer Gott! Das muss ja ein Problem sein, was so total tief schürfend ist und komplex, mit ganz vielen Schichtungen ... Hm ...
[Klientin lacht leise]
THERAPEUTIN: Und wahrscheinlich kommt das aus deiner Kindheit schon ...
[Klientin nickt]
THERAPEUTIN: ... Hm ... okay ... und es ist derartig umfassend, dass vielleicht ... kannst du mir nicht ein anderes sagen heute?
[Klientin lacht leise vor sich hin und schüttelt den Kopf]
THERAPEUTIN [resigniert]: Ach du lieber Gott!

Diese Verzögerungstaktik ist besonders dann angebracht, wenn der Klient zeigt, dass er nicht so recht mit der Sprache herausrücken will. Ich hatte den Eindruck, dass die Klientin ihr Problem für gravierend hält und dass es ihr gleichzeitig ein bisschen peinlich ist. Je mehr ich darauf dringe, doch ein anderes Problem zu besprechen, umso dringlicher möchte die Klientin mir endlich ihr Problem mitteilen.

KLIENTIN: Soll ich es dir vielleicht mal sagen?
THERAPEUTIN: Ich weiß nicht, ob ich es überhaupt hören will.
[Beide lachen]
KLIENTIN: Willst du jemand anderen hier vorne haben?
[Beide lachen]
THERAPEUTIN: Nee, aber vielleicht hast du noch ein leichteres Problem.
KLIENTIN: Nein.
THERAPEUTIN: Eins, das man in einer Viertelstunde wirklich lösen kann.
KLIENTIN: Ich glaube, dass kriegen wir hin in einer Viertelstunde.
THERAPEUTIN [eindringlich]: Dein Mann bemüht sich seit sechs Jahren, du bemühst dich dein ganzes Leben schon, eingebrockt haben es dir deine Eltern ...
KLIENTIN: Wahrscheinlich.
THERAPEUTIN: Wie alt bist du?
KLIENTIN: 37.

THERAPEUTIN: 37. Also schätze ich mal, dann ist das Problem 35 Jahre alt, mindestens.

KLIENTIN: Nee, so alt nicht.

THERAPEUTIN: Nicht? 34!

[Beide lachen]

KLIENTIN: Na, wollen wir mal nicht so genau sein.

THERAPEUTIN: Also, um was geht's? Ich versuche mir es jetzt einfach mal anzuhören.

KLIENTIN: Ganz genau.

THERAPEUTIN: Und dann werde ich die nächsten Monate darüber meditieren, und wenn mir irgendwas einfällt im Laufe dieser Monate, dann schreibe ich dir und dann hast du die Gelegenheit, mir zu sagen, dass das auch nicht die Lösung ist.

KLIENTIN: Genau. So machen wir das. Also, es ist so, dass ich mir immer meine Nagelhaut wegknabbere und ähm ...

THERAPEUTIN [neugierig]: Lass mal sehen.

[Klientin zeigt der Therapeutin ihre Hände]

THERAPEUTIN [beeindruckt]: Das machst du aber sehr gut.

KLIENTIN: Hm.

THERAPEUTIN: Das sieht man gar nicht.

[Klientin lacht kurz auf]

KLIENTIN: Ich bemühe mich auch gerade, es wieder zu reduzieren, aber manchmal tut es richtig weh und ist blutig, und ich finde es schrecklich, dass ich es mache.

THERAPEUTIN: Hör mal, das ist die Vorstufe zur Selbstverletzung.

KLIENTIN: Ja!

THERAPEUTIN: Kennst du die selbstverletzenden Jugendlichen, die sich schneiden und brennen und wer weiß, was die alles machen und dabei behaupten: »Ich kann nicht anders. Ich muss mich spüren.«

KLIENTIN: Hm. Das habe ich auch schon überlegt.

THERAPEUTIN: Okay. Du bist ja vom Fach, also weißt du, dass wahrscheinlich viele Therapeuten sagen würden: »Okay, sie muss sich was zufügen, damit sie sich richtig spürt.«

KLIENTIN: Hm.

THERAPEUTIN: Weil, sonst bist du so lauwarmer Zwiebackbrei die ganze Zeit.

KLIENTIN: Igittigitt.

THERAPEUTIN: So was fades Lasches, so gar nix. Aber wenn du dir das Ding hier einreißen, so richtig ... also sehen tut man ja gar nix ...

KLIENTIN: Jetzt geht's ja auch gerade, ich habe mich wirklich bemüht ...

THERAPEUTIN: Wie, es geht ja auch gerade?

[Klientin lacht kurz]

THERAPEUTIN: Das ist ja anfänger-, amateurhaft, was du da machst.

[Klientin lacht leise vor sich hin]

THERAPEUTIN: Ich meine, das bringt es ja gar nicht.

KLIENTIN [zweifelnd]: Meinst du, ich soll ein bisschen mehr ...?

THERAPEUTIN: Ja klar. Ich meine, wenn schon, denn schon.

KLIENTIN: Aber jetzt will ich es gerade nicht.

[Therapeutin schaut sich ihre eigenen Hände an]

THERAPEUTIN: Ich guck gerade, also ich mache es nicht, aber schau mal, hier habe ich so eine Stelle, da habe ich gestern daran rumgeknibbelt. Das ist so was.

KLIENTIN: Siehst du, da fängt es nämlich an, und dann haste eine Stelle und dann musste immer wieder weitermachen, da kannste nicht aufhören.

THERAPEUTIN: Oh, ich kann dir was Nettes erzählen. Ich hatte zum Beispiel mal hier so was [Therapeutin zeigt auf einen Finger] und da habe ich daran gefummelt, weil es nervt, wenn das da so absteht.

Ich setze mich mit der Klientin ins selbe Boot und berichte von meinen Erfahrungen. Das gilt als Kunstfehler in vielen Therapieformen, aber der provokative Berater kann das wunderbar einsetzen, um den guten Draht zu stärken.

KLIENTIN: Genau.

THERAPEUTIN: Und dann ist da irgendwie Dreck reingekommen und dann kriegte ich hier so einen Bollen.

[Klientin lacht kurz leise]

THERAPEUTIN: Echt. Und dann hatte ich fast ein Jahr dort so ein Bollen dran gehabt, der fühlte sich so ganz komisch an und wurde immer dicker, und dann bin ich zu einem Hautarzt gegangen und dann hat der gesagt: »Jaaa, das könnte man eigentlich nicht wirklich wegschneiden.«

KLIENTIN: Finger ab.

THERAPEUTIN: Finger ab. Oder ich soll es einfach lassen. Naja, da habe ich mir gedacht: »Wenn der das sagt!« Aber es wurde mit der Zeit immer scheußlicher und da bin ich zu einem anderen gegangen und der hat es weggeschnitten. [Stöhnend] Das tut weh!

Klientin [nickend]: Hm.

Therapeutin: Ich sag's dir, saumäßig. Aber es ist weg. Und jetzt habe ich wieder eine schöne Nagelhaut. Seither überlege ich mir sehr, ob ich daran rumfummel. Aber weißt du, wahrscheinlich musst du erst mal die Erfahrung mit so einem Bollen machen. [Begeistert] Wenn du an jedem Finger solche Bollen hast, sieht das sicher lustig aus.

[Beide lachen]

Therapeutin: Wenn du da deinen Klienten die Hand gibst.

Klientin [angewidert]: Uähhh.

[Beide lachen]

Therapeutin: Die Bollen fühlen sich so knorpelig an, aber man kann sie hin und her schieben.

[Klientin stöhnt auf]

Therapeutin [sachlich]: Die Flüssigkeit, die da im Gelenk ist, tritt dann da aus und sammelt sich da, und manchmal entzündet es sich dann auch.

Klientin: Hm.

Therapeutin: Das ist schon ... ja ...

Klientin: Also, ich bewundere Frauen, die so schöne gepflegte Finger haben ...

Therapeutin: ... nicht so widerliche, abgenagte Krallen wie du.

Klientin: Ja! Ich weiß ja irgendwie, dass ich das mache, aber ich habe inzwischen rausgefunden, das gibt mir Befriedigung.

Therapeutin: Eben, eben. Klar.

Klientin: Und darauf will ich anscheinend nicht verzichten.

Therapeutin: Anscheinend.

Klientin: Doch das ist ärgerlich.

Therapeutin: Du machst das jetzt seit 35 Jahren, das ist doch ein absoluter Hochgenuss. Ich finde, du machst das noch nicht genug. Hast du schon mal versucht, das an den Füßen auch zu machen?

[Klientin lacht]

Klientin: Nee.

Therapeutin: Also, das nächste Mal, wenn du anfängst zu knibbeln, dann sagst du: »Du bist nur an den zehn Fingern jetzt, an den Zehen, also da ist noch jede Menge Material.«

KLIENTIN: Hm. Das ist mir zu anstrengend.

THERAPEUTIN: Das hält beweglich. Stell dir mal vor, Kinder können ja noch die Zehen so in den Mund nehmen. Das kannst du nicht mehr, oder?

KLIENTIN: Ich habe es lange nicht mehr probiert.

THERAPEUTIN: Du hast so endlos lange Haxen, du kommst gar nicht mehr nach oben.

KLIENTIN: Wir hatten auch gestern schon den Vorschlag in einer Übung, dass ich meinen Mann jetzt immer knabbern lasse.

THERAPEUTIN: Das ist auch eine sehr gute Idee. [Lüstern] »Willst du mal wieder an meinen Fingern lutschen?«

[Beide lachen]

THERAPEUTIN: »Ich lutsch dafür woanders.«

[Klientin lacht]

KLIENTIN: Da würde er sofort lutschen.

THERAPEUTIN [lachend]: Das glaube ich auch.

[Beide lachen]

KLIENTIN: Ja, und jetzt? Jetzt weiß ich auch nicht. Jetzt sitze ich halt da und denke ...

[Kleine Pause]

THERAPEUTIN: Schau mal, wenn du jetzt aufhören würdest damit, dann wäre ein wichtiges Merkmal deiner Persönlichkeit, das du seit 35 Jahren hast, einfach weg.

KLIENTIN: Das stimmt.

THERAPEUTIN: Eben! Du kannst nicht darauf verzichten, auf so wesentliche Merkmale deiner Persönlichkeit, weil du so wenige hast.

KLIENTIN [verblüfft]: Pfff ... Ja!

[Therapeutin lacht kurz]

THERAPEUTIN: Weißt du, wenn man eine reiche Persönlichkeit hat, die überfließt vor individuellen und interessanten Merkmalen, dann braucht man nicht an den Fingern knibbeln. Aber was hast du denn dann, wenn das weg ist?

Da die Klientin »angebissen« hat, mache ich auf derselben Spur weiter.

[Pause]

KLIENTIN: Tja ... dann habe ich halt ganz normale Finger. Ganz schöne normale ...

THERAPEUTIN: Ich rede von deiner Persönlichkeit, nicht von deinen Fingern. Dann sind deine Finger genauso langweilig wie deine Persönlichkeit.

KLIENTIN: Na, ich glaub nicht, dass ich so langweilig bin. Nein, also ich denke, meine Persönlichkeit käme schon klar damit, wenn ich dann nicht mehr knabbere.

THERAPEUTIN: Wer hat gesagt, dass du nicht langweilig bist?

KLIENTIN: Na ich!

THERAPEUTIN: Ja eben. Und wer hat dir das eingeredet, auch deine Mutter?

KLIENTIN: Klar.

THERAPEUTIN: Mütter müssen so was sagen. »Egal, was alle anderen Kinder sagen, mein Schatz, du bist hübsch.«

KLIENTIN: Hm.

THERAPEUTIN: So was sagen Mütter!

KLIENTIN: Das stimmt, meine Mutter ist ganz toll darin.

THERAPEUTIN: Eben, das Kind kann solche Ohren haben [zeigt mit den Händen Jumbo-Ohren] und aussehen wie ein Gnom – »Du bist die Hübscheste, die ich je gesehen habe.«

KLIENTIN: Ja.

THERAPEUTIN: Genau. »Deine Persönlichkeit ist so reich – egal, was die anderen sagen.«

KLIENTIN: Hm.

[Beide lachen]

THERAPEUTIN: Und dein Mann hat es dir wahrscheinlich auch versichert.

KLIENTIN: Ja, täglich.

THERAPEUTIN: Aber das nützt dir nichts.

[Pause]

THERAPEUTIN: Du brauchst ein paar herausragende Merkmale, die nicht jeder hat. Außerdem fällt mir gerade auf, das machen eigentlich mehr so Teenies. Das hält dich jung. Hast du mal gesehen, dass so 15-Jährige, die beißen an den Nägeln, vielleicht auch, weil sie ein bisschen Protein brauchen.

[Pause]

KLIENTIN: Naja, daran habe ich noch gar nicht gedacht.

THERAPEUTIN [befriedigt]: Eben.

KLIENTIN: Aber das mit dem bisschen Teeniemäßigen, ja, das stimmt. Das ist so ein Ding, wo ich merke, das hat meine Jugend auch geprägt. Früher war das ja noch viel schlimmer.

Therapeutin: Jetzt kann man von schlimm ja nicht reden.

Klientin: Ja jetzt.

Therapeutin: Also wirklich, das ist amateurhaft. Das ist echt Anfänger. Ich meine, das ist kein gutes Ding, um es mir zu demonstrieren oder hast du deine Hände die ganze Nacht in Oil of Olaz gelegt?

Klientin: Naja, so ähnlich.

Therapeutin: Ah ja.

[Beide lachen]

Klientin [lachend]: Palmolive.

Therapeutin: Okay, ja. Schläfst du mit Handschuhen? Dick eingecremt?

Klientin: Nee, aber ich versuche, sie grad mit Pflegecreme irgendwie hinzukriegen, dass es weggeht, dass ich aufhöre. Aber dann fange ich doch wieder an und meistens dann, wenn es mir besonders wichtig ist, schöne Finger zu haben. Dann mache ich es besonders kaputt.

Therapeutin: Ja genau. Also, du hast einen selbstzerstörerischen Zug.

Klientin: Ja.

Therapeutin [überzeugt]: Genau!

Klientin [nachdenklich]: Ich glaube schon.

Therapeutin: Du könntest ja ... Nägelbeißen tust du ja nicht?

Klientin: Nee.

Therapeutin: Das ist ja enorm ...

Klientin: Das ist zu anstrengend.

Therapeutin: Zu anstrengend? Faul bist du auch noch?

[Klientin lacht]

Klientin [lachend]: Ja.

Therapeutin: Okay. Aber da gibt es doch so Tricks ...

Klientin: Ja, ja.

Therapeutin: Da soll man sich so ein Zeug, was nicht schmeckt, draufschmieren. Und das hat wahrscheinlich eine ekelhafte Farbe. Weißt du, wenn du dir hier so was Grünes hinschmieren würdest, an jeden Finger. Und jetzt stell dir mal vor, solche grüne Bollen.

Klientin [angewidert]: Boah.

[Therapeutin lacht]

Klientin: Aber was mich am meisten ärgert, ist, dass ich es tue, und trotzdem ist die Befriedigung aber größer.

Therapeutin: Siehst du!

Klientin: Und mein Mann sitzt zum Beispiel neben mir und sieht es, ich fange an, im Kino oder so, und mach es so, und dann guckt er mich so an und dann mache ich aus Trotz weiter.

Therapeutin: Ja genau. »Von dir lasse ich mir gar nichts sagen.«

Klientin: Genau. Und dann fängt er an, dass er meine Hand nimmt und dann versucht zu streicheln, dass ich aufhöre …

Therapeutin [schmalzig]: Süß!

Klientin: Und dann denke ich: »Ich will jetzt aber nicht Hand halten. Ich will meine Finger kaputt machen.«

Therapeutin: Genau. Dann kann man doch sagen, dass dieses Verhalten wirklich ein Verhalten ist, womit du dir deine Jugend rettest. Denn du hast das Verhalten eines 3-jährigen trotzigen Mädchens plus diesem unsicherem Geknabber, was so 15-Jährige machen, und das rettest du in dein hohes Alter. Als alternde Matrone knabberst du noch, und wenn jemand sagt: »Mann, du bist aber alt geworden!«, dann kannst du sagen [zeigt die Hände vor]: »Schau, stimmt gar nicht.«

[Klientin lacht]

Klientin: Super eigentlich.

Therapeutin: Ja.

[Beide lachen]

Klientin: Jetzt weiß ich, warum ich es mir nicht abgewöhnen will.

Therapeutin: Ja eben.

Klientin: Wahrscheinlich ist das der Grund.

Therapeutin: Außerdem ist ja dieser Schmerz, denn das tut ja manchmal sauweh …

Klientin: Ja! Und das blutet dann auch.

Therapeutin [angewidert]: Pfui Teufel! Also dieser Schmerz, den man da spürt, ist eben doch wahrscheinlich das stärkste Gefühl, was du in deinem hohen Alter überhaupt spüren kannst.

[Pause]

Klientin [lachend]: Nein.

Therapeutin: Wie nein?

Klientin [überzeugt]: Nein, das stimmt nicht!

Therapeutin: Gibt es denn irgendwas, was … Du hast ja offenbar so leicht masochistische Züge … also, was deinen Masochismus so befriedigt, wie dieser Schmerz, wenn du so richtig reingerissen hast und merkst »Autsch, jetzt habe ich es wieder getroffen«?

[Pause]

KLIENTIN: Nein. In der Hinsicht nein. Da ist das das Höchste, was ich mir antun kann an Schmerz.

THERAPEUTIN: Eben.

KLIENTIN: Aber warum?

THERAPEUTIN: Kannst du deinen Mann bitten, dass er dich mal durchnudelt, dass es richtig wehtut?

[Pause]

KLIENTIN: Hm.

THERAPEUTIN [beruhigend]: Ersatzweise! Jedes Mal, wenn du hier knibbeln willst ...

[Klientin fängt leise an zu lachen]

THERAPEUTIN: Er hätte bestimmt nichts dagegen. Männer haben die perversesten Vorstellungen.

KLIENTIN: Ach, [verlegen] das ist schon okay so, wie es ist. Da würde ich jetzt ehrlich gesagt nichts ändern.

THERAPEUTIN [zunehmend begeistert]: Ans Bett fesseln, auspeitschen, knebeln und dann von allen Richtungen vögeln lassen, bis es richtig schmerzt.

KLIENTIN: Und du meinst, dann sind die Finger okay?

THERAPEUTIN: Na, das ist zumindest heftiger, als das bisschen Einreißen hier.

KLIENTIN: Vielleicht werde ich dann aber so abgebrüht, dass ich noch mehr mache.

THERAPEUTIN: Das kann sein. Also deine Persönlichkeit scheint noch perverser zu sein, als ich dachte.

[Beide lachen]

[Pause]

KLIENTIN: Ja, es ist einfach ... ja ...

THERAPEUTIN: Es gibt jede Menge Lösungen für so was.

KLIENTIN: Ja.

THERAPEUTIN: Ja!

KLIENTIN: Also Eiterbeulen will ich nicht haben, das stimmt.

THERAPEUTIN: Ob du willst oder nicht, über kurz oder lang wird das kommen.

KLIENTIN: Meinst du?

THERAPEUTIN: Also, ich hatte es ja nur an einem Finger. Aber an jedem, das wäre die richtige Steigerung.

[Pause]

Klientin: Also, wenn ich ordentlich knabbere, meinst du, erhöht das die Chancen ...

Therapeutin: Ja, nicht knabbern, beißt du das auch richtig ab?

Klientin: Ja. Also ich reiße und beiße, alles.

Therapeutin: Reißen und beißen.

Klientin: Also erst mache ich es so, und wenn es nicht mehr geht, mache ich es so.

Therapeutin: Genau.

Klientin: Das ist auch so ein schönes Gefühl, wenn du dann die Haut so abreißen kannst.

Therapeutin [begeistert]: Hm, ja. Und wenn es dann dort rankommt, wo es anfängt wehzutun.

Klientin [euphorisch]: Ja! Und dann fängt es an wehzutun, und dann reißt du es schnell ab und dann ist es vorbei. Toll.

Therapeutin: Eben. Ja schau mal, wenn ich deinen enthusiastischen Gesichtsausdruck sehe ...

[Klientin lacht]

Therapeutin: Es gibt wirklich nichts, was dir so viel Befriedigung verschafft.

Klientin [ganz leise]: Doch, aber ...

Therapeutin: Na also, da kannst du doch nicht behaupten, dass das, was dir am meisten Befriedigung verschafft in deinem öden Dasein, dass du das ausgerechnet abstellen willst. Ich sage ja, was ist denn dann übrig?

[Kleine Pause]

Therapeutin: Nix, was dir so viel Befriedigung verschafft. Hast du das mal deinem Mann gesagt, dass dir das mehr Befriedigung verschafft als alles andere – [bedeutungsschwer] wenn du weißt, was ich meine.

[Klientin lacht]

Klientin: Das würde ich jetzt so nicht behaupten.

[Beide lachen]

Klientin: Ähm ... eine Art von Befriedigung ist das.

Therapeutin: Ja eben. Aber diese Sorte von Befriedigung, die kriegt er einfach nicht hin. Männer sind da ganz empfindlich. Sie denken immer, sie sind die einzigen Lieferanten von Befriedigungen für ihre Frauen.

Klientin: Klar.

THERAPEUTIN: Ja, das ist ihnen sehr wichtig. Aber das schafft er nicht. Sag ihm das mal. Sag ihm: »Heinrich, du befriedigst mich gelegentlich ein bisschen.«

KLIENTIN: Das wäre mal lustig, wenn ich ihm das mal sagen würde.

THERAPEUTIN: Ja.

KLIENTIN: Dann würde er wahrscheinlich nie wieder sagen ... da würde er mich wahrscheinlich knabbern lassen ohne Ende.

THERAPEUTIN: Ja, ich weiß nicht, vielleicht findet er das nicht so lustig wie du.

KLIENTIN: Ja, kann auch sein. Vielleicht ist er dann auch so, dass er dann sagt: »Okay, ich muss mich mehr anstrengen.«

THERAPEUTIN: Meinst du, er liebt dich auch, wenn du lauter Bollen hast an jedem Finger?

[Klientin schüttelt Kopf]

THERAPEUTIN: Dann liebt er dich nicht mehr?

KLIENTIN: Nicht mehr so.

THERAPEUTIN: Nee, nicht mehr so. Und du kannst das ja noch ausweiten. Bollen an jedem Finger und Bollen an jedem Zeh.

[Klientin schnauft]

KLIENTIN: Super.

THERAPEUTIN: Ja.

KLIENTIN: Dann ziehe ich aber Handschuhe an.

THERAPEUTIN: Wieso?

KLIENTIN: Damit man das nicht sieht.

THERAPEUTIN: Ach klar, das ist ja auch gerade Mode, solche bis hier oben hin so.

[Therapeutin zeigt auf den Oberarm]

KLIENTIN: Ja.

THERAPEUTIN: Und dann kriegt deine sonst so unglaublich fade Persönlichkeit noch einen richtig extravaganten Touch.

[Pause]

KLIENTIN [leise]: Ja.

THERAPEUTIN: Ja. [Zitiert:] »Warum tragen Sie so lange Handschuhe?« – »Oh, das ist eine lange Geschichte.«

[Beide lachen]

KLIENTIN: Das ist alles interessant. Bei meiner Hochzeit zum Beispiel habe ich auch lange Handschuhe getragen und habe sie aber extra fingerfrei ... also so, dass die Finger rausgucken.

THERAPEUTIN [entsetzt]: Ach du großer Gott.

KLIENTIN: Das war der totale Ehrgeiz für mich, dass ich an meiner Hochzeit schöne Finger habe. Ich war das erste Mal in meinem Leben bei der Maniküre und sah todschick aus.

THERAPEUTIN: Okay.

KLIENTIN: Und ich habe mich echt beherrscht. [Lachend] Aber kurz nach der Hochzeit ging es wieder los.

THERAPEUTIN: Naja, aber dann wissen wir ja schon die Lösung. Du musst dir solche Ereignisse schaffen, auf die du hinarbeitest. Jede Woche. »An diesem Tag muss ich tolle Finger haben.« Heirate doch jede Woche.

KLIENTIN: Hm. Lieber nicht. Aber das funktioniert auch nicht immer.

THERAPEUTIN: Nee. Eben! Ich sage ja, dieses Problem ist nicht lösbar, denn deine fade Persönlichkeit braucht diesen Kick und dieses Gefühl »Ich bin ja noch jung«.

KLIENTIN: Hm.

THERAPEUTIN: Eben. Denn du siehst ja auch noch ziemlich jung aus. Du hast noch dieses naive kindliche Strahlen im Gesicht und dazu dann die Finger.

KLIENTIN: Stimmt, das passt.

THERAPEUTIN: Das passt einfach genial. Und wenn man das wegnimmt, wirst du wahrscheinlich in kürzester Kürze verfallen, grau, faltig und zusammengeschnurrt aussehen ...

KLIENTIN: Ja, dann lieber knabbern.

THERAPEUTIN: ... mit tollen Fingern. Wenn dich dann jemand fragt »Wie alt sind Sie?« – »39« – »Echt?« – »Schauen Sie. Schauen Sie, ganz tolle Finger.«

KLIENTIN [lachend]: Okay.

THERAPEUTIN: »Meine Finger sind perfekt.«

[Beide lachen]

THERAPEUTIN: »Meine Finger sind genauso wie bei einer 39-Jährigen.«

Der Zeitnehmer sagt »Stopp«. Bei der Rückmeldung liefert mir die Klientin so schöne Steilvorlagen, dass ich nicht widerstehen kann und wir sofort wieder im Problem landen.

THERAPEUTIN: Gut, welche Gefühle sind hochgekommen?

KLIENTIN: Ich fand mich total albern irgendwie, weil ich dachte, was für ein blödes Problem ist das eigentlich? Ich meine, ich bin an diesem Problem wirklich schon lange dran und habe letztes Jahr

Hypnotherapie mit Regression gemacht und ich weiß nicht ... das ganze Programm ...

THERAPEUTIN: Ich weiß, im früheren Leben ...

[Klientin lacht]

THERAPEUTIN: ... Du büßt jetzt für eine Sauerei aus einem früheren Leben.

KLIENTIN: Ja.

THERAPEUTIN: Ja.

KLIENTIN: Das ist eigentlich einfach. Also ich fühlte mich eigentlich lächerlich, weil ich dachte, man hätte vielleicht jemand anderem den Platz geben sollen, der ein echtes Problem hat ... blöd ... auf der anderen Seite ist es wirklich etwas, was mich belastet und nervt ... total.

THERAPEUTIN: Klar. Wenn man keinerlei Willenskraft hat und ein Rückgrat wie 'ne weiche Nudel, dann ist das ja logisch ...

[Klientin lacht]

KLIENTIN: Also, das war so das eine Gefühl, wie albern eigentlich, und das andere Gefühl war tatsächlich das Kind, was du ... ja, ja, so das kleine ... und das ist mir auch schon länger bewusst, dass das auch damit zusammenhängt. Und was mich irgendwie überhaupt nicht provoziert hat, war das mit deiner faden Persönlichkeit. Da hab ich mir gedacht, ach komm! Da weiß ich, dass es nicht stimmt. Aber es hat Spaß gemacht.

THERAPEUTIN: Das ist ja die Hauptsache, zwar keinerlei Ergebnis, aber ...

[Beide lachen]

Fall 8: Ich bin perfekter als alle anderen

Der Klient ist ein intelligenter, gut aussehender Mann in mittleren Jahren, der im Seminarverlauf dadurch auffiel, dass er bohrend nachfragte und durch seine Kommentare ziemlich arrogant zu verstehen gab, dass er mehr Durchblick habe als alle anderen Anwesenden. Das hatte ihn am ersten Seminartag so ins Aus manövriert, dass die anderen Teilnehmer bald nicht mehr mit ihm arbeiten wollten.

Unser Gespräch fand am Anfang des zweiten Tages statt. Der Klient versuchte, sich während des ganzen Gesprächs ziemlich bedeckt zu halten und sich nicht wirklich in die Karten schauen zu lassen. Nonverbal konnte ich jedoch feststellen, dass meine Unterstellungen häufig Treffer waren. In der Nachbesprechung sagte H., dass besonders die Bilder von der Rüstung der Al Quaida ins Schwarze getroffen hätten.

Nach unserem Gespräch vollzog er eine Kehrtwendung, wurde zugänglich und fröhlich und hatte plötzlich wieder Anschluss an die anderen. Dieser Wandel hielt an, denn H.s Verhaltensänderung hatte nicht nur während der zwei folgenden Seminartage Bestand, sondern war nachhaltig, denn als der Klient zum Fortsetzungsseminar kam, war er immer noch der freundliche und aufgeschlossene Mann, in den er sich verwandelt hatte.

Perfektionistische, intelligente Klienten sind meistens Weltmeister darin, den Berater in eine intellektuelle Diskussion zu verwickeln, die dieser nur verlieren kann. Überraschende Sichtweisen sind deshalb hilfreich, um die Führung im Beratungsprozess zu behalten, weil sie den Klienten zwingen, sein gewohntes Revier zu verlassen. Zu Beginn unseres Gesprächs frage ich daher nicht nach dem Problem, sondern weise gleich mit einer unerwarteten Äußerung auf eine Unperfektheit hin, die einem überlegenen Mann wie ihm eigentlich nicht passieren dürfte.

THERAPEUTIN [zeigt auf die weiße Hose des Klienten]: Du hast hier Dreck auf deiner Hose. Schau mal, igitt, was ist das, Schokolade? [angeekelt] Widerlich. Hast du das heute früh schon gehabt, oder hast du das hier draufgeschmiert?

KLIENT: Keine Ahnung.

THERAPEUTIN: Da ist noch einer. Hast du keine Frau, die für dich sorgt?

KLIENT: Doch.

THERAPEUTIN: Doch? Und so lässt die dich aus dem Haus? Mann, Mann, Mann.

KLIENT: Sie trägt Sorge für mich.

[Klient lacht leise]

THERAPEUTIN: Aber wie! Total daneben. Da ist auch noch einer!

KLIENT [ironisch]: Du meinst, ich bin ein Schmutzfink?

THERAPEUTIN [überzeugt]: Aber was für einer, oh Mannomann, igitt! Wenn du so ein Schmutzfink bist, solltest du keine weißen Hosen anziehen.

KLIENT: Ehrlich nicht?

THERAPEUTIN: Nö.

KLIENT: Vielleicht will ich jemandem zeigen, dass ich auch anders sein kann.

THERAPEUTIN: Du willst Frauen aufreißen, sich um dich zu kümmern und zu sagen: »Ach der arme Kerl hat Flecken auf der Hose, um den müssen wir uns kümmern!«

KLIENT: Genau.

THERAPEUTIN: Eben, denn sonst hast du ja nicht so arg viel, wo die Frauen ihre Muttertitte rausziehen können und sagen: »Komm an meine Brust, ich nähre dich.«

KLIENT: Stimmt.

THERAPEUTIN: Eben.

KLIENT: Man nimmt halt das, was man kriegen kann.

THERAPEUTIN: So ist es. Also, du brauchst schmutzige Hosen, damit bei anderen der Beschützerinstinkt erwacht.

KLIENT [schmunzelt]: Hm. Könnte so sein.

THERAPEUTIN: Genau, okay. Also was ist das Problem, abgesehen von deiner dreckigen Hose?

KLIENT: Ja, was ist das Problem?

[Pause]

Der Klient hat sich bisher auf sicherem Boden bewegt und unser Geplänkel mitgespielt. Das hat ihn auch davor bewahrt, ein Problem zuzugeben. Da er jetzt relativ lange schweigt, reagiere ich auf sein Schweigen, als sei sein Problem wirklich ganz schrecklich.

THERAPEUTIN [erschüttert]: Au weia, au weia.

KLIENT [vorsichtig]: Das ist ja schon relativ deutlich geworden. So Perfektionismus, Strukturen, trotz schmutziger Hose.

THERAPEUTIN: Die Hose passt überhaupt nicht dazu.

KLIENT: Ja, das ist so mein Freiraum.

THERAPEUTIN: Mann, Mann, Mann! Um den Freiraum gelegentlich zu vergrößern, könntest du ja mal in die Hose kacken. Naja, entschuldige, ich nehme das mit dem Ausdruck des Bedauerns zurück. Jemand, der so perfekt ist wie du, duldet solche Aussprüche nicht.

KLIENT: Doch.

THERAPEUTIN [irritiert]: Doch? Huuu! Okay!

[Klient lacht]

THERAPEUTIN: Also, du bist Perfektionist, und was noch?

KLIENT: Ich mag diese Strukturen und mag Prozesse.

THERAPEUTIN: Strukturen und Prozesse.

KLIENT: Und so dieses Locker-Sein, so aus sich rauskommen, das ist nicht immer mein Ding.

THERAPEUTIN: *Nicht immer?* Das ist die Untertreibung des Jahres.

KLIENT [überrascht]: Echt?

THERAPEUTIN: Ja. Wie viele Sekunden im Jahr bist du locker und kommst einfach so aus dir raus? Hat dir deine Frau schon jemals vorgeworfen, dass du locker aus dir rausgehst?

KLIENT: Hm ... selten.

THERAPEUTIN [befriedigt]: Selten. Das denk ich mir. Wenn sie dir das vorwerfen würde, würde ich sofort zu deiner Verteidigung schreiten. Dann würde ich sagen: »Das macht der H. nie, was soll denn dieser Vorwurf?«

KLIENT: Da hast du völlig recht.

THERAPEUTIN: Eben. Okay, aber so eine Struktur ist einfach klasse.

KLIENT: Gelegentlich hilfreich.

THERAPEUTIN: Nicht nur gelegentlich. Du hast damit gewissermaßen eine Art Korsett und eine wunderbare Rüstung. Wenn du in diese alten Schlösser gehst, da sind doch so Ritterrüstungen. Hast du mal gesehen, wie klein die sind? Da würdest du nie reinpassen. Also, ich stell mir vor, wie absurd du in so einer Rüstung aussehen würdest. Aber nehmen wir mal an, du kommst mit lautem Geschepper daher, klonk, klonk, klonk: Hier kommt H. in seiner Rüstung. Aber man kann dich ganz schwer dadurch zu fassen kriegen. Denn wo ist H.? Also die Leute, die gelegentlich dein Visier aufmachen, die sehen ein relativ nettes Lachen und so, aber dann fällt es eben automatisch wieder zu.

[Lange Pause]

THERAPEUTIN: Wo ist das Problem? Stell dir mal vor, du wärest ohne Rüstung. Du wärest ja das Äquivalent von einem Brandopfer dritten Grades.

KLIENT: Auch nicht schön.

THERAPEUTIN: Eben. Du brauchst die Rüstung. Wo ist das Problem?

KLIENT: Es geht ja gar nicht um die Rüstung. Sondern es geht eher darum, dass ich gerne zum Anfang locker drauflosplappern würde, wenn ich mich beispielsweise in Fremdsprachen ausdrücken soll. So bei Vorträgen ...

THERAPEUTIN [abwehrend]: Locker drauflosplappern!

KLIENT: Ja, wie meine Frau, die kann das.

THERAPEUTIN: Die hat ja wohl auch keine Rüstung an. Wenn du plapperst, dann klappert es an allen Ecken und Enden.

KLIENT: Also sollte ich das besser sein lassen?

THERAPEUTIN: Ja. Schick deine Frau vor.

KLIENT: Hab ich schon drüber nachgedacht.

THERAPEUTIN [begeistert]: Wunderbar. Perfekt. Mach ein Manuskript, wo jeder Satz passt. Und dann gibst du es deiner Frau. Und deine Frau stellt sich aufs Podium und plappert drauflos. Kannst du das aushalten? Du sitzt im Publikum und denkst: »Jetzt habe ich das so schön formuliert und was macht sie draus?« [bestimmt] Das geht doch nicht. Das wird unperfekt. Alles, was du an jemand anderen abgibst, wird nicht so, wie du es dir vorstellst!

KLIENT: Na, wenn ich es abgegeben habe, dann habe ich es abgegeben. Ich hab ja alles getan.

THERAPEUTIN: Wenn du im Publikum sitzt und dein fantastischer, ausgefeilter, unglaublich perfekter Text wird fehlerhaft vorgelesen, sodass es dann heißt, das ist der Text von Herrn H. – Ohhh ...

KLIENT [schnell]: Na, das würde ich sofort korrigieren.

THERAPEUTIN: Das denk ich mir.

[Klient lacht]

THERAPEUTIN: Das kann man auch nicht stehen lassen. Nachdem du da so viel Herzblut reingesteckt hast. Es ist perfekt und dann vermasselt es deine Frau.

KLIENT: Genau.

THERAPEUTIN: Ja. Wieso ist denn deine Frau mit dir zusammen? Du wirst sie doch andauernd korrigieren.

KLIENT: Das frage ich sie auch schon, wie hält sie es mit mir aus seit 18 Jahren?

THERAPEUTIN [erschüttert über die 18 Jahre]: Um Gottes willen! Anscheinend hat die einen masochistischen Zug.

KLIENT: Da habe ich schon drüber nachgedacht.

THERAPEUTIN: Denn anscheinend bist du in der Beziehung auch der, der alles besser kann, besser weiß, besser strukturiert ist. Hast du mal in ihre Handtasche geschaut?

KLIENT: Besser nicht.

THERAPEUTIN: Eben.

[Klient lacht]

KLIENT: Erschwerend kommt hinzu, dass ich eine völlig unrealistische Einstellung zu meinem eigenem Scheitern habe.

THERAPEUTIN: Wie soll ich das verstehen? Also, dass du dir nicht vorstellen kannst, jemals zu scheitern?

KLIENT: So ist es.

THERAPEUTIN: Die arme Frau. Puhhh! Ich fange an, richtig Mitleid mit ihr zu haben.

KLIENT: Das geht vielen so.

THERAPEUTIN: Die Mitleid mit deiner Frau haben?

KLIENT: Hm.

THERAPEUTIN: Das denk ich mir. Der ganze Freundeskreis.

KLIENT: Wie hält die das nur mit dem H. aus?

THERAPEUTIN: Sieht sie denn einigermaßen gut aus?

KLIENT: Ja.

THERAPEUTIN: Wieso ist die denn mit dir zusammen? Sitzt du auf einem dicken Sack Geld?

[Klient grinst]

THERAPEUTIN: Das erklärt einiges. Okay. Der H. ist nicht viel, aber er gehört mir.

[Beide lachen]

THERAPEUTIN: Genau. Und anstrengend ist er auch.

KLIENT: Ja, wahrscheinlich.

THERAPEUTIN: Jetzt verstehe ich auch deine dreckige Hose. Denn sie kann sich ja nicht um alles kümmern bei dir.

KLIENT: Das stimmt.

THERAPEUTIN: Das stimmt. Habt ihr Kinder?

KLIENT: Aber ja.

THERAPEUTIN [entsetzt]: Ach du Scheiße! Wie viele?

KLIENT: Zwei.

THERAPEUTIN: Au weia! Und wie alt sind die?

KLIENT: 11 und 13.

THERAPEUTIN: Oh, da freue ich mich, da steht dir noch richtig was Gutes bevor. Sind es Mädchen?

[Klient nickt]

THERAPEUTIN: Die 13-Jährige hat wahrscheinlich schon Busen und pubertiert schon kräftig.

KLIENT: Heftig, ja.

THERAPEUTIN [begeistert]: Heftig. Geil! [Korrigiert sich:] Ich meine, du armer Kerl. Das wird ja jetzt richtig mühsam mit denen. Sind die auch so wie du oder sind die mehr wie deine Frau?

KLIENT: Das ist gut verteilt. Also die Große kommt sehr auf mich und die Kleine auf meine Frau.

THERAPEUTIN: Also hast du zwei Chaoten zu Hause? Deine Frau und deine kleine Tochter.

KLIENT: Genau, aber Gott sei Dank habe ich Martina, mit der bin ich mir einig.

THERAPEUTIN: Aber ich sehe schon, deine Welt ist so unglaublich in Ordnung. Du hast eine masochistische Frau, die dich erträgt. Du hast zwei Töchter, die ältere ist so wie du. Mit der wirst du zwar auch aneinandergeraten, aber das lässt sich besser aushalten. Dann hast du noch die kleine Chaotin. Und du bist wahnsinnig erfolgreich im Beruf, und wichtig, und viel Geld und alles. Und jetzt willst du auch noch spontan werden. Spinnst du?

KLIENT: Ja, ich meine, das fehlt mir halt noch.

THERAPEUTIN: Ich gebe zu, dass das für jemanden sehr schmerzhaft ist, der so perfekt ist wie du. Dass da irgendeine Kleinigkeit fehlt. Du musst lernen, perfekt spontan zu werden.

KLIENT: Geplant spontan.

THERAPEUTIN: Geplant perfekt strukturiert spontan.

KLIENT: Ich war schon mal auf so einem Kreativitätsseminar ...

THERAPEUTIN: Au weia!

KLIENT: ... und da wurde gesagt, Kreativität bedarf einer Planung.

THERAPEUTIN: He he he. Das hat dir bestimmt gefallen.

KLIENT: Verstanden habe ich das nicht, aber ...

THERAPEUTIN: Das kann man auch nicht verstehen. Aber das ist für dich doch sicher sehr überzeugend gewesen. Wohlgeplante Kreativität.

KLIENT: Zumindest der Gedanke gefällt mir, dass es da ein Konzept dahinter gibt.

THERAPEUTIN: Das glaube ich dir aufs Wort.

KLIENT: Aber wie löse ich das jetzt, dass ich spontan meinen Vortrag in einer Fremdsprache halten kann, obwohl ich diese Fremdsprache aktiv oder ... ähm ... ich habe einen großen passiven Wortschatz, aber die Worte sprudeln nicht so.

THERAPEUTIN: Oh Gott. Stell dir mal vor, du stehst dort auf dem Podium ... wie viele hören denn da zu? Zwei oder zweihundert?

KLIENT: Es kommt drauf an. Zwischen 600 und 800.

THERAPEUTIN: Sagen wir mal: 700 Leute.

KLIENT: Ja, sind wir mal bescheiden. 700.

THERAPEUTIN: 700. Bescheidene 700 Leute sitzen da unten. In welcher Sprache musst du da reden?

KLIENT: Englisch.

THERAPEUTIN: In Englisch. Dear Ladys and Gentlemen.

KLIENT: Ja.

THERAPEUTIN [mit sehr ausgeprägtem deutschem Akzent]: »Ei gif ju tudei a spiitsch sat ei constraktet wery soroufulli.«

KLIENT: Never ever. Dann lasse ich mich simultan übersetzen.

[Klient lacht]

THERAPEUTIN: Wusstest du nicht, dass Henry Kissinger, der war ja ursprünglich Deutscher, und dem konnte man ja nun nicht vorwerfen, dass er erfolglos war; der lebte in den USA und pflegte seinen deutschen Akzent. Weil die kriegen einen Orgasmus, wenn die so was hören. Das finden die ganz toll.

KLIENT: Was könnte ich von dem lernen?

THERAPEUTIN: Na, dass du deinen lausigen Akzent einfach zur Kenntnis nimmst. Ich meine, das würde bei jemandem gehen, der nicht so geartet ist wie du. Du klonkst in deiner Rüstung aufs Podium.

KLIENT: Na, das könnte ich perfektionieren.

THERAPEUTIN: Du könntest den deutschen Akzent perfektionieren.

KLIENT: An der Stelle die Unvollkommenheit perfektionieren. Das wäre nicht schlecht.

THERAPEUTIN: Das würde dir entsprechen. Ich bin jetzt ganz perfekt unperfekt.

[Klient lacht laut auf]

KLIENT: Das wäre gut.

THERAPEUTIN: Aber wenn du dann hoffst, dass die dich dann sympathischer finden, muss ich dich enttäuschen.

KLIENT: Meinst du nicht?

THERAPEUTIN: Nee.

KLIENT: Schon wieder nicht!

THERAPEUTIN: Na, weil du ja in deiner Rüstung stehst und du hast ja dein Visier nie offen. Das ist ja das Problem. Ich sehe dich stehen mit deinem Manuskript, schepper, schepper, klonk, klonk. 700 Leute hören zu und denken, was ist das für einer. Ich wünschte, wir könnten da mal reingucken.

[Pause]

THERAPEUTIN [resigniert]: Tja.

KLIENT: Und wie lösen wir das jetzt schon wieder?

THERAPEUTIN: Das kann man nicht lösen. Es gibt Menschen, denen sprudeln die Herzen quasi zu von Anfang an, wenn sie irgendwo auftauchen. So Sympathieträger.

KLIENT: So einer war mein Vater.

THERAPEUTIN [ungläubig]: Dein Vater war so einer?

KLIENT: Jahrelang bin ich da hinterhergelaufen, um genauso zu sein. Und dann habe ich verstanden, dass ich anders bin.

THERAPEUTIN: Eben, und dann hast du dir deine Rüstung besorgt und hast gesagt: »Ihr könnt mich alle mal.«

KLIENT: Genau.

THERAPEUTIN: Jawohl. Na also!

KLIENT: Der Antreiber »Sei gefällig« ist bei mir auch relativ schwach ausgeprägt.

THERAPEUTIN: Schwach ausgeprägt! Genau! Also du hast eher, leck mich am Arsch ...

KLIENT: Ungefähr so.

THERAPEUTIN: In etwa. Aber damit bist du doch wunderbar gefahren bisher. Du bist kein Sympathieträger, aber du bist einer, den sie wenigstens fürchten. Das ist doch auch was, nicht? Stell dir mal vor, die fürchten dich nicht mehr, wenn du spontan und locker bist und die finden dich womöglich sympathisch.

KLIENT: Das ist ein Riesenvorteil. Wenn ich vom Flughafen nach Hause komme, dann räumen die brav auf.

[Klient lacht]

THERAPEUTIN: Ich sag doch, du hast so eine Art Terrorregime. Al Quaida zu Hause.

[Beide lachen]

THERAPEUTIN [tadelnd]: Du darfst nicht lachen! In dem Moment, wo du lachst, wirst du ungefährlich. Also bewahre dir deinen grimmigen und leicht arroganten Gesichtsausdruck. Der ist viel besser, um andere einzuschüchtern.

KLIENT: Der ist nur leicht arrogant?

THERAPEUTIN: Schwer arrogant! Ich wollte nett sein.

[Beide lachen]

THERAPEUTIN: Ich habe schon gedacht, jetzt muss ich mich richtig anstrengen, wenn der H. kommt, da muss ich eine ganz perfekte Leistung abliefern. Wenn ich jetzt nicht richtig gut bin ... huuuu. Ich habe die ganze Zeit das Gefühl, dem H. darf man nur Perfektion bieten. Alles drunter ist einfach scheiße.

KLIENT [gönnerhaft]: Na, ich wollt es dir nicht so schwer machen. Du hast ja hier eine Bühne, auf der du dich präsentierst, und da dacht ich, sei mal nett.

THERAPEUTIN: Vielen Dank! Das hat mich jetzt richtig entspannt.

[Beide lachen] Okay, na gut. Also jedenfalls, die Art und Weise, wie du Al Quaida spielst. Al Quaida in der Ritterrüstung, das ist auch nicht schlecht.

[Klient lacht]

THERAPEUTIN: Weißt du, so ne Rüstung mit einem Bombengürtel drum.

[Beide lachen]

THERAPEUTIN [spielt einen Terroristen]: »Wenn ihr nicht so spurt, wie ich mir das vorstelle, ich habe noch andere Methoden auf Lager!« Oder du kannst auch die Augenbraue hochziehen, dass es nur so raucht.

KLIENT: Hm.

THERAPEUTIN: Jawohl. Und deine drei Weiber, die spuren noch?

[Kleine Pause]

KLIENT [seufzt]: Ach ja ...

THERAPEUTIN: Also nicht ganz so, wie du es dir wünschen würdest.

KLIENT: Nö, aber es ist ganz okay so.

THERAPEUTIN: Es reicht also. Deine Frau scheint jedenfalls sehr klug zu sein, dass sie dir das Gefühl immer noch gibt, dass du der Herr im Haus bist.

KLIENT: Meine Frau weiß ja eigentlich, dass sie stärker ist.

THERAPEUTIN: Ich hab auch nicht gesagt, dass sie nicht stärker ist. Ich hab gesagt, dass sie dir das *Gefühl* gibt, dass du der Herr im Haus bist. Kluge Frauen machen so was, wenn sie mit so einem Al Quaida-Rüstungs-Macho verheiratet sind.

KLIENT: Mit Bombengürtel.

THERAPEUTIN: Mit Bombengürtel und Ritterrüstung. Hast du denn bei deiner Frau eigentlich schon mal jemals dein Visier länger als zehn Sekunden aufgemacht? Das ist gefährlich.

KLIENT: Da musst du meine Frau fragen.

THERAPEUTIN: Dann gib mal eine Schätzung ab, ob sie sagen würde, ja, das hat er, oder nein, das hat er nicht.

KLIENT: Ja, also nach 18 Jahren ... da hat sie die zehn Sekunden schon mal erlebt.

THERAPEUTIN: Zehn Sekunden, aber nicht länger.

KLIENT: Keine Ahnung.

THERAPEUTIN: Keine Ahnung! Stell dir doch mal vor, die entdeckt Schwächen an dir. Am perfekten, erfolgreichen, reichen, fantastischen, alles wissenden H.

KLIENT [schnell]: Jetzt übertreibst du aber!

THERAPEUTIN: Nö. Das hatten wir doch schon. Da hatten wir beide doch schon eine Basis für eine Beziehung, weil wir uns einig waren, dass du Geld hast, erfolgreich bist, dass du arrogant bist, dass du alles weißt und alles besser weißt und deswegen das Recht hast, Al Quaida zu sein. So hatten wir uns geeinigt, oder?

KLIENT: Das ist so eine Auslegungssache von dir, in der Tat.

[Klient lacht]

THERAPEUTIN: Ja, aber du hast doch gesagt, das stimmt genau, klar so ist es. H., jetzt habe ich gedacht, ich hätte die perfekte Zusammenfassung gemacht. Die war auch voll strukturiert. Reich ... ähm, was war das Nächste?

[Klient zuckt mit den Schultern]

THERAPEUTIN [entrüstet]: Du weißt es nicht mehr? Bei so einer strukturierten Aufzählung, wo ich mir hier den Arsch aufreiße, um dir was Strukturiertes zu liefern.

[Der Zeitnehmer sagt »Stopp« und wir beenden das Gespräch.]

Fall 9: Ich habe zu wenig Rückgrat

KLIENTIN: Also, bei mir ist es ja so, dass ich momentan in meiner beruflichen Situation als Beraterin tätig bin, die angesprochen wird: »Bitte berate mich, ich bezahle dich dafür.« Ich werde immer wieder als Berater konsultiert sozusagen, und da bietet es sich hin und wieder an, eben auch provokativ zu arbeiten. Das mache ich sowieso am liebsten, aber da gibt es eben eine Frau, ähm, die hat einfach so eine Grundhaltung, eine Grundeinstellung ...

THERAPEUTIN: Eine Frau, die dich zur Verzweiflung treibt.

KLIENTIN: Richtig. Ähm ...

THERAPEUTIN: Sie kommt regelmäßig.

KLIENTIN: Ja, sie kommt regelmäßig und ... ähm ... möchte mich ... ich hab das Gefühl, Sie möchte mich als Beraterin nutzen, sozusagen.

THERAPEUTIN: Aber sie bezahlt nicht.

Klientin: Sie bezahlt nicht, nein.
[Klientin lacht kurz]
Therapeutin: Na super. Wie oft kommt die denn?
Klientin: Also, so oft kommt sie nicht, weil sie nicht so oft da ist.
Therapeutin: Aber wenn sie da ist, denkt sie, jetzt geh ich die D. nerven.
Klientin: Ja genau, so in etwa.
Therapeutin: Und man muss sagen: Bingo, mission accomplished, sie schafft es auch. Wann war sie das letzte Mal da?
Klientin: Gestern.
Therapeutin: Sie ist also gekommen und hat dich voll erwischt. Zahlt nicht, stiehlt dir die Zeit und quatscht dir das Ohr voll.
Klientin: Und im Gegenteil, sie hat sogar noch den Einfluss, dass sie mir praktisch ... ähm ... dass ich mich da verheize, weil sie da die Macht dazu hat.
Therapeutin: Sie verheizt dich?
Klientin: Ja, mehr oder weniger.
Therapeutin: Das heißt, sie stellt dich an, du musst da noch irgendetwas? Was?
Klientin: Ich muss dann noch zusätzlich etwas machen. Genau.
[Klientin lacht kurz]
Therapeutin: Mann, die Frau ist ja wirklich fähig. Also jedenfalls deutlich fähiger als du.
[Beide lachen]
Therapeutin: Sie seift dich ein. Die schafft dir was an, du musst was tun, sie zahlt nicht mal und sie sorgt dafür, dass es dir hinterher tagelang schlecht geht.
Klientin: Ja genau. Und ich habe das Gefühl, ich kann mich nicht dagegen wehren.
Therapeutin: Natürlich kannst du das nicht, denn es ist ja so, die weiß ganz genau, welche Knöpfe sie bei dir drücken muss.
Klientin: Ja bestimmt. Also, ich glaub gar nicht, dass sie das so genau weiß, aber sie tut es.
Therapeutin: Die hat ein intuitives Gespür dafür, was sie bei dir machen muss, und dann springst du an, obwohl du nicht willst.
Klientin: Hm. Und vor allem, weil das dann ein Punkt ist, wo ich dann anspringe, der ... ähm ... was ... ähm ... mit meiner persönlichen privaten Situation zu tun hat ... äh ...

Bisher hat die Klientin noch nicht viel Präzises zu ihrer Situation gesagt. Sie hat nicht gesagt, dass es ihr tagelang schlecht geht. Hier behaupte ich einfach Dinge, von denen ich annehme, dass sie zutreffen. Wenn meine Behauptungen nicht stimmen, widersprechen die Klienten meistens sofort, und ich habe neues Material, bei dem ich einhaken kann. Wenn meine Behauptungen stimmen, festigt das beim Klienten das Gefühl, mit jemandem zu sprechen, der interessiert ist und sich auskennt. Im Allgemeinen werden sie dann auch deutlicher und sagen, um was es eigentlich geht, ohne dass man in sie dringen muss – selbst wenn sie vorher vage um den heißen Brei herumgeredet haben. Ich bin immer wieder verblüfft, dass ein Thema, das die Klienten sorgfältig umschiffen wollen, keineswegs so dramatisch ist, wie die Klienten es selber sehen. So auch hier.

KLIENTIN [entschlossen]: Also, jetzt einfach ganz klar gesprochen: Ich bin Mutter, und sie stellt das dann infrage, weil Mütter sind einfach keine vollwertigen Arbeitskräfte et cetera.

THERAPEUTIN: Ah, okay. Sie spricht dir die Kompetenz ab.

KLIENTIN: Richtig.

THERAPEUTIN: Na, das ist so, wie wenn man zu kleinen Kindern sagt: »Du kannst noch keinen Spinat essen, das ist was für Große.«

[Beide lachen]

KLIENTIN: Genau. »In zehn Jahren kannst du das wieder machen, aber jetzt bist du leider irgendwie behindert.«

THERAPEUTIN: Und ein bisschen mental amputiert, wie die meisten Mütter mit kleinen Kindern, die können nur noch an Windeln und so was denken.

KLIENTIN: Hm.

THERAPEUTIN: Wie klein ist denn dein kleines Kind?

KLIENTIN: Dreieinhalb.

THERAPEUTIN: Du bist also jetzt absolut nicht fähig, einen ernsthaften Job zu machen.

[Kleine Pause]

THERAPEUTIN: Das unterstellt sie dir.

KLIENTIN: Das gar nicht, sie ist normalerweise zuckersüß zu mir, und vor allem hochgelobt ...

THERAPEUTIN: Das ist ihre Methode.

KLIENTIN: Ich glaube es auch. Aber in dem Moment krieg ich dann von hinten das Messer reingerammt, wenn es nicht so läuft, wie sie es gerne hätte, wenn ich mich also ein bisschen auflehne.

THERAPEUTIN: Also, wenn du wirklich fähig und eine Businessfrau wärest, dann würden solche Fehler nicht passieren, die sie dann auflistet. Du bist unfähig. Also, die verkauft dir das wirklich perfekt. Ich find das genial. Aber vielleicht trifft sie auch einen Punkt, wahrscheinlich *bist* du hirnamputiert.

KLIENTIN: Hm.

THERAPEUTIN: Du weißt ja, wie Mütter mit kleinen Kindern eben. Ich war jetzt diese Woche mit meinem Enkel in so einer Spielgruppe für Mutter und Kind ...

KLIENTIN: »Pampers mine«

[Klientin lacht laut]

THERAPEUTIN: ... und die Leiterin ist eine reizende Person. Ganz süß. Aber ich habe das Gefühl, die macht jeden Morgen Spielgruppen für Kinder von zwei oder drei Jahren. Die hat schon dieses »Dutzi, Dutzi« drauf. Die kann gar nicht mehr anders. Und wahrscheinlich hat die gemerkt, dass es bei dir auch so ist. Du kannst nicht mehr klar denken, es sind einfach ein paar Hirnwindungen außer Betrieb für ein paar Jahre bis Jahrzehnte.

[Kleine Pause]

THERAPEUTIN: Tja, und deswegen trifft die natürlich einen Punkt, weil die sofort merkt, dass du nicht im vollen Besitz deiner geistigen Kräfte bist.

KLIENTIN: Das versucht sie mir zu vermitteln.

THERAPEUTIN: Was heißt, sie *versucht*, es zu vermitteln. Die hat einfach von außen den Einblick und sieht, dass du nicht so gut bist.

[Klientin seufzt, Pause]

KLIENTIN: Das stimmt überhaupt nicht!

[Therapeutin lacht]

KLIENTIN: Das Gemeine da dran ... was mich dann wirklich trifft, ist, dass sie in einer Position ist; es steht dort jetzt gerade an, eine nächste Position zu besetzen ...

D. hat zu Beginn den Eindruck vermittelt, als ginge es um eine Klientin von ihr, aber jetzt wird klar: Es geht um ihre Chefin.

THERAPEUTIN: Da kann sie dich nicht nehmen, so gehirnamputiert wie du bist.

KLIENTIN: Eben. Genau. Vor allem, weil ich ja auch nie Zeit habe. Ich bin ständig mit meiner Familie beschäftigt und so.

THERAPEUTIN: Genau. Du hast keine Zeit, kannst nicht mehr klar denken und du stehst eigentlich nicht wirklich zur Verfügung. Bist du verbeamtet da in diesem ...

[Klientin schüttelt mit Kopf]

THERAPEUTIN: Nee! Schade. Weil dann könntest du sagen, ich schnarche da so ein bisschen vor mich hin.

[Klientin lacht zaghaft und zuckt mit den Schultern]

KLIENTIN: Ja.

THERAPEUTIN: Es ist schon schade, dass Mütter im Allgemeinen, kaum dass sie Kinder haben, wirklich nicht mehr richtig zu gebrauchen sind.

[Beide lachen, Pause]

KLIENTIN: Was ich so schlimm finde daran, dass ich mich Dingen so ausgeliefert und hilflos fühle. Das finde ich ... das kotzt mich wirklich an.

THERAPEUTIN [doziert]: So was nennt man Einsicht! Hilflos, weil du dem nicht wirklich was entgegenzusetzen hast.

KLIENTIN: Hab ich auch nicht.

THERAPEUTIN: Du musst dich mit dem Gedanken anfreunden, dass es tatsächlich so ist, wie die das sieht, weißt du? Dass du nicht mehr klar denken kannst, dass du nicht mehr brauchbar bist. Warte noch so 10 bis 20 Jahre, bis dein kleiner Bastard ... ist das ein Mädchen oder ein Junge?

KLIENTIN: Ein Junge.

THERAPEUTIN: Bis der mal von Mamas Schoß heruntergekrochen ist, dann könntest du wieder arbeiten, wenn dann dein Hirn nicht schon völlig hinüber ist. Es gibt Frauen, die können an gar nichts anderes mehr denken, die versauern dann und kriegen Depressionen. Kennst das Empty-nest-Syndrom?

[Klientin lacht, Pause]

THERAPEUTIN: Die Aussichten sind auch nicht rosig, aber du könntest dich immerhin jetzt damit abfinden und sagen, warum kämpfe ich eigentlich dagegen, ich bin einfach unfähig.

[Pause]

KLIENTIN: Ich bin aber gar nicht unfähig.

THERAPEUTIN: Aber vielleicht sieht die das besser als du.

KLIENTIN [murmelt trotzig]: Das sieht die nicht besser als ich!!

THERAPEUTIN: Wie kommst du auf die Idee, dass du was leisten könntest, wenn die dich so unglaublich schnell schachmatt setzen kann?

[Lange Pause, Klientin weint; Therapeutin reicht ihr Taschentücher]

KLIENTIN: Tja, gute Frage.

THERAPEUTIN: Sagt dein Mann zu dir, dass du toll bist?

KLIENTIN [leise]: Hin und wieder ja.

THERAPEUTIN: Na, der muss das!

[Klientin lacht unter Tränen]

KLIENTIN: Das stimmt.

[Beide lachen]

THERAPEUTIN: Aber sonst kommt doch keiner auf die Idee, dass du was taugst, oder?

[Lange Pause, Klientin kämpft mit Tränen]

THERAPEUTIN: Es ist hart, wenn man plötzlich auf einmal mit seinen Limitationen, oder wie nennt man das, konfrontiert ist, oder?

KLIENTIN: Ja, ja.

THERAPEUTIN: Mein Gott! Und dann kommt noch dieses honigsüße Süßholzraspelweib daher ...

KLIENTIN: Genau. Also wenn ich arbeiten soll, dann ... ähm ...

THERAPEUTIN: Niedrige Arbeiten.

[Klientin lacht kurz]

KLIENTIN: Niedrige natürlich. [Ernsthaft:] Nee, die sind gar nicht niedrig, die Arbeiten, aber wie gesagt, wenn es an einen Punkt kommt, wo man sagt: »Okay, das wäre jetzt eine nächste Position«, dann geht das deswegen nicht mehr, weil ich halt eine gehirnamputierte Mutter bin und halt keine Zeit habe.

THERAPEUTIN: Genau. Die hat keine Kinder, nehme ich an?

KLIENTIN: Die hat schon Kinder, aber die sind schon ... die sind schon außer Haus.

THERAPEUTIN: Die rächt sich jetzt an diesen ganzen Fehlzeiten, die sie dazwischen hatte, an jeder Mutter, die ihr unterkommt. Das könnte ja auch sein.

[Beide lachen]

KLIENTIN: Das kann schon sein, ja.

THERAPEUTIN [heftig]: Das ist einfach so was von unfair, wie die Gesellschaft mit Müttern umgeht!

KLIENTIN: Es ist mir eigentlich egal, wie die Gesellschaft mit Müttern umgeht, weil ... gut, das stimmt irgendwo ein Stück weit auch, ja. Aber mir geht's letztendlich darum, dass es mich jetzt gerade da trifft.

THERAPEUTIN: Ja genau. Weißt du, könntest du nicht *so tun*, als ob du fähig wärest?

KLIENTIN: Ich versuche es ja ständig.

[Beide lachen]

THERAPEUTIN: Ich meine, überzeugender tun. Die Tatsache, dass du dann so getroffen bist, ist natürlich wieder ein Beweis, dass du tatsächlich nicht belastbar bist.

[Kleine Pause]

THERAPEUTIN: Für diese blöde Kuh da, mein ich.

KLIENTIN: Hm.

THERAPEUTIN: Ja. Und dann sagt die: »Das habe ich ja gewusst, wenn es richtig hart auf hart geht ...«

KLIENTIN: Genau.

THERAPEUTIN: »... dann ist die D. nicht zu gebrauchen!«

[Kleine Pause]

KLIENTIN: Also, dann ist sie nicht 48 Stunden am Tag zu gebrauchen! Als richtig guter Mitarbeiter muss man das ...

THERAPEUTIN: Ja genau. Hast du nicht mal gesehen, wie Männer das machen? Ich meine, denen kann man nicht unterstellen, dass sie durch Kinder abgelenkt werden, aber Männer machen das ja so, dass die ständig unglaublich überzeugend rüberbringen, wie wahnsinnig sie sich einsetzen.

[Pause]

THERAPEUTIN: Irre, wie die sich 48 Stunden am Tag wirklich den Arsch aufreißen für alles und jedes und niemals sagen würden: »Ich muss jetzt heim, ich muss das Kind vom Kindergarten abholen.« Ich meine, die tun's dann. Die sagen: [energisch] »Ich habe einen dringenden Außentermin, es tut mir so leid, Frau Schulz, ich muss jetzt weg. Sofort. Und das ist wahnsinnig wichtig für die ganze Abteilung.«

[Klientin lacht leise]

THERAPEUTIN: »Es ist von höchster Bedeutung!!!« Und dann gehen sie ihren Bastard abholen.

KLIENTIN: Also, das müsste ich dann anders angehen.

[Beide lachen]

THERAPEUTIN: Du hast wahrscheinlich den Anspruch, dass du authentisch und ehrlich bist.

[Kleine Pause]

THERAPEUTIN: Jawohl. Wenn du dein Kind abholst, dann sagst du das auch laut.

KLIENTIN: Ja.

THERAPEUTIN [begeistert]: Super! Genau! Naja, solche Frauen wie dich braucht man dann für die niederen Arbeiten.

[Pause]

KLIENTIN: Und was kann ich tun, damit ich auch die höheren Arbeiten ...

THERAPEUTIN: Gar nichts, weil du dich nicht verstellen kannst. Verstehst du, du kannst jetzt nicht plötzlich so tun und sagen: »Ich habe einen dringenden, wichtigen Außentermin.«

KLIENTIN: Das finde ich albern.

[Klientin lacht]

THERAPEUTIN: Ja eben. Sag ich doch. Natürlich ist das höchst albern, aber so kommt man vorwärts. Und dann sagst du zu der Frau Schulz: »Ich bin ganz ihrer Meinung, man sollte Familie auf jeden Fall ganz hinten anstellen. Der Job ist das Wichtigste, ich habe da jede Menge Möglichkeiten. Wissen sie, mein Sohn kommt zur Kinderfrau, in die Krippe, zur Oma, ich sehe ihn eigentlich so gut wie gar nicht.«

[Pause]

THERAPEUTIN: Aber so was kommt überhaupt nicht infrage. Du bist ehrlich, authentisch, du machst es nicht wie die Männer.

KLIENTIN [leise]: Ja, ich mach's einfach so, wie ich ...

THERAPEUTIN: Ja, so wie du das denkst, ist es halt scheiße. Das ist das Problem.

[Therapeutin lacht]

KLIENTIN: Für sie sicher, ja.

THERAPEUTIN: Na, für dich auch!

KLIENTIN: Ja, für mich auch ...

THERAPEUTIN: Du kriegst Magenschmerzen.

KLIENTIN: Das ist nicht die erste Person, an die ich gerate, die so denkt.

THERAPEUTIN: Eben, eben. Du trägst dein Herz auf der Zunge, du bist geradlinig und offen und gibst zu, dass dir dein Kind etwas bedeutet.

KLIENTIN: Richtig. [Leise:] Das bin eben ich.

THERAPEUTIN: Dann akzeptiere doch einfach, dass du weiterhin für die nächsten 10 bis 15 Jahre die niederen Arbeiten machst.

[Kleine Pause]

Wenn ich solche Dinge behaupte, heißt das keineswegs, dass ich die Klienten ermutige, unaufrichtig zu sein. Ich gehe davon aus, dass die Klientin ansatzweise Ähnliches schon selbst gedacht hat. Diese Behauptungen bringen ihren naiven Umgang mit Realitäten ins Spiel. Gleichzeitig helfen sie der Klientin zu sortieren und zu festigen, was für sie wichtig ist und was nicht.

THERAPEUTIN: Oder bist du vielleicht noch schlimmer als ich dachte, und hast den Männern, die sagen »Ich habe einen wichtigen Außentermin!«, das geglaubt?

[Pause, Klientin nickt]

THERAPEUTIN [erschüttert]: Uäääähhhh! Echt? Tatsache?

[Beide lachen]

THERAPEUTIN: Das gibt's ja nicht! Die sehen ja ihre Kinder nie, diese Rabenväter. Die geben den Bastard im Kindergarten ab und machen sich einen schönen Lenz.

[Pause]

KLIENTIN: Stimmt. Also, ich habe wirklich manchmal Dampfplauderer falsch verstanden.

THERAPEUTIN: Ja. Weil du denkst, es wären alle so naiv wie du. Mental blond.

[Beide lachen, Pause]

THERAPEUTIN: Na, da kann man nicht viel machen. Außer dass du die weiße Flagge schwenkst und resignierst, ich meine vor dir selber sagst du: »Ich akzeptiere, dass ich mit meiner Offenheit, Ehrlichkeit und Geradlinigkeit nicht aufsteigen kann.« Du willst ja alles haben, offen, ehrlich, gradlinig sein und aufsteigen.

KLIENTIN: Ja.

THERAPEUTIN: Ja! Vergiss es doch ganz einfach!

KLIENTIN [lachend]: Nein.

[Beide lachen]

KLIENTIN [bestimmt]: Das will ich aber nicht!

THERAPEUTIN: Aber dann kommen dir immer solche Schulzens in die Wege.

[Pause]

KLIENTIN [murmelt]: Frau Schulzens. Also Herr Schulzens sind das nicht, das sind Frau Schulzens.

THERAPEUTIN: Selbstverständlich.

KLIENTIN: Bei Herr Schulzens, da ist das gar nicht so tragisch.

THERAPEUTIN: So alte Schachteln, die die Kindererziehung hinter sich haben.

[Klientin seufzt]

KLIENTIN: Oder keine Kinder haben.

THERAPEUTIN: Oder keine Kinder haben. Die sind noch schlimmer meistens, oder?

KLIENTIN: Ähnlich, ähnlich.

THERAPEUTIN: Die vergessen das ja auch, das ist ja das Schöne. Die Frauen, deren Kinder größer sind, vergessen, was das für ein Stress ist, wenn die klein sind und sagen: »Was stellt die sich so an? Wir haben uns ja auch nicht so angestellt.«

KLIENTIN: Ja.

Es ist hilfreich, wenn man die Situation, von der die Klientin redet, am eigenen Leib erfahren hat. Ich habe zwei Kinder, die Gott sei Dank erwachsen sind, und zwei Enkel. Ich war und bin keine begeisterte Baby-Mutter, die bei jedem auftauchenden Winzling in Ekstase verfällt. Mir sitzen die stressigen Kleinkinderjahre noch immer in den Knochen, und an was ich mich nicht mehr erinnern kann, wird mir jetzt wieder lebhaft von meinen Enkeln vor Augen geführt.

Natürlich muss man nicht unbedingt eine Depression durchmachen, um beispielsweise in den Erfahrungshorizont eines depressiven Klienten einsteigen zu können. Aber wenn man die Welt des Klienten nicht aus eigener Anschauung kennt, muss man sich auf jeden Fall darüber informieren, und zwar am besten vorurteilsfrei durch Gespräche mit direkt Betroffenen. Jeder Klient kann somit zur Hilfe für den nächsten Klienten werden – und das darf man ihm auch direkt mitteilen.

THERAPEUTIN: Eben, eben. Und du kannst auf gar keinen Fall so tun als ob. Das ist einfach nicht dein Stil. Es passt nicht zu deinem Charakter. Lieber kriegst du ein Magengeschwür.

[Lange Pause]

THERAPEUTIN: Die Welt ist so schlecht! Die ist so schlecht, dass sie Menschen wie dich, die offen und ehrlich sind, einfach nicht honoriert.

KLIENTIN: Also, ich will ja gar nicht, dass Offenheit und Ehrlichkeit honoriert werden, es geht ... es ist nicht mein Anliegen, sondern ich will nur nicht für etwas diskriminiert werden, was eigentlich von der Gesellschaft gewünscht ist.

THERAPEUTIN: Ja schau, das siehst du falsch. Bei dir ist es die Offenheit und Ehrlichkeit, die diskriminiert wird.

[Kleine Pause]

THERAPEUTIN: Du kannst einfach nicht so tun als ob, das ist dein Problem. Wie ist denn das so mit deinem Mann? Tust du da nie so als ob?

[Klientin lacht kurz und schüttelt den Kopf]

THERAPEUTIN: Was? Echt? Noch nie die Einkaufsliste gemacht nebenher?

[Klientin lacht]

THERAPEUTIN [einen Orgasmus persiflierend]: »Oh ja ohhh, du bist ganz toll heute … ohhh … [im Normalton] ich muss unbedingt noch Äpfel kaufen heute, dass hab ich schon fast vergessen … [stöhnend:] ohhh … – [wieder normal:] Nee?

KLIENTIN [lachend]: Nein.

THERAPEUTIN [verblüfft]: Ach was! Dann gehörst du so ungefähr zu ein bis zwei Prozent der weiblichen Bevölkerung, die das noch nie gemacht hat.

KLIENTIN: Da bin ich wenigstens da ein Maßstab!

THERAPEUTIN: Na, warte es ab! Stell dir mal vor, da kommt der Zeitpunkt, wo du absolut keinen Bock hast, und dann sagst du zu ihm: »Hol dir selber einen runter, ich habe heut keine Lust!« Keine gute Idee, verstehst du?

[Klientin nickt]

THERAPEUTIN: Eben. Also, du kannst in deinem Job viel lernen für dein Privatleben.

KLIENTIN [flüstert]: Okay.

THERAPEUTIN: Da muss man auch übertreiben: [hechelt] »Das war der tollste Orgasmus, den ich seit Jahrzehnten gehabt habe. Du bist ein solcher Könner!«

KLIENTIN: Hm.

THERAPEUTIN: Kannst du nicht, gell?

KLIENTIN: Muss ich nicht.

[Beide lachen]

THERAPEUTIN: Noch nicht!

[Beide lachen]

KLIENTIN: Noch nicht, okay.

THERAPEUTIN: Sei geduldig.

KLIENTIN: Okay, das wäre dann also ein gutes Trainingsprogramm.

THERAPEUTIN: Ein *sehr* gutes Trainingsprogramm! Aber du hast schon »wäre« gesagt, Konjunktiv, denn für dich kommt so was nicht infrage. Offen und ehrlich: »Heute hatte ich überhaupt nichts davon.«
[Kleine Pause]
THERAPEUTIN: »Steck ihn weg.«
[Beide lachen]

In der Rückmeldung sagte die Klientin:

KLIENTIN: Die Themen waren ja eher diese Hilflosigkeit und ... naja, was du jetzt für mich erreicht hast, ist ... ich merke diese Energie ... uhaaaaa!!!
[Beide lachen]
KLIENTIN: Und dass es mir wurst ist, was die anderen denken! Da bleib ich schon bei meinem Stil.

Fall 10: Ich bin selbstständig und verdiene mein eigenes Geld!

Die Klientin ist eine sehr attraktive Frau, die im Seminar durch kapriziöses Verhalten auffällt, das signalisiert: »Ich bin etwas Besonderes, ich bin nicht wie alle anderen.« Sie setzt sich neben mich, wirft ihre Haare zurück und strahlt mich an.

THERAPEUTIN: Also E., was ist das Problem?
KLIENTIN: Also, ich habe mich am Anfang des Jahres von einem Kollegen getrennt, mit dem ich gearbeitet habe, deshalb, weil er mein Freund war, von dem ich mich auch getrennt habe.
THERAPEUTIN: Also der war der Lover ...
KLIENTIN: Das war mein Freund ...
THERAPEUTIN: Und dein Kollege.
KLIENTIN: Genau.
THERAPEUTIN: Und du hast dich zuerst von ihm als Lover getrennt, und dann hast du ihn auch als Kollegen abserviert. Oder wie?
KLIENTIN: Verloren.
THERAPEUTIN: Verloren?
KLIENTIN: Er wollte das dann nicht mehr.

THERAPEUTIN [feststellend]: Er wollte nicht mehr mit dir arbeiten, nachdem du ihn rausgeschmissen hast!

KLIENTIN: Genau.

THERAPEUTIN: Also, euer Liebesverhältnis hast du beendet?

KLIENTIN: Ja.

THERAPEUTIN: Er durfte nicht mehr in deine Unterhose und dann wollte er auch nicht mehr mit dir arbeiten.

KLIENTIN: Ganz genau.

THERAPEUTIN: Okay. Ja und?

KLIENTIN: Und äh ... also das ist ein Teil meines Einkommens gewesen, was ich mir mit ihm gemeinsam erarbeitet habe.

THERAPEUTIN: Oh Mist, das hättest du dir vorher überlegen müssen.

[Beide lachen]

KLIENTIN: Habe ich.

THERAPEUTIN: Hast du?

KLIENTIN: Das habe ich in Kauf genommen.

THERAPEUTIN: Okay.

KLIENTIN: Das heißt, der Punkt ist jetzt der, ähm ... dass ich, worin ich auch einen Vorteil sehen kann, ganz selbstständig bin. Das heißt, niemand akquiriert für mich, ich muss alles selber machen.

THERAPEUTIN: Ach du Scheiße! Wie alt bist du?

KLIENTIN: Naja, ich bin ja schon alt.

THERAPEUTIN: Na, dann sprich.

KLIENTIN: 56.

THERAPEUTIN [ungläubig]: 56?

[Klientin lacht]

KLIENTIN: 55.

[Therapeutin atmet schwer aus]

KLIENTIN: Ich werde erst 56.

THERAPEUTIN [erschüttert]: Meine Güte! Mit 55 hast du gemeint, du müsstest es jetzt diesen jungen, frischen, unverbrauchten Frauen gleichtun, die so wie junge Füllen über die Wiese hüpfen, voller Energie, und du stehst da wie so eine alte Milchkuh. Und jetzt musst du noch einmal ...

KLIENTIN: Alleine los.

[Klientin lacht]

THERAPEUTIN: Muhhh.

[Beide lachen]

THERAPEUTIN: Das ist ja schrecklich, wie bist du denn auf die schwachsinnige Idee gekommen?!

KLIENTIN: Naja, das ist halt der Preis, den ich dafür zahle ...

THERAPEUTIN [resigniert]: Das ist der Preis!

KLIENTIN: ... dass ich meine Autonomie als Frau habe.

THERAPEUTIN: Wie, als Frau?

[Klientin lacht]

THERAPEUTIN: Ich bitte dich, das ist dieses moderne Gedankengut, was Frauen unseres Alters eigentlich nicht mehr aufgreifen sollten.

KLIENTIN: Ja, ich habe es ja anders versucht, aber es hat nicht geklappt.

THERAPEUTIN: Du konntest dich nicht unterordnen ...

KLIENTIN: Nee.

THERAPEUTIN: ... unter diesen Mann.

KLIENTIN: Nee, der war mir einfach zu langweilig.

THERAPEUTIN: Zu langweilig war er dir? Wie lange warst du denn mit dem Langweiler zusammen?

KLIENTIN: Fünf Jahre.

THERAPEUTIN [entrüstet]: Fünf Jahre hast du gebraucht, um zu merken, dass der fad ist?!

[Beide lachen]

KLIENTIN: Ich hab es schon vorher gemerkt, aber ich habe, glaube ich, ...

THERAPEUTIN: Du hast gedacht, dann ist die Kohle weg.

KLIENTIN: Genau. Ich habe ihn gebraucht ... wirklich, also diese Gewichtsverschiebung ... Sagen wir mal, Vor- und Nachteile haben sich verschoben.

THERAPEUTIN: Also, am Schluss war er so fad, dass du gesagt hast: »Lieber nage ich am Hungertuch, bevor ich noch ...«

KLIENTIN: Genau.

THERAPEUTIN: Okay. Und jetzt stehst du als magere, ausgemergelte, alte Kuh auf der Weide und guckst zu, wie die jungen Frauen das alles hinkriegen.

KLIENTIN [lachend]: Ja.

THERAPEUTIN: Ja, aber du kannst dir doch einen Ersatz suchen. Also, du siehst ja noch irgendwie halbwegs brauchbar aus. Du könntest ...

[Klientin lacht]

THERAPEUTIN: ... wenn du dich in der Nähe von Altenheimen rumtreibst ...

[Pause]

THERAPEUTIN: Wobei, da sind ganz, ganz wenig Männer drin. Aber denen kommst du wiederum vor wie ein junges Füllen.

KLIENTIN: Nee, nee, es geht mir ja mehr um den Gesichtspunkt, wie komme ich selber ins Tun, was die eigene Akquise angeht.

THERAPEUTIN [bestimmt]: Gar nicht! Vergiss es, in deinem Alter ...

Wenn Klienten fragen, was sie tun könnten, und ich antworte »Gar nichts!«, dann spiegele ich ihre eigenen Zweifel und rege den Widerspruchsgeist an. Die Klienten beginnen dann innerlich, auf die Suche nach Lösungsmöglichkeiten zu gehen.

KLIENTIN: Ich möchte gerne ...

THERAPEUTIN: Ich bitte dich, es gibt so viel junge Konkurrenz.

KLIENTIN: Ja, das stimmt.

THERAPEUTIN: Das ist ein Mist.

KLIENTIN: Aber ich habe ein ganz gutes Erfahrungs...

[Pause]

KLIENTIN: Na, so ein großes Erfahrungspotenzial habe ich nicht, ich habe ja selber erst vor sechs Jahren angefangen.

THERAPEUTIN: Eben, eben. Du scheinst insgesamt ein Spätentwickler zu sein.

[Klientin lacht]

THERAPEUTIN: Also, vor sechs Jahren, da warst du ja auch schon fast ein halbes Jahrhundert alt, da bist du auf die Idee gekommen: »Da mache ich jetzt mal Coaching.«

KLIENTIN: Was Neues, ja.

THERAPEUTIN [entsetzt]: Jesses! Naja.

[Kleine Pause]

THERAPEUTIN: Ja, puh. Also, ich kann dir nur den Rat geben, du kennst ja die 80-40-20-Regel, die empfehle ich dir.

KLIENTIN: Sag sie mir noch einmal.

THERAPEUTIN: Also, du suchst dir so einen alten Zausel, der 80 ist und 40 Fieber hat und 20 Mille auf dem Konto, Millionen meine ich damit.

KLIENTIN: Nein, das funktioniert nicht, das Modell ist ...

THERAPEUTIN: Wieso? Das ist wie ...

Klientin: Wenn ich einen Mann habe, dann möchte ich gern was von dem haben. Also, dann möchte ich auch Spaß haben.

Therapeutin: Du bist einfach zu gierig! Du kannst mit 56 nicht alles haben, verstehst du? Du kannst entweder Geld haben oder einen Lover, der nichts taugt. Du könntest dir auch, wenn du Geld hättest, einen jungen Lover nehmen. Also, es geht dir nicht so sehr darum, einen neuen Lover zu finden?

[Pause]

Therapeutin: Oder auch?

Klientin: Das schon auch, aber hier sitze ich jetzt mehr wegen der anderen Baustelle.

Therapeutin: Also, du brauchst Geld, sagen wir es mal so.

Klientin: Selber akquirieren und nicht mehr so den Arsch aufreißen, also sozusagen die Selbstakquise dazu nutzen, dass ich mich auch teurer verkaufen kann.

Therapeutin: Ja, aber wenn du so zart und zierlich und schwach da reinkommst und dich anbietest, und wenn du dich vergleichst mit diesen jungen, dynamischen Powerfrauen, weißt du, ... die haben so ...

Klientin [ungeduldig]: Ja, ja.

Therapeutin: Eben, und du, mit deinem leisen Stimmchen.

Klientin: McKinsey nimmt ja nur ...

Therapeutin [von den Socken]: McKinsey? Da willst du hin?

Klientin: Nach 32 nimmt einen da keiner ...

Therapeutin: Ja, ich wollte grad sagen, McKinsey ...

Klientin: Das war dann noch mal so ein Schlag gewesen.

Therapeutin: Ja, für McKinsey bist du scheintot.

Klientin: Ja, klar.

Therapeutin: Eben, das kannst du vergessen. Und Frauen, die in deinem fortgeschrittenen Alter noch mal einen zweiten Wind kriegen ...

[Klientin kichert]

Therapeutin: ... das ist halt eine andere Sorte als du.

[Kleine Pause]

Klientin: Ui!!

Therapeutin: Na, die sind nicht so leise und so zurückhaltend und so damenhaft, die haben Fänge.

Klientin: Ja, die habe ich nicht.

Therapeutin: Sage ich doch!

[Beide lachen]

Therapeutin: Eben.

Klientin [leise]: So was will ich nicht.

Therapeutin: Du musst deinen Kunden die Fänge in den Hals hauen ...

Klientin: Nee, das kann ich nicht.

Therapeutin [unbeirrt]: Und dann blutet der aus und ...

[Klientin lacht]

Therapeutin: Das ist doch meine Rede, dass du das nicht kannst.

Klientin [lachend]: Ja.

Therapeutin [zufrieden]: Eben!

Klientin: Hast du denn nicht noch ein anderes Mittel?

Therapeutin: Nee, vergiss es!

[Klientin lacht]

Therapeutin: Also, in deinem Alter gibt es keine andere Lösung, oder ... ich habe dir schon zwei genannt. Den alten Sack, der 40 Fieber hat ...

Klientin: Nee, lass das, das ist nicht meins.

Therapeutin: Hör mal, das wird millionenfach gemacht, während wir uns hier unterhalten.

Klientin: Das mag schon sein. Ich bin ein Sonderfall der Natur, was das angeht.

Therapeutin [betrübt]: Ja, du armes Schwein ...

[Klientin lacht]

Therapeutin: ... da kann ja überhaupt nichts mehr daraus werden.

[Beide lachen]

Therapeutin [hoffnungsvoll]: Kannst du was erben von irgendwem?

[Lange Pause]

Klientin: Ich habe ein bisschen was geerbt, ja.

Therapeutin: Du hast was geerbt, aber das reicht nicht.

Klientin: Nee, das reicht nicht. Ich muss schon noch ein bisschen arbeiten.

Therapeutin: Und du hast Kinder, wie ich gehört habe.

Klientin: Ja, genau.

Therapeutin: Und was ist mit deinem Ex? Den hast du auch entsorgt.

Klientin: Nee, ... nee, das würde ich so nicht sagen.

Therapeutin: Nö, aber ich meine, du bist ja nicht mehr mit ihm zusammen.

Klientin: Ja, also, er unterstützt mich natürlich nicht.

THERAPEUTIN: Ganz klar. Du hast wahrscheinlich damals schon gesagt ...

KLIENTIN: Ganz genau.

[Beide lachen]

KLIENTIN: Ich habe ihn erst ganz spät geheiratet, als die Kinder schon da waren.

THERAPEUTIN: Sind die von ihm?

KLIENTIN [ungeduldig]: Ja, ja.

THERAPEUTIN: Ja, okay.

KLIENTIN: Als das dritte Kind dann da war, dann habe ich ihn geheiratet.

THERAPEUTIN: Da hast du dann gesagt: »Jetzt heiraten wir.«

KLIENTIN: Das war nur eine kurze Zeit, von daher ...

THERAPEUTIN: Und dann hast du dich gleich wieder scheiden lassen.

[Kleine Pause]

THERAPEUTIN: Also, du hast ihn dann gleich wieder rausgeschmissen. Du scheinst die Männer immer gleich wieder rauszuschmeißen.

[Pause]

THERAPEUTIN: Ein bisschen unbedacht, weißt du?

KLIENTIN [leise]: Da wird wohl was dran sein.

THERAPEUTIN [zustimmend]: Ja, hm.

[Pause]

KLIENTIN: Also von der materiellen Seite bestimmt unbedacht. Ja, aber das ist halt so.

THERAPEUTIN: Wenn dir ein Mann nicht mehr behagt, wird er einfach rausgeworfen und hinterher: Überraschung!!! Das Geld ist auch weg.

KLIENTIN: Nee, nee, nee, nee, nee. Das nehme ich dann schon vorher mit.

[Klientin lacht]

THERAPEUTIN: Aber nicht genug, offensichtlich. Du scheinst wirklich blond zu sein!

[Beide lachen]

THERAPEUTIN: Andere Frauen machen eine Rechnung auf: »Okay, er stört zwar ein bisschen und schmutzt ein bisschen ...«

[Klientin lacht]

THERAPEUTIN: »... aber immerhin kommt jeden Monat der Scheck rein.«

KLIENTIN: Das ist nicht meins.

THERAPEUTIN: Ja, ich weiß, dass das nicht deins ist, aber dann müssen ...

KLIENTIN: Ja, ich bin auch froh, dass das nicht meins ist.

THERAPEUTIN: Wie, du bist froh, dass das nicht deins ist? Das ist doch ausgesprochen dämlich.

KLIENTIN: Ich sitze jetzt hier, weil ich diese andere Seite mehr entwickeln will.

THERAPEUTIN: Welche andere Seite?

KLIENTIN: Nämlich die Seite, dass ich wirklich ...

[Pause, Klientin schnauft]

KLIENTIN: ... oh, ist das anstrengend ...

[Klientin lacht]

THERAPEUTIN: Ich sage ja, schon ein so kurzes Gespräch ist dermaßen anstrengend. Wenn man 56 ist ...

[Klientin lacht]

THERAPEUTIN: ... dann werden die einfachsten Sachen mühsam. Weißt du, was du mit 32 noch mit links gemacht hast, da wird mit 56 schon das Drüber-Nachdenken anstrengend. [Zitiert ächzend:] »Das strengt mich so an! Das kann ich überhaupt nicht!«

KLIENTIN: Nein, das stimmt nicht. Ich werde jetzt ungeduldig.

THERAPEUTIN: Ja, aber deine Ungeduld ist so süß.

[Klientin lacht]

THERAPEUTIN: Weißt du, sie hat nicht wirklich Fänge oder so. Die Ungeduld dieser alten mageren Kuh auf der Weide, die scharrt dann. Weißt du, wie alte Kühe scharren? [Therapeutin scharrt mit den Händen] Und um dich herum diese ganzen jungen Kälbchen, voller Kraft und Saft, die haben das Frühjahr im Blut.

[Klientin lacht]

THERAPEUTIN: Muuuuuhhhhhh! Das ist deine Ungeduld.

[Kleine Pause]

THERAPEUTIN: Tja, hat sich irgendjemand von deiner Ungeduld schon einmal beeindrucken lassen?

[Pause]

THERAPEUTIN: Die haben sie ja gar nicht bemerkt!

KLIENTIN: Ja, ich muss halt aufpassen, dass sie nicht zu doll ist.

THERAPEUTIN: Äh, natürlich, eben.

[Klientin lacht]

THERAPEUTIN: Da würden die anderen ja plötzlich was wahrnehmen an dir, was man ja sonst gar nicht mit dir in Verbindung bringt.

Die damenhafte [Klientin lacht leise vor sich hin], höfliche, wohlüberlegte und wenig aufschäumende E.

[Kleine Pause]

THERAPEUTIN: Die ist dann in Gefahr. Du willst ja nicht dastehen als so eine hysterische Kuh.

KLIENTIN: Ja, deshalb bin ich ja hier, weil ich unverschämter werden will.

THERAPEUTIN: Das geht nicht mit 56.

[Klientin lacht]

THERAPEUTIN: Du hast dich jetzt 56 Jahre lang in Zurückhaltung geübt, und du siehst so niedlich aus, wenn du dann ein bisschen ungeduldig wirst. Weißt du, das finden die Männer bestimmt ganz hinreißend.

KLIENTIN [mit etwas Bitterkeit in der Stimme]: Leider nur die falschen.

THERAPEUTIN: Du hast ja eh eine lausige Auswahl.

[Klientin lacht, Therapeutin lacht mit]

THERAPEUTIN: Ich meine, du hast dir immer einen rausgesucht, der sich über kurz oder lang als Niete herausgestellt hat.

KLIENTIN: Naja, das würde ich so nicht sagen.

THERAPEUTIN: Okay, würdest du einen davon noch einmal haben wollen?

KLIENTIN: Nee.

THERAPEUTIN: Eben.

KLIENTIN: Ich konnte nicht bleiben.

THERAPEUTIN: Siehst du, du drückst das immer alles so vornehm und umschrieben aus.

[Klientin lacht]

THERAPEUTIN: Lass uns doch mal Klartext reden. Die waren alle Flops. Und andere Frauen merken das eben früher und spätestens ... wie viele Flops pflastern deinen Weg? Von dreien haben wir gesprochen. Also 10, 15, 20, 30, 35 ...

KLIENTIN: Nein, so längere Beziehungen ...

THERAPEUTIN: Also länger als ein Wochenende, wie viele waren das?

KLIENTIN: Naja, das möchte ich hier nicht verraten.

THERAPEUTIN: Das möchtest du nicht verraten? Okay, dann nehme ich mal irgendeine Zahl, damit wir eine Hausnummer haben. Also sagen wir mal circa 30. In deinem fortgeschrittenen Alter, wenn man ... also Frauen, die dann ihr Leben besser im Griff haben, die haben längst gemerkt, viel früher, was ein Flop ist und was nicht, oder?

[Pause]

KLIENTIN: Kann schon sein.

THERAPEUTIN [grummelnd]: Kann schon sein! Fakten sind Fakten.

KLIENTIN: Aber besonders glücklich sehen die meisten nicht aus.

THERAPEUTIN: Nö, aber die rechnen sich eben aus: »Wenn Heinrich geht, ist der monatliche Scheck weg. Ich muss zwar ein bisschen mit den Zähnen knirschen, aber ich muss mich sonst nicht so anstrengen.«

[Pause]

THERAPEUTIN: Ja, und du musst dich jetzt halt anstrengen. Du willst ja auch meine ganzen fabelhaften Vorschläge nicht zur Kenntnis nehmen. 80-40-20 und solche Sachen.

[Klientin lacht]

THERAPEUTIN: Liest du Todesanzeigen?

KLIENTIN: Was macht das für einen Sinn?

THERAPEUTIN: Irgendwo, wo eine Frau, eine 60-, 65-jährige gestorben ist und der trauernde Witwer steht drunter, da gehst du auf die Beerdigung. Was glaubst du, wie viele neue Beziehungen bei solchen ...

KLIENTIN: Es geht ja nicht um die Beziehungen ...

THERAPEUTIN: Nein, du lässt mich ja nicht ausreden. Du sollst ja vorher im Internet prüfen, ob der noch Kohle hat.

KLIENTIN [verärgert]: Nein.

THERAPEUTIN: So einen armen Hartz-4-Empfänger ...

KLIENTIN: Ich möchte mein Geld selber verdienen.

THERAPEUTIN: Ach, hör doch auf!

[Klientin lacht]

KLIENTIN: Ich möchte mein Geld selber verdienen, und ich verdiene mein Geld auch selbst. Es ist ja nicht so, dass ich am Hungertuch nage.

THERAPEUTIN: Ja, aber nicht genug. Du hast doch sicher ein paar Ansprüche ...

KLIENTIN: Ich möchte gerne das, was ich kann, teuer verkaufen.

THERAPEUTIN: Was kannst du denn, um Gottes willen?

KLIENTIN: Das würde jetzt hier zu weit führen.

THERAPEUTIN: Ach, immer wenn irgendwas ist, sagst du, das würde zu weit gehen.

[Klientin lacht leise vor sich hin]

THERAPEUTIN: Du sagst mir nicht, wie viele Männer du verschlissen hast, und du sagst mir nicht, was du kannst, außer nett und freundlich zu lächeln und sich ein bisschen so im Hintergrund zu halten und so damenhaft aufzutreten.

KLIENTIN: Du meinst, ich müsste mal ein bisschen mehr auf die Kacke hauen.

THERAPEUTIN: Natürlich, schau doch die jungen Kälber an ...

KLIENTIN: Du meinst, ich sollte mir bei denen was abgucken.

THERAPEUTIN: Ja, aber das geht nicht, wenn man so alt ist wie du. Du hast das so verinnerlicht, das ist jetzt ein fester Bestandteil deines Charakters.

KLIENTIN: Ich finde das ganz gut, ich meine, das ist die Weisheit des Alters.

THERAPEUTIN: Wie sollen dir denn Fänge wachsen, wo sollen die denn herkommen?

KLIENTIN [verwirrt]: Ja, nee ...

THERAPEUTIN: Sag ich doch, es geht nicht. Zu spät, ätsch.

[Therapeutin lacht]

THERAPEUTIN: Du bist ja in zehn Jahren schon im Rentenalter.

KLIENTIN: Ja, ja, eben.

THERAPEUTIN: Na also. Sieh zu, dass du ein bisschen was zur Seite legst, damit du dann wenigstens halbwegs über die Runden kommst. Wusstest du, dass Kinder ... Du hast drei Kinder, stimmt's?

KLIENTIN: Ja.

THERAPEUTIN: ... dass Kinder gesetzlich verpflichtet sind, sich um ihre armen alten Eltern zu kümmern?

KLIENTIN: Das beruhigt mich manchmal auch.

THERAPEUTIN: Das dachte ich mir.

[Klientin lacht]

THERAPEUTIN [befriedigt]: Gut, dass du drei Kinder hast! Haben die denn wenigstens ein bisschen mehr Schlagkraft als du?

[Klientin lacht]

THERAPEUTIN: Ich meine, dass sie was werden und Geld verdienen ...

KLIENTIN: Das glaube ich, ja.

THERAPEUTIN: Na also, das ist doch schon mal was. Die werden zwar fluchen: »Die Alte ist das Letzte, jetzt müssen wir für die auch noch zahlen im Alter.«

KLIENTIN: Ich glaube, die machen das gern.

THERAPEUTIN: Die machen das gern? Das bildest du dir ein.
[Klientin lacht]
THERAPEUTIN: Hör mal, Kinder, die für ihre alten Eltern Geld ausgeben ...
KLIENTIN: Nein, nein, ich möchte ... ich sag ja ...
THERAPEUTIN: Was du möchtest und was du kannst, sind ja zwei Paar Stiefel.
KLIENTIN: Ich bin ja hier, um ...
[Beide lachen]
KLIENTIN: ... wie ich ...
THERAPEUTIN: »... mir Fänge wachsen lassen kann« ... haha.
[Beide lachen]
KLIENTIN: ... wie ich wirklich zur Selbstakquise komme.
THERAPEUTIN: Du müsstest dich ja dann mit wirklicher Überzeugung jemandem anbieten. Also ...
KLIENTIN: Ja, ja, ja, klar. Genau.
THERAPEUTIN: Wo soll denn diese Überzeugung herkommen, bitte?
[Klientin lacht]
KLIENTIN: Die muss ja irgendwie eine Basis haben, ein Fundament, verstehst du?
KLIENTIN: Und du glaubst, das habe ich nicht?
THERAPEUTIN: Ja, wenn du dich dauernd vergleichst mit diesen jungen Kälbchen ...
KLIENTIN: Das sollte ich lieber nicht machen.
THERAPEUTIN: Du kannst es probieren. Du hast es ja bestimmt schon probiert.
KLIENTIN: Ja, das hast du doch gesagt, dass ich mich mit denen vergleichen soll. Du hast gesagt ...
THERAPEUTIN: Ich hab gesagt, du vergleichst ...
KLIENTIN: ... die springen alle rum ...
THERAPEUTIN: Ja, ja, die sind überall da.
[Klientin schnauft frustriert]
THERAPEUTIN: Das ist das Schlimme! Hast du mal auf einer Weide so eine magere alte Kuh gesehen? Da wimmelt es von Kälbchen. Stell dich einfach hin und nick mit dem Kopf.
[Kleine Pause]
THERAPEUTIN: Und lass es einfach kommen. Immer einfach so, [Therapeutin nickt mit dem Kopf] muuuuuhhhhhh.
[Pause]

THERAPEUTIN: Dann stoßen die an dich dran und, milde lächelnd, lässt du es geschehen.
[Lange Pause]
[Beide schauen sich an und fangen an zu lachen]
KLIENTIN: Ob ich damit jetzt nach Hause gehen soll?
[Therapeutin lacht]
KLIENTIN: Ich glaube, die Kuh lasse ich lieber hier.
[Beide lachen]
THERAPEUTIN: Wenn du sie wieder loswirst!
[Klientin lacht]

Die Nachbesprechung war kurz:

THERAPEUTIN: Okay, E. Welche Gefühle hattest du in unserem Gespräch?
KLIENTIN: Ungeduld.
THERAPEUTIN [lachend]: Ja, das ist gut, dass man die bei dir nicht merkt. Du machst es den anderen dadurch sehr leicht.
KLIENTIN: Also, ich bin irritiert und ungeduldig.
THERAPEUTIN: Ist das nicht toll? Du bist irritiert und ungeduldig, und kein Schwein merkt etwas davon.
[Beide lachen laut]

Fall 11: Die Katzen oder der Freund?

Katzen sind merkwürdige Tiere. Sie haben unzählige schreckliche Eigenschaften: Sie zerkratzen Möbel, sodass diese bis in etwa ein Meter Höhe aussehen wie ein verfilzter Badeschwamm. Sie bestehen darauf, im Bett ihrer Besitzer zu schlafen (wobei die Katze der Meinung ist, sie besitze ihren Menschen, nicht umgekehrt), und zwar am liebsten auf der Brust oder dem Kopfkissen, direkt neben den Ohren ihrer Menschen, damit sie in unregelmäßigen Abständen durch lautes Schnurren oder leichtes Zupfen am Haar ihr Wohlbefinden mitteilen können. Häufig überfällt sie dann mitten in der Nacht wahlweise dieser kleine Zwischendurch-Hunger oder der Drang, sofort nach draußen zu müssen, und das teilen sie ihrem Menschen durch anschwellendes Jammern mit. Gelegentlich bringen sie – mit sichtbarem Stolz – Mäuse ins Haus, am liebsten halb tote, die noch weglaufen können und sich dann panisch unter dem Kühlschrank verstecken, wo sie verenden. Der Mensch wundert sich nach einigen Tagen über den strengen Verwesungsgeruch, der die ganze Wohnung erfüllt. Wenn der Mensch versucht, seiner Katze diese unguten Sitten abzugewöhnen, und sie zum Beispiel anbrüllt, ist sie zutiefst beleidigt und straft ihn mit divenhaftem Ignorieren über einen längeren Zeitraum, indem sie ihm nur noch die Rückseite zeigt oder ihm ganz aus dem Weg geht. Erst nach langem und hartnäckigem Werben des Menschen und dauerhaftem Locken mit ihrem Lieblingsfutter kommt sie gnädig wieder auf seinen Schoß. Trotzdem wird die Katze mehr geliebt als der Ehemann, der sich über die nächtlichen Ruhestörungen beschwert.

Die Klientin war eine hübsche junge Frau, hin und her gerissen zwischen ihrem Schlafbedürfnis und dem Ärger ihres Freundes einerseits sowie der Liebe zu ihrer Katze andererseits. In unserem Gespräch steht die Verwendung idiotischer Lösungen im Vordergrund, die der Klientin helfen zu sortieren, was für sie wichtiger ist: Die Katze oder der Freund.

THERAPEUTIN: Also, N., was ist dein Problem?

KLIENTIN: Mein Problem ist, dass ich schon längere Zeit, eigentlich schon seit Jahren, nicht mehr schlafe oder nicht mehr durchschlafen kann.

THERAPEUTIN: Dafür siehst du noch bemerkenswert gut aus.

[Beide lachen]

THERAPEUTIN: Wie alt bist du denn?

KLIENTIN: Ähm ...

THERAPEUTIN: Du musst nachgucken, wie alt du bist?

KLIENTIN: Nein, aber ich muss ... Muss ich das jetzt sagen?

THERAPEUTIN: Bist du schon so alt, dass du es nicht mehr sagst? Also weißt du, mir darfst du es sagen, ich bin 62.

KLIENTIN: Okay, ich bin über 30.

THERAPEUTIN [erschüttert]: Über 30! Mein Gott, was ist das für eine alte Schachtel! Doch, doch, Schlafstörungen beginnen, wenn man älter wird.

KLIENTIN: Das hat mit der Katze zu tun.

THERAPEUTIN: Mit der Katze.

KLIENTIN: Das Problem mit der Katze.

THERAPEUTIN: Sitzt die auf deinem Gesicht, oder wie?

KLIENTIN: Nein, aber sie weckt uns in der Nacht auf, und wenn sie draußen ist, will sie rein und raunzt auf dem Fensterbrett, und nach einer halben Stunde ist es ihr wieder fad und sie will wieder raus.

THERAPEUTIN: Wieder raus, genau!

KLIENTIN: Und das spielt sie immer so ...

THERAPEUTIN: Na super!

KLIENTIN: ... die ganze Nacht. Manchmal bis viermal, fünfmal die Nacht.

THERAPEUTIN: Hast du Kinder?

KLIENTIN: Nee.

THERAPEUTIN: Siehst du, das ist eine gute Vorübung auf kleine Kinder, weil die auch vier- bis fünfmal in der Nacht kommen. Wollen gestillt werden, wollen gewickelt werden, wollen zu Mama ins Bett und so. Wir haben auch mal zwei Katzen gehabt. Ich hab mein Leben lang Katzen gehabt.

KLIENTIN: Hm.

THERAPEUTIN: Bis vor drei, vier Jahren, wo dann die letzte Katze starb. Dann hab ich gesagt, jetzt reicht es.

KLIENTIN: Hm.

THERAPEUTIN: Also nicht, weil die uns nachts geweckt hat. Mein Kater lag immer – wir hatten zwei, soooolche Oschis – und der eine lag oben auf dem Kopfkissen, so um meinen Kopf rum, und hat mir ins Ohr geschnurrt. Und der andere setzte sich auf meine Brust, und hat gestampft, ja. Zu meinem Mann sind sie nicht gegangen, weil der ständig so rotiert hat im Bett, da sind wir dann aufgewacht, weil der sich so mit Wucht umdreht, und dann [imitiert Katzengebrüll] waa, waa, wenn dann die Katze drunter war. Okay. Also, du musst einfach unruhiger schlafen. Um dich schlagen, dann kommt sie nicht mehr ins Bett. [Besinnt sich:] Aber sie kommt ja gar nicht ins Bett! Sie will nur rein und raus.

KLIENTIN: Ja genau. Sie darf ja gar nicht mehr im Schlafzimmer schlafen, weil das Problem habe ich dann mit meinem Partner.

THERAPEUTIN: Ja, der kann das nicht leiden.

KLIENTIN: Der kann das überhaupt nicht haben!

THERAPEUTIN: Der will *dich* im Bett haben, aber keine Katze. Hast du die Katze mit in die Beziehung mitgebracht?

KLIENTIN: Ja, ich hab die Katzen mit in die Beziehung gebracht.

THERAPEUTIN: Mehrere gleich.

KLIENTIN [lacht]: Ja!

THERAPEUTIN: Oh Gott, ja dann hast du deine Pflichten. Also dein Partner, der schläft durch wie ein Murmeltier.

KLIENTIN: Nein, der schläft auch nicht durch.

THERAPEUTIN [erschüttert]: Auch nicht!

KLIENTIN: Es gibt jetzt schon so einen Partnerschaftskonflikt.

THERAPEUTIN: Na klar. Er sagt, du hast diese Mistviecher mit in die Ehe gebracht ... Seid ihr verheiratet?

KLIENTIN [lacht]: Nein.

THERAPEUTIN: Nee, dann sagt er, du hast sie mit in die Beziehung gebracht, ich heirate dich nicht, wenn du nicht diese Katzen beseitigst ... so weit wird es bald kommen.

KLIENTIN: Es ist die Frage, ob man heiraten will.

THERAPEUTIN: Ja, okay, also gut. Heutzutage geht es ja nicht mehr ums Heiraten. Willst du den Kerl loswerden, dann schaff dir doch eine dritte Katze an.

KLIENTIN [lacht]: Mir geht es ja jetzt vordergründig um meinen Schlaf.

THERAPEUTIN: Ja, aber den kannst du abhaken. Du kannst es knicken. Denn die Katzen, wenn du zwei hast, kommen die ja auch nicht gleichzeitig raus und rein. Sondern erst will die eine rein, dann will die andere raus, dann will die dritte wieder rein, dann will die wieder raus, das ist ja ein ständiges Spielchen.

KLIENTIN: Jetzt sperre ich sie ja ein in der Nacht.

THERAPEUTIN [entsetzt]: Was? Du sperrst sie ein in der Nacht?

KLIENTIN: Ja.

THERAPEUTIN [tadelnd]: Du grausamer Mensch, sperrst diese armen, gequälten Kreaturen ... wo denn ein?

KLIENTIN: Im Wohnzimmer.

THERAPEUTIN: Und dann pissen sie dir alles voll.

KLIENTIN [lacht]: Nein, ich war beim Tierarzt und der hat mir dann so Katzenpheromone gegeben.

THERAPEUTIN: Damit sie nicht alles vollpissen.

KLIENTIN: Nein, sie haben jetzt auch ein Katzenklo, auch im Wohnzimmer. Das tu ich extra am Abend rein und dann wieder raus.

THERAPEUTIN: Und die gehen da auch rein?

KLIENTIN: Ja, selbstverständlich.

THERAPEUTIN: Wie: »selbstverständlich«? Unsere Kater, die haben überall rumgepisst. Das war furchtbar. Deshalb wollt ich keinen mehr. Das wurde mir zu viel, aber deine pinkeln brav in ihr Kästchen.

KLIENTIN: Ja.

THERAPEUTIN: Und kratzen ...

KLIENTIN: An der Tür.

THERAPEUTIN: ... und kratzen die ganze Nacht an der Wohnzimmertür.

KLIENTIN: Unter anderem, weil sie es sonst am Mobiliar oder sonst wie machen.

THERAPEUTIN: Ja, das ist klar. Eben. Katzen sind schrecklich, du musst es machen wie die Amerikaner. Die machen das so: Die lassen denen die Krallen rausreißen.

KLIENTIN: Das hab ich auch schon überlegt.

THERAPEUTIN [erschüttert]: Was???

KLIENTIN: Oder die Stimmbänder, oder irgendwie so ...

THERAPEUTIN: Die Stimmbänder durchschneiden, die Krallen rausreißen und das Arschloch zunähen [beide lachen]. Das ist die einzige Lösung!

KLIENTIN [lacht]: Ich habe beim Tierschutzverein angerufen.

THERAPEUTIN [lacht]: Du musst es ja nicht jedem erzählen.

KLIENTIN: Ist vielleicht auch besser.

THERAPEUTIN: Ich gebe die CD auch nicht weiter. Keine Sorge, außer an dich.

KLIENTIN: Was machen wir denn jetzt?

THERAPEUTIN: Ja, wir haben jetzt ja schon wunderbare Lösungen. Also Krallen rausreißen, Stimmbänder durchschneiden, Arschloch zunähen.

[Klientin lacht]

THERAPEUTIN: Oder du entsorgst deinen Freund und nimmst die Katzen mit ins Bett.

KLIENTIN: Aber das Problem ist dadurch doch nicht gelöst!

THERAPEUTIN: Wenn du die Tür nachts offen lässt, dann können sie rein und raus, wie sie wollen.

KLIENTIN: Das geht ja nicht, weil das ist ja ein gemietetes Haus. Da kann man kein Loch hinten reinschneiden in die Tür.

THERAPEUTIN: Das ist schlecht. Doch du könntest, ja, das müssten dir deine Katzen wert sein, dass du eine neue Tür anschaffst. Extra eine Katzentür, wo du ein Loch reinschneidest. Wir haben in allen Türen Löcher gehabt, damit die raus und rein konnten. Dadurch kamen dann die Fremdkatzen mit rein und haben auch ins

Haus gepisst und so. Das hat alles so seine Vor- und Nachteile … Aber du könntest die Katzen doch einfach einschläfern lassen und sagen, Haustiere kommen mir nicht mehr ins Haus.

KLIENTIN: Das ist ja ein Familienmitglied! Die hab ich ja schon 12 Jahre.

THERAPEUTIN: Ja, ich weiß, wie das ist. Aber weißt du, du musst ja jetzt entscheiden zwischen deinem Freund und den Katzen.

KLIENTIN: Kann man das Problem nicht auch anders lösen?

THERAPEUTIN [im Brustton der Überzeugung]: Bestimmt nicht! Also, entweder du nimmst die Krallen raus, Stimmbänder durch, Arschloch zunähen [beide lachen], oder den Freund entsorgen, oder die Katzen umbringen …

KLIENTIN: Das ist keine Lösung!

THERAPEUTIN: Aha, das ist keine Lösung. Na ja, dann wirst du weiterhin fünfmal die Nacht wach, hast die Vorübung auf die Kinder, die du möglicherweise mit einem anderen Mann kriegst, denn der ist abgehauen … Und dann hast du bereits so eine Art Schlafhornhaut entwickelt [lacht]. Wenn du dann später mal Kinder haben wirst … Willst du welche? Eventuell in zehn Jahren oder so?

KLIENTIN: Ja, wenn sich das mit den Katzen erledigt hat.

THERAPEUTIN: Wenn sich das mit den Katzen erledigt hat, dann wird für dich das Dasein mit Kleinkindern paradiesisch erscheinen verglichen mit den Katzen.

KLIENTIN: Hm, möglicherweise.

THERAPEUTIN: Ja eben. Du bist dann derartig geübt, ich sag ja, du machst das seit Jahren und du siehst überhaupt nicht übernächtigt aus, das ist erstaunlich! Genießt du jetzt die Nacht im Hotel?

KLIENTIN [lacht]: Ja.

THERAPEUTIN: Dein Freund muss jetzt fünfmal die Nacht aufstehen. Genau. Viele Frauen mit kleinen Kindern freuen sich, wenn sie mal rauskommen, und der Mann muss die Kinder übernehmen. Also, du siehst überhaupt nicht mitgenommen aus, du hast schon eine Schlafhornhaut entwickelt, und wenn du dann Kinder hast, dann wird das ein ganz gewohnter Vorgang. Nimm das als Vorbereitung für dein Mutterdasein.

KLIENTIN: Das ist jetzt nicht das Problem. Mein Problem ist der Schlaf, ich schlaf auch nicht mehr. Sondern das ist so ein Wachzustand. Und man wartet dann halt so, wenn die Katze draußen ist.

THERAPEUTIN: Ja, genau.

KLIENTIN: Wann kommt sie denn ...

THERAPEUTIN: Ja, ja, genau. Das ist wie bei Müttern. Die hören den kleinsten Pieps von ihrem Baby.

KLIENTIN: Ja, das ist genau so, das ist mein Baby, oder nee ...

THERAPEUTIN: Eben, ich sage es ja, das ist wie deine Kinder, und du kannst deine Kinder leider nicht umbringen. Aber du kannst ihnen die Krallen rausziehen [lacht]. Bei deinem Baby kannst du das nicht, verstehst du? Stimmbänder durchschneiden bei Säuglingen ist verboten ... Tja, blöd!

KLIENTIN: Blöd!

THERAPEUTIN: Ja, ja, aber du weißt ja, du liebst diese Katzen so, dass dir dafür fünfmal die Nacht aufstehen nicht zu viel sein darf. Wenn man es dir ansehen würde, dann würdest du vielleicht noch mehr Motivation haben, diese Viecher in den Orkus zu schicken, da du aber aussiehst, wie ein frisch geschlüpftes ... na ja, du siehst aus, wie das blühende Leben.

KLIENTIN: Ja, halt wie lange noch?

THERAPEUTIN: Nicht mehr lang, das ist mir auch klar [beide lachen]. Aber was hast du gesagt? Die eine Katze ist zwölf Jahre, und die andere?

KLIENTIN: Die ist sieben.

THERAPEUTIN: Sieben, na toll, die lebt noch eine Weile.

KLIENTIN: Die Schwierigkeiten macht der Siebenjährige.

THERAPEUTIN: Der Siebenjährige. Scheiße. Kannst du denn nicht, wenn er auf der Straße ist, ihm so einen kleinen Schubs geben, wenn ein Auto kommt?

[Klientin schnauft tief]

THERAPEUTIN: Ja, aber dann, dann hast du sie nicht wirklich umgebracht, sondern sie ist halt unters Auto gekommen, das ist das Schicksal von vielen Katzen.

KLIENTIN: Nein, nein, das hab ich schon erlebt, wenn die nicht nach Hause kommen, was ist dann mit mir los, da schau ich dann nicht mehr so aus.

THERAPEUTIN: Da bist du völlig außer dir, ja, ja. Wir haben mal drei Tage nach einer Katze gesucht, die war irgendwo eingesperrt. Wahnsinn, wir waren alle völlig zerrüttet. Wir sahen viel schlimmer aus als du ... Ich weiß, ich weiß, aber schau, wenn du die so liebst, das ist genau wie mit deinen Kindern, genau wie mit deinem Freund, da nimmst du ja auch ein paar Sachen in Kauf [beide lachen]. Eben! Ohne dass du ihm irgendwas abschneidest [beide lachen]. Und der bringt dich nachts manchmal auch um den Schlaf.

[Beide lachen]

THERAPEUTIN: Also, du hast deinen Freund besser unter Kontrolle als deine Katzen.

KLIENTIN: Ja.

THERAPEUTIN: Das ist so! Katzen lassen sich nicht kontrollieren.

KLIENTIN: Schade.

THERAPEUTIN: Aber du bist ja noch gerade 30, oder was hast du gesagt? Mit 30, da hatte ich auch Katzen, bis ich ... wann ist der Knoll gestorben? ... vor drei Jahren oder so, da war ich 59. Mein ganzes Leben habe ich Katzen gehabt. Und erst mit 59 habe ich gesagt, jetzt mag ich nicht mehr. Die Pisserei, das ganze Haus stinkt nach Katzenpisse, das stinkt mir im wahrsten Sinne des Wortes. Du hast das ja noch gar nicht erlebt, du musst ihnen noch nicht mal das Arschloch zunähen, weil die noch nicht mal pissen, erst wenn sie älter werden, kommt das dann.

KLIENTIN: Hm

THERAPEUTIN [lacht]: Wenn du so mit, sagen wir mal – [rechnet angestrengt] sieben Jahre, der Patze ist 17 geworden, der kann noch 10 Jahre leben – so um die 40 rum, ja, dann sagen die anderen, mein Gott, das Leben hat dir aber schwer mitgespielt, was hast du denn Schreckliches erlebt? Dann kannst du sagen, wenn sie dich fragen: »Ich sage nur ein Wort: Katzen!« Dann siehst du nämlich aus wie 60, 70. Dieser dauernde Schlafmangel, der muss sich ja irgendwann mal zeigen. Wenn man älter wird, sieht man das, man sieht es viel deutlicher. Wenn ich eine Nacht nicht schlafe, sehe ich grauslich aus. Mit 30 ging das noch.

KLIENTIN: Hm ...

THERAPEUTIN: Tja ...

KLIENTIN: Ja, es ist aber jetzt noch immer keine Lösung da!

Jeder Berater kennt Klienten, die hartnäckig darauf bestehen, dass man ihnen die Lösung liefern solle. Normalerweise gerät der Berater dadurch unter Druck. Ich gehe bereitwillig darauf ein und liefere weitere idiotische Lösungen, die die Klientin zwingen, irgendwann selber zu sortieren und eine für sie brauchbare Lösung zu finden. Keine Lösung ist so gut und dauerhaft wie die, die ein Klient selbst entwickelt hat. Und wenn die Klientin die Verhältnisse nicht ändern will, kann sie auf jeden Fall ihre Einstellung zum Problem ändern.

THERAPEUTIN: Erwürg sie doch und mach einen schönen Sonntagsbraten daraus.

[Pause]

THERAPEUTIN: Außerdem kann man aus dem Fell sehr schöne Rheumadecken machen.

KLIENTIN: Na, ich weiß nicht ...

THERAPEUTIN: Aber Katzen sind doch ganz widerliche, unerträgliche, ewig plärrende lästige Viecher, die dir die Schönheit und den Schlaf rauben, auf Dauer. Noch sieht man es nicht, aber wart's ab.

[Pause]

THERAPEUTIN: Weg damit! Raus! Trenn dich von deinem Freund und gib ihm die Katzen mit.

[Beide lachen]

THERAPEUTIN: Das ist so wie bei einer Scheidung, da streiten sie sich auch immer so um die Kinder, um den Hund und dann: »Ich behalte den Safe und du nimmst die Katzen.«

[Beide lachen]

KLIENTIN: Nein, das geht nicht!

THERAPEUTIN: Das geht nicht?

KLIENTIN: Nein, da müsste ich mich, glaube ich, für die Katzen entscheiden.

THERAPEUTIN: Du würdest dich für die Katzen entscheiden! Wenn du die Wahl hättest zwischen deinem Freund und den Katzen, würdest du dich auch für die Katzen entscheiden?

[Klientin schweigt]

THERAPEUTIN: Doch, das hast du beantwortet, und wahrscheinlich aus gutem Grund. Denn die Katzen sind viel kuscheliger als ein Freund. Der raubt dir auch den Schlaf. Du sagst, du hast es im Griff, aber der ist bestimmt auf andere Weise viel lästiger als die Katzen.

[Pause]

THERAPEUTIN: Also, für die Katzen würdest du doch durchs Feuer gehen. [Drängend:] Sag Ja!

[Beide lachen]

THERAPEUTIN: Eben!
KLIENTIN: Schwierige Situation.
THERAPEUTIN: Das ist eine unlösbare Situation – es sei denn, du nimmst eine der fabelhaften Lösungen, die ich dir schon angeboten habe.
[Pause]

Solche Grässlichkeiten schlage ich natürlich nur vor, wenn ich ganz sicher bin, dass die Klientin es niemals tun würde. Einem notorischen Tierquäler würde ich das nicht nahelegen, aber N. hat mehr als deutlich gemacht, dass sie ihre Katzen liebt. Einer verurteilten Kindsmörderin würde ich auch nicht vorschlagen, ihre Kinder dezent um die Ecke zu bringen, aber der jungen Mutter von Kleinkindern, die genervt war bis zum Anschlag, habe ich das als mögliche Lösung angeboten – wie bereits beschrieben. Drastische Vorschläge helfen den Klienten sehr schnell, ihre Gefühle zu klären.

KLIENTIN: Ja, aber, da krieg ich wirklich Probleme mit …
THERAPEUTIN: Mit was?
KLIENTIN: Tierschutz …
THERAPEUTIN: Ach so. Du musst das nicht so auffällig machen, verstehst du. Tierschutz kümmert sich ja nicht um jede einzelne Katze.
KLIENTIN: Das ist doch Tierquälerei!
THERAPEUTIN: Natürlich ist das eine Tierquälerei, aber jetzt ist es eine N.-Quälerei, und N. ist doch auch was wert. Deine Katzen ein bisschen quälen, und dafür geht es dir dann besser.
KLIENTIN: Nein, vielleicht hab ich ja auch irgendwas falsch gemacht.
THERAPEUTIN: Das kann gut sein. Leg die Katzen auf die Therapiecouch bei irgendjemandem. Es gibt inzwischen Tierpsychologen.
KLIENTIN: Ich weiß ja, aber ich will nicht darüber reden.
THERAPEUTIN: Du willst nicht darüber reden?
KLIENTIN: Nein, weil das ist mir wirklich peinlich.
[Beide lachen]
THERAPEUTIN: Du würdest die Katzen also nicht zum Tierpsychologen schicken.
KLIENTIN: Ja schon, aber das will ich jetzt nicht da besprechen.
[Beide lachen]

THERAPEUTIN: Ah so. Was ist denn daran peinlich, dass du deine Katzen nicht richtig erzogen hast?

KLIENTIN: Ja, nein, ja, ja ... Er ist überhaupt total anorektisch.

THERAPEUTIN: Die Katze ist anorektisch?

KLIENTIN: Ja.

THERAPEUTIN [tief erschüttert]: Mein Gott!

KLIENTIN: Ja, und ich habe ihn bisher erzogen wie so eine kleine Diva. Also, ich freu mich schon, wenn er schön sitzt und ...

THERAPEUTIN: Kleine Diva ist die Untertreibung des Jahres. Der hat dich im Griff!

KLIENTIN: Das stimmt.

THERAPEUTIN: Natürlich. Das ist dir peinlich, weil er dich so im Griff hat. Das ist ja auch furchtbar peinlich. ... Aber weißt du, alle Menschen, die Katzen haben, wissen, wovon du redest. Katzen sind die Tiere, die die Menschen voll im Griff haben. Die sagen: »Das ist mein Mensch, das ist meine N., und meine N. macht, was ich will!« So denken Katzen. Ich weiß nämlich, wie Katzen denken! [Zitiert weiter:] »Und meine N. hat sieben Jahre lang gemacht, was ich will, und jetzt soll sie die nächsten zehn Jahre auch machen, was ich will!« So ist das mit denen. Es sei denn, du gibst einen Haufen Geld aus für so einen Katzenpsychologen.

[Pause]

THERAPEUTIN: Die können Katzen ... [denkt nach] ... also für Hunde sind sie besser! Katzen zu erziehen ist sauschwer, aber dir ist es doch gelungen, ihn zu verziehen, warum sollte es dir nicht gelingen, ihn umzuerziehen?

KLIENTIN [lacht]: Da gibt es noch die Drogen und so.

THERAPEUTIN: Drogen genau. Ich würde ihm Valium geben. Dann liegt er den ganzen Tag nur so auf dem Sofa.

[Macht es vor, beide lachen]

THERAPEUTIN: Na endlich, schade, dass mir das nicht eingefallen ist [beide lachen]. Das ist eine gute Idee, gib ihm abends eine doppelte Dosis Valium, und um Mitternacht noch einen Betablocker.

In der Nachbesprechung im Plenum kommen aus dem Publikum sehr, sehr viele geradlinige Vorschläge, was N. machen könnte, und N. widerlegt sie alle sofort und kompromisslos als undurchführbar. Klienten, die darauf fixiert sind, dass nichts funktionieren kann, und dem Berater ihr Problem zur Lösung überreichen (und das sind die meisten), kann man am besten mit bereitwillig gelieferten idiotischen Lösungen so verwirren, dass sie ihre Gefühle neu ordnen müssen. Oft kommt dann im Lauf der nächsten Tage oder Wochen überraschend eine Lösung zustande, die die Klienten nicht zwingend auf das Beratungsgespräch zurückführen. Das ist für den Narzissmus des Beraters zwar betrüblich, aber für die Problembewältigung des Klienten spielt es keine Rolle, wer oder was die Lösung bewirkt hat.

Literatur

Ariely, D. (2008): Predictably Irrational: The hidden forces that shape our decisions. New York (HarperCollins) [dt. (2008): Denken hilft zwar, nützt aber nichts. München (Droemer).]
Farrelly, F. a J. Brandsma (2008): Provocative Therapy. Capitola, California (Meta), 10. Aufl.
Höfner, E. u. D. Höfner (2007): Schwein sein! Ein Ratgeber für Spitzenmanager und solche, die es werden wollen. München (Süddeutsche Zeitung Edition).
Höfner, E. u. H.-U. Schachtner (2010): Das wäre doch gelacht! Humor und Provokation in der Therapie. Reinbek (Rowohlt Taschenbuch), 7. Aufl.
Höfner, E. (2008): Die Kunst der Ehezerrüttung, Reinbek (Rowohlt Taschenbuch), 7. Aufl.
Johnstone, K. (2008): Improvisation und Theater. Berlin (Alexander), 9. Aufl.
Johnstone, K. (2009): Theaterspiele. Berlin (Alexander), 7. Aufl.
Kandel, E. (2006): Auf der Suche nach dem Gedächtnis. München (Siedler).
Plassmann, R. (Hrsg.) (2009): Im eigenen Rhythmus. Gießen (Psychosozial).
Plassmann, R. (2007): Die Kunst des Lassens. Gießen (Psychosozial).
Shapiro, F. u. M. Silk Forrest (2006): EMDR in Aktion. Paderborn (Junfermann).
Tracht, C. (2006): Mut zur Improvisatioon. München (HCD).
Wells, S. a. D. Lake (2006): Pocket Guide EFT. Ahlerstedt (Param).

Über die Autorin

E. Noni Höfner, Dr. phil., Dipl.-Psych., vertritt im deutschsprachigen Raum den provokativen Ansatz – Provokative Therapie (PT), Provokativer Stil (ProSt)®, Provokative SystemArbeit (ProSA)® und Provokatives Coaching (ProCo)®. 1988 war sie Mitgründerin und ist seither Leiterin des Deutschen Instituts für Provokative Therapie (D. I. P.). Ihre Arbeitsschwerpunkte sind Fort- und Weiterbildungsseminare, Vorträge und Supervisionsseminare für Angehörige helfender Berufe sowie professionelle Kommunikatoren aus anderen Bereichen (Trainer, Coachs, Supervisoren, Mediatoren u. a.). Daneben bietet sie firmeninterne Führungstrainings an. Seit über 40 Jahren hat sie eine Privatpraxis für Einzeltherapie, Coaching und Supervision in München. Sie ist Autorin mehrerer Bücher und zahlreicher Artikel zum Thema humorvolle Provokation. Mit ihrem Kabarettprogramm »Die Kunst der Ehezerrüttung« tritt sie in der Münchner Lach- und Schießgesellschaft und an anderen Spielorten auf.

Kontakt: www.provokativ.com